教育部哲学社会科学研究后期资助项目
"农村小规模学校多学科教学的理论与实践"(项目批准号:17JHQ022)

多元视野下的农村教育丛书

农村小规模学校
多学科教学

理 - 论 - 与 - 实 - 践

Theory and Practice
on Multi-subjects Teaching
in Rural School

孙颖 著

社会科学文献出版社
SOCIAL SCIENCES ACADEMIC PRESS (CHINA)

总　序

作为未来十年农村教育学学科建设的基础工程，2018年我们策划了"社会变迁中的农村教育""多元视野下的农村教育"和"教育实验中的农村教育"三套丛书。目前，第一套丛书已经出版（但尚未出版完），现在拟出版第二套丛书。如果说"社会变迁中的农村教育"丛书注重的是农村教育学时间维度的话，那么"多元视野下的农村教育"丛书注重的则是农村教育学的空间维度。

中国是一个农业大国，在工业化、城镇化和信息化进程中，农业从业人口和农村在学人口持续减少，这是一个史无前例的大变迁，也是人类发展史上不可忽视的现代化现象，学术界对这一问题给予了足够的关注。我们第一套丛书的根本目的就是历时性地记录这一重大的社会变迁历程，探索现代化进程中的重大理论问题，发现农村教育变迁的一般规律。然而，从共时性上看，农村教育的发展演变并不是单维的，也不是线性的，相反，它是一个复杂的、非线性的演进过程，任何单一学科的视角都无法全面窥探这一重大人类现象的历史真貌。毕竟，世界原本是统一的、完整的，人类只是为了认识的方便才把统一的世界肢解成了各门相对独立的学科，形成了一个复杂的学科体系或知识体系。

近代以来，随着科学的发展和学科分化进程的加快，人们开始倾向于为学科划分边界，以确保学科的独立性和存在的合法性。虽然划分学科边界的标准有很多，但其中有一条重要的标准即研究对象，似乎政治现象只能由政治学研究、社会现象只能由社会学研究、经济现象只能由经济学研究，当自然现象和社会现象的学术领地被主要学科瓜分完毕之后，似乎学科的分类就完成了。但是，二战以后，人们越来越认识到问题的综合性与复杂性，人类在面对复杂的综合性问题时越发感觉到打破传统学科畛域、寻求不同学科之间的对话、促进跨学科交流的重要性。即使人类面临的是单一性问题，但从不同的视角和站位去看问题时也会有不同的认识。王之涣的《登鹳雀楼》名句"白日依山尽，黄河入海流。欲穷千里目，更上一层楼"和苏轼的《题西林壁》名句"横看成岭侧成峰，远近高低各不同。不识庐山真面目，只缘身在此山中"非常经典地说明了这个问题。对同一客观认识对象，一方面，即使在同一学科内部，由于看问题的角度不同（平视中的角度）就会得到不同的认知结果；另一方面，只有跳出单一学科视角（俯视中的站位），才能反身认知学科自身，才能认清某一学科的真面目。

据词源学家考证，英文 theory 一词来自原始印欧语词根"wer-"的"to perceive"（"察觉"）含义，后通过"wer-"的古希腊语衍生词"horan"（"看"）与古希腊语词根"thea"（"视野"）的结合，经由希腊语"theōros""theōrein""theōria"及晚期的拉丁语"theoria"最终演变成今天的"theory"。可以看出，这几个词根表征的都是"察觉""视野""看"等视觉意象。也有历史文化学家认为，theōria 是古希腊的一种"观礼"文化，理论（theōria）并不是表演本身，而是对表演的观看。观看者作为观礼员（theōros）并不是普通的观众，而是要做朝圣汇报的特殊观察员，因此观礼者必须用"理念"去重新审视表演的结构，从而建构出神圣的景象（theōria）。因此，我们这里所用的多元视野，本质上就是多种理论对同一对象、现象或问题（亦可理解为"表演"）的审视和观察。由于观察者在观众席中位置的不同，必然会看到不一样的景象，因此任何单一视角的观察都是独特的，但又不一定是全面的。若想对事物本身有更加透彻的认识和理解，多元视角是必不可少的，这既是学术民主的逻辑旨归，更是学术繁荣的重要表征。

与世界其他文明相比，中华文化有自己非常独特的认识世界的视角，特别是中华文化的整体观、中庸观、变化观、辩证观等对当今处于不稳定和大变局的世界来说是具有重要认识论和实践论意义的。然而，随着近代以来西学东渐进程的加快，我们引进了许多西方社会科学理论。向西方学习本是无可厚非的，毕竟人类文明有共性的一面，但同时我们知道，人类文明还有个性的一面，所以学习西方并不是为了变成西方，而是将西方文化的优秀成分同中华文化相融汇，形成更具现代性和包容性的中华文化，以成为更好的自己。但是，现在学术界却存在一种简单的用西方理论、西方标准套裁中国实践的现象，似乎西方的理论都是完全正确的，可以说明中国的一切。在这种情况下，较难贡献中国特色、中国风格、中国气派的学术话语，更难以形成中国的学术自信和文化自信，更难以向西方学术界发出中国声音、讲出中国故事、说出中国话语。这种状况必须得到根本转变。如果说在自然科学领域存在"卡脖子"问题的话，那么在哲学社会科学领域则存在"卡嗓子"问题，即在国际学术界有话说不出、说出没人懂、听懂也不认的问题。因此，习近平总书记在中国人民大学考察时指出，"加快构建中国特色哲学社会科学，归根结底是建构中国自主的知识体系"。① 坚持和发展中国特色社会主义需要哲学社会科学，解好"世界怎么了""人类向何处去"的时代之题，回答好中国之问、世界之问、人民之问、时代之问，必须以中国为观照、以时代为观照，立足中国实际，解决中国问题，不断推动中华优秀传统文化创造性转化、创新性发展，不断推进知识创新、理论创新、方法创新，使中国特色哲学社会科学真正屹立于世界学术之林。

　　当今世界的学科发展既不断分化也不断融合，学科交叉融合既是当前科学技术发展的重大特征，也是哲学社会科学发展的重要趋势；学科交叉既是新学科产生的重要源泉，也是创新型人才培养的有效路径，更是经济社会发展的内在需求。国家越来越重视学科的交叉融合，不仅新增了"交叉学科"门类，还加强了"新文科"建设。农村教育既是一个教育问题，更是一个社会问题。在研究农村教育问题的过程中，社会学、经济学、文化学、政治学、心理学等多元视野对深刻认识农村教育问题的综合性、复杂性和多样性颇有助益。本套丛书以当前农村教育研究中系列重大理论和实践问题为主题，运用多维视角开展研究与审视，重视学术性和知识生产，是一套理论取向的研究丛书。我们期望通过多元角

---

① 《加快构建中国特色哲学社会科学》，https://www.gmw.cn/xueshu/2022-05/29/content_35778593.htm，最后访问日期：2022年6月22日。

度、站位、立场对农村教育的审视，能让我们更加全面地掌握农村教育发展的基本规律，为乡村教育振兴和城乡教育一体化发展贡献思想和智慧。

邬志辉

教育部人文社会科学重点研究基地

东北师范大学中国农村教育发展研究院院长

2022 年 6 月 22 日于长春

序 言

从世界学术界来看，小学教学究竟全科好还是分科好，一直是有争论的。分科教学基本实行的是科任制，主张分科教学的人认为，分科教学有助于提升教师的学科专业素养，有助于深化学生对学科本质的理解，有助于强化知识的绝对本体地位。而全科教学实行的基本是包班制，主张全科教学的人则认为，全科教学有利于增加教师与学生的接触时间，有助于全面了解学生的个性特点，有助于学生养成良好的品质习惯。可以看出，分科教学更强调知识中心取向，而全科教学更重视学生中心地位。

实际上，在小学阶段，从教育目标定位来看，更重要的是使学生形成对探究与发现、制作与建造、谈话与交际、艺术与表现等方面的兴趣，培养学生良好的学习与生活习惯，让他们从生活中、活动中、问题中、经验中学习，通过自己与外部世界和内心世界的互动来形成对自然、社会与自我的认识。毕竟，儿童的生活世界是未分化的、统合的，儿童的发展基础是可塑的、具有无限可能性的。教师如果没有全面、长时间的对学生学习与生活的跟踪与观察，就无法对学生的个性有准确的认识。特别是在小学低年段，无论是从幼小衔接还是从对儿童的了解方面说，全科教学似乎都比分科教学对学生更为有利。实际上，分科教学与全科教学是两种极端的方式，前者指专门从事某一班级某一门学科的教学，后者则指从事某一班级全部学科的教学。虽然这两种极端情况在现实中都存在，但大多数情况下，小学教师从事的是多学科教学。实际上，人们通常所说的"全科教学"大多指的就是"多学科教学"。

在城镇化背景下，农村学校特别是农村小规模学校教师队伍建设面临的核心挑战是存在数量不足、质量不高和动力不强的问题。根据作者的调查，为了缓解农村教师数量不足压力、开足开齐国家规定课程，全国农村小学有59.9%的教师同时承担两门及以上学科的教学工作。然而，长期以来我国小学教师职前培养、教师资格认证、教师任职选拔等环节都表现出单科特点，由于所学专业和任教学科缺乏一致性，在分科模式下培养选拔出来的教师在农村小学同时承担多门学科的教学任务时经常会有专业的乏力感。不仅如此，农村小学教师是否承担全科教学工作往往随机性很大，这对农村小学全科教师专业化水平的提升提出了要求。

为了进一步解决农村小学教师学科结构失衡问题，国家采取了多种策略推进农村小学全科教师发展。2014年，《教育部关于实施卓越教师培养计划的意见》就明确提出"针对小学教育的实际需求，重点探索小学全科教师培养模式，培养一批热爱小学教育事业、知识广博、能力全面、能够胜任小学多学科教育教学需要的卓越小学教师"的培养模式改革任务。2017年，在教师资格认证方面，国家新增了"小学全科"类型，这不仅为各地尝试培养小学全科教师提供了专业标准，而且还有效解决了全科教师专业定位难题。2018年，《教师教育振兴行动计划（2018—2022年）》明确要求"各地要以集中连片特困地区县和国家级贫困县为重点，通过公费定向培养、到岗退费等多种方式，为乡村小学培养补充全科教师"。如今，对于农村小学全科教师问题已不再仅仅停留在理论探讨层面，而是针对该问题制定了实实在在的国家教育政策。

孙颖副教授的新著《农村小规模学校多学科教学：理论与实践》，以实地调查数据为基础，遵循"有没有全科教师—谁在当全科教师—全科教师教得怎样—如何保障全科教师质量"的逻辑理路，重点探讨以下四类问题。

第一类问题：我国农村小学教师从事全科教学的现状。重点回答如下问题：农村小学教师从事全科教学现象是否普遍，是否存在区域差异；城市小学教师是否存在全科教学现象；在教师年龄、职称、任教年段等方面是否存在类型差异，各有何特点；等等。

第二类问题：农村小学教师对全科教学的主观感受。重点回答如下问题：农村小学教师是否愿意从事全科教学，从事全科教学是否会给自己带来更大的压力；全科教学是否有助于全面深入地了解学生并开展有针对性的教育，哪些因素在阻碍教师成为全科教师；等等。

第三类问题：农村小学教师承担多学科教学工作的能力储备是什么样的。重点回答如下问题：农村小学教师任教科目是随意的还是稳定的，从事农村小学全科教学需要具备哪些特殊的能力；目前农村小学教师是否具备从事全科教学的能力，在哪些方面感到能力不足；教育部门是否为他们提供必要的专业发展保障；等等。

第四类问题：我们为农村小学教师从事全科教学提供了什么样的保障。重点回答如下问题：农村小学全科教师是按什么标准配置的，如何科学调整全科教师的配置标准；农村小学全科教师职前培养方案及实施措施是什么样的，是否为农村小学全科教师设置了专门的专业成长路径和发展目标；等等。

综览全书，有以下几个鲜明的特点。

第一，突显了实证研究方法。作者基于对全国13个省份的大规模调查，较为全面客观地呈现了我国农村小学教师从事全科教学的真实状况，为基于证据的农村教育政策研究（evidence-based educational policy studies）提供了典范。大规模调查数据能够为科学判断教育情势提供事实依据，有助于避免因事实把握不清而带来的定位失衡问题，从而增进教育政策建议和执行的有效性。

第二，关注了研究对象特性。将农村小学全科教师作为研究对象，打破了将农村小学教师一致化归类的简单思维。传统上多将教师按执教的地域或学校进行分类，较少涉及农村小学教师本身的教育教学特征。本书聚焦在农村小学全科教师独特群体上，有助于深化对农村小学教师问题研究，助推农村小学教育教学质量提升和农村小规模学校学生德智体美劳全面发展。

第三，彰显了比较研究视角。本书从国别比较和历史比较两个维度，全景式地展现了小学全科教师和全科教学的样貌。小学教师全科教学并非我国所独有，美国、英国、澳大利亚等的全科教学都有较悠久的历史，小学教师全科教学也并非今天所独有，历史上的中等师范教育就肩负着培养全科教师的职责。他山之石和历史之鉴均对我国当下制定有关农村小规模学校全科教师的政策具有启示意义。

当前，我国农村有不足100人的小规模学校12万余所。如果按师生比配置教师会导致师资严重不足，如果按班师比配置教师又会出现教育经费压力，因此配置全科教师是解决乡村小规模学校师资难题的重要策略之一。本书不仅有重要的政策参考价值，而且对师范院校也有改革借鉴意义，因此特向读者推荐。

期盼本书的出版能引起更多人的关注，也期盼作者能再接再厉，深化对该问题的研究。

是为序，实为盼！

邬志辉

2019 年 4 月 27 日

于长春寓所

前　言

农村教师数量短缺是不争的事实，农村教师绝对数量短缺是农村学校吸引力小导致的，农村教师相对数量少是农村学校规模小和教师配备以师生比为主要衡量指标的综合结果。为了解决农村教师数量短缺的问题，我国农村教师同时承担多门学科教学任务。虽然社会各界对此现象的客观存在尚不存在明显争议，但学界对于这一现象却有不同的表达。表达不同带来理解差异，为了方便读者更清晰地厘清研究界限，笔者对社会中常常提及的几个核心概念进行区分和界定。

一　教师多学科教学和全科教师

教师多学科教学指在现实教学过程中教师同时承担多门学科教学工作的行为或活动。由于教师是否需要承担多学科教学工作的可变性大，因此从事多学科教学的教师群体缺乏固定性，"多学科教学的教师"这一用法很难成为政策语言，但能帮助呈现此类特殊现象。

全科教师指能够胜任多学科教学任务的教师，我们通常对此类群体进行目标性的呈现，即全科教师因具备的专业知识和能力而成为被特殊定义的群体。如政策语言中常用"培养乡村全科教师"以表达培养的群体目标。

"教师多学科教学"用于呈现和分析现实问题，而全科教师一词则常用于理想目标的构建。两者的混淆，会直接导致实然状况和应然标准的混用。有观点认为，反对教师同时任教多学科，即反对全科教师，这造成公众的认知偏差。

二　教师多学科教学的划分标准

同时教几门学科才可称为多学科教学？对于这个问题争论已久且观点众多，如两门、三门、四门甚至所有学科，至今未得到一致性界定。本书认为多学科教学的划分标准为两门，即教师同时承担两门及以上学科的教学工作可称为多学科教学。其划分依据主要源于所教学科与所学专业的一致性程度。所教学科与所学专业的一致性是教师专业水平的重要体现，由于我国小学教师资格认定时表现为较强的学科分类特点（虽然2018年在小学教师资格认定时增加"小学全科"类别，但获取此类认证的人数较少，普遍性不高），教师同时承担两门及以上学科教学则意味着至少有一门学科专业不对口。解决专业不对口而导致的教学质量偏低问题，也是研究教师多学科教学的意义所在。鉴于"教非所学"理念下的专业成长困境研究，研究者将教师多学科教学的划分标准定义为两门学科。

三　所教学科与所学专业一致性统计标准

"教非所学"是教师多学科教学的隐性问题，因此有必要对"教学一致"的划分标准进行呈现。由于目前我国培养的全科教师人数较少，因此在对"教学一致"进行界定时常采取广义的一致性，具体标准包括两个方面。一方面，所教学科中任意一门与所学专业对应，即为"教学一致"。另一方面，所教学科中任意一门与所学专业处于相关体系中，也称为"教学一致"，如所教学科为科学，所学专业为化学、物理、生物都可称为"教学一致"。事实上，这种统计口径已经大大扩大了"教学一致"的群体范围。使用此种统计口径，农村教师"教学一致"比例也会提升，因为农村教师所教学科门数普遍偏多，其与所学专业形成一致的可能性就越大。

四　全科教师是否必须胜任所有学科

全科教师是目标性的概念，其需要具备能够胜任小学大多数学科教学的能力，但是否必须胜任所有学科教学尚存在争议。从成年人的发展特点来看，受个人天赋、时间、精力等多方面的影响，准教师接受职业培养的方面多，其各方面得到发展的程度将会受到限制。从国际发展的视角来看，美国将全科教师定义为教授除音乐、体育、美术以外的所有学科的教师，即考虑到个人天赋与职业的关联程度。而这些个人天赋有时无法在短时间内发挥出来，因此研究者对于全科教师能够胜任的学科进行分类，将音乐、体育、美术作为选修学科，可通过减少选修学科门数和降低选修学科评价标准来进行区分，而其余学科则划定为必修学科。

虽然笔者对于以上争议性概念进行了界定，但受行文文风、文字流畅度等方面的限制，文中还会出现不一致的情况，特请读者见谅。

目 录

第一部分 绪论

第一章 研究的基本概念与相关文献 …………………………… 3
第二章 我国农村学校小规模发展特征与多学科教学需求 …… 30
第三章 农村小学教师教学现状分析 …………………………… 38
第四章 小学教师多学科教学政策分析：基于政策文本
（1995～2018 年）…………………………………………… 46
第五章 研究资料来源 …………………………………………… 57

第二部分 区域比较分析

第六章 东部地区农村教师多学科教学现状 …………………… 67
第七章 中部地区农村教师多学科教学现状 …………………… 101
第八章 西部地区农村教师多学科教学现状 …………………… 122
第九章 全国农村教师多学科教学现状 ………………………… 148

第三部分 农村教师多学科教学实践

第十章 农村教师"教非所学"现状 …………………………… 171
第十一章 教师多学科教学任教现状 …………………………… 191

第十二章　教师多学科教学实践与班级管理现状 …………………… 213
第十三章　教师职前全科培养与职后多学科培训现状 ………………… 232
第十四章　教师多学科教学意愿情况 …………………………………… 249

第四部分　国际比较分析

第十五章　美国小学教师全科发展情况 ………………………………… 269
第十六章　英国小学教师全科发展情况 ………………………………… 282
第十七章　澳大利亚小学教师全科发展情况 …………………………… 295

第五部分　未来发展展望及对策建议

第十八章　农村小学教师多学科教学能力提升的可能途径 …………… 309
第十九章　农村小学教师多学科教学的未来发展与政策建议 ………… 317

参考文献 ………………………………………………………………………… 326

第一部分
绪 论

第一章
研究的基本概念与相关文献

百年大计，教育为本；教育大计，教师为本；教师大计，教学为本。城乡二元结构的长期存在，使得城乡教育资源配置不均衡。以师生比为主要配置依据，使得农村小规模学校教师数量呈现绝对数量充足，而相对数量不足的情况。为了满足国家课程开齐、开足的基本要求，农村小规模学校教师不得不同时承担两门及以上学科的教学任务，这种现象较为普遍。若师资配备依据和标准不发生变化，农村小规模学校会长期处于发展末端，教师承担多学科教学任务的情况会长期存在。由于我国教师培养阶段的分科特征表现明显，教师从事多学科教学时会表现出专业成长中的困境，因此在进行基本概念界定时重点从教师多学科教学和教师专业成长两个方面入手。

一 基本概念界定

（一）多学科教学

按任教学科数量进行划分，我国小学教学模式包括单学科教学、多学科教学和"包班"教学等。在很长一段时间内，小学教师多采取多学科教学或"包班"的教学模式。随着中等师范院校升格带来的培养人才层次提升，教师职前发展阶段突显出学科定位特征。目前，我国小学阶段教学基本上是采用分科型教学方式，学生的学习知识被分割成不同的学科模块，教师的职前培养也侧重于学科知识和学科教育能力的培养。从认知特点上看，分科型教学违反了教育主体认知的规律，小学生对知识的渴求和探索是全方位的，对知识的理解与把握都是整体性的，分科教学在一定程度上挫伤和降低了他们学习的积极性和认知的完整性。同时，由不同任教教师承担的分学科教学也不利于将学生作为整体进行评价。目前，以美国、英国为代表的发达国家纷纷采用多学科教学模式，多学科教学模式强调学科之间的相互联系与相互补充。学生在课堂上学的知识并不是单一存在的，而是和其他学科有着或多或少的联系。给予学生最大限度的学习自主性，更加注重学生认知主体作用的发挥和学习能力的培养，进而从本质上实现"以学生为中心"的教学模式。[①] 培养学生的抽象逻辑思维，充分调动学生的学习积极性，进一步提高学生的学习效果，这种教学模式克服了小学分科教学模式硬性割裂带来的弊端，更利于学生对于知识和内容的系统性学习与理解。

顾明远主编的《教育大辞典》将学科界定为：按学术的分类，指一定科学领域或一门科学的分支，如自然科学中的化学、生物学、物理学，社会科学中的法学和社会学等；按教学科目的分类，指根据一定的教学理论组织起来的知识和技能的体系，是学校教学内容的基本单位，如中小学课程中的数学、英语、物理、生物和历史等。多学科教学意味着两个或多个不同学科或专业的参与，主要应用于儿童早期教育以及残疾儿童教育领域。[②] 考虑到教育教学的实践活动，本书中的"学科"主要是在后一种分类标准下来界定的

目前，学界对于多学科教学尚无一致的界定，但大致呈现两种取向：一为多学科教学行为，如范玲认为，多学科教学意味着有老师要教两门或两门以上的课程，这就增加了教师的工作量，迫使教师将更多的时间与精力放在备课、批改作业等方面。而对于更多教师来说，多学科教学在对他们的时间、精力提出挑战的同时，更对他们的学科知识储备提出了挑战，尤其是农村地区的小学教师。[③] 另一种取向多以教师应具备的能力来讲，全科教师是相对于分科教师而言的，是指具有扎实的教育理论知识，具备

---

① 王伟峰：《多学科教学模式在高级英语课程中的应用》，《现代交际》2014年第3期，第199页。
② Education Government, "Individuals with Disabilities Education Act", 2015, retrieved from https://sites.ed.gov/idea/regs/c/a/303.24.
③ 范玲：《小学教师多科教学的问题呈现与改进举措》，《教学与管理》2018年第21期，第57~60页。

基本的科研能力、课程整合能力和班级管理能力，能胜任各阶段各门课程（尤其是音、体、美等课程）教育教学工作、从事教育教学研究与管理工作的教师。在适用环境上，肖其勇将农村小学全科教师定义为适应农村小学教育发展，能够胜任农村小学阶段的所有学科教学和班主任工作的教师，其内涵主要体现在综合培养的价值取向上。①

本书对"多学科教学"的概念进行如下界定：多学科教学是指在小学教育阶段，由具备相应资质的教师教育机构专门培养的、掌握教育教学基本知识和技能、学科知识和能力结构合理、能承担小学低年段国家规定的各门课程教学工作、从事小学教育教学研究与管理且承担两门及以上学科教学任务的教师所实施的教学行为，承担多学科教学任务的教师具有"知识博、基础实、素质高、能力强、适应广"的特征，其最基本的特征就是具有同时教授小学几门课程的能力。② 这一定义包括两个维度，既包括对教师教学行为的规范化定义，也包括对教师能力的潜在要求。事实上，针对教学行为我们称为"多学科教学"，而针对教师应具备能力的定位，主要体现为"全科教师"的群体特征。本书前言部分已对两者进行了详细区分，在此不另赘述。

（二）全科教师专业发展

2014 年教育部颁布《关于实施卓越教师培养计划的意见》，文件中明确提出"针对小学教育的实际需求，重点探索小学全科教师培养模式，培养一批热爱小学教育事业、知识广博、能力全面，能够胜任小学多学科教育教学需要的卓越小学教师"。此后，2018 年教育部颁布《教师教育振兴行动计划（2018—2022 年）》，文件中明确提出"各地要以集中连片特困地区县和国家级贫困县为重点，通过公费定向培养、到岗退费等多种方式，为乡村小学培养补充全科教师，为乡村初中培养补充'一专多能'教师，优先满足老少边穷岛等边远贫困地区教师补充需要"。由此可见，教师的多学科专业发展已成为教师教育改革的趋势，受到了国家的重视，这

---

① 肖其勇：《农村小学全科教师培养特质与发展模式》，《中国教育学刊》2014 年第 3 期，第 88~92 页。
② 刘宝超：《培养本科层次全科型小学教师的现实难题与策略》，《课程教学研究》2014 年第 8 期，第 14~18 页。

也是当下教育改革实践提出的一个具有重大理论意义的课题。① 而作为我国农村教育事业发展中坚力量的小学教师，承担着为农村地区培养现代化人才和提高农村人口素质的重要任务，其专业发展水平直接影响着农村地区教育教学质量。近年来，当城乡教育在硬件配置上的差距越来越小时，社会更加聚焦于师资队伍的建设方面。针对我国农村小学的现状而言，由于师资配备标准带来的相对数量不足、农村教师岗位缺乏吸引力，我国大量农村小学教师都必须承担多学科教学的任务，因此，教师从事多学科教学的专业发展水平不仅制约着农村小学教育的可持续发展，更影响着农村小学生的学业发展水平。

通常来讲，教师专业发展的内涵主要包含专业知识、专业能力和专业精神三个方面，而结合农村小学教师多学科教学的特点和现状来看，本研究认为，教师多学科专业发展内涵更注重以下几方面，即教师自身的专业知识、课堂教学状况、教学资源、师生交往、教学研究、教师职业意识、对于先进教育理念的学习态度、社会经济地位的提升以及尊师重教氛围的形成等。农村小学教师多学科专业发展的真正价值和意义就在于其促进了我国农村教育质量的提升，从而促进农村学生的整体发展。

二 国内相关研究

（一）多学科教学人才培养的政策演变研究

综观国家及各省份出台的相关教育政策文件，小学多学科教学已成为提高农村小学教学质量的重要举措，在欠发达地区更是如此。由于城乡教育发展不均衡，农村小学教师数量严重不足，一些国家要求的课程开不齐、开不全，因此各级教育部门提倡小学多学科教学的形式，不仅帮助教师胜任小学教学任务，促进自身的发展，同时也能够更好地解决教师数量不足的问题。

多学科教学在我国看似还是新生事物，但实际上早在我国的中等师范学

---

① 杨晓峰：《本科层次全科小学教育专业建设的反思与建议》，《长江师范学院学报》2014年第6期，第113~119页。

校教育阶段就开始培养全科教师,这些教师成为开展多学科教学的人员保障。在中等师范院校的培养过程中,尤其是20世纪80年代前,中等师范院校要求为小学教育培养能够从事多学科教学的小学教师,中等师范院校的毕业生到小学工作后不仅要教书,而且要做班主任、少先队员辅导员;不仅要教语文,也要教数学;不仅要教文化课,而且要教体育课、艺术课(音乐、美术)。大多是以不分科的综合文科或综合理科的形式来培养小学教师。①

1995年,国家教委师范司颁布《大学专科程度小学教师培养课程方案(试行)》,要求所培养的小学教师要掌握较为广泛扎实的文化科学基础知识,掌握主修学科的基础理论、基础知识和基本技能,掌握较系统的教育理论知识,懂得小学教育教学规律,具有从事小学多学科教学的知识、技能和基本能力,具有初步的小学教育教学研究能力和自我发展、自我完善的能力。

2001年,教育部颁布《基础教育课程改革纲要(试行)》,要求改变课程结构过于强调学科本位、科目过多和缺乏整合的现状,整体设置九年一贯的课程门类和课时比例,并设置综合课程,以适应不同地区和学生发展的需求,体现课程结构的均衡性、综合性和选择性。② 这就要求教师必须具有整合不同学科、从事多学科教学的能力。

2003年,教育部师范教育司颁布《三年制小学教育专业课程方案(试行)》,要求所培养的小学教师具有较扎实的文化科学知识和专业基础知识,懂得小学教育教学的基本规律,具有先进的教育思想和进行小学教育科研的初步能力,具备从事小学多门课程教学和课程开发的能力,同时在某一学科方向上有所专长;③ 具有良好的心理素质、健全的人格,身体健康;具有一定的艺术修养和艺术鉴赏力。

2011年,教育部颁布《教师教育课程标准(试行)》,要求小学教师具有教育学生的知识与能力,明确提出小学教师要了解小学教育的培养目标,熟悉至少两门学科的课程标准,熟悉至少两门学科的教学内容与方

---

① 吴小庆:《我国多科型小学教师课程方案研究》,硕士学位论文,浙江师范大学,2012,第29页。
② 《教育部关于印发〈基础教育课程改革纲要(试行)〉的通知》,2001年6月8日,中华人民共和国教育部,http://www.moe.gov.cn/srcsite/A26/jcj_kcjcgh/200106/t20010608_167343.html。
③ 边春丽:《小学教育专业学生专业素质培养探析》,《教育探索》2012年第2期,第108~109页。

法，从而了解学科整合在小学教育中的价值。

2013年，广西壮族自治区教育厅等四部门联合印发《广西农村小学全科教师定向培养计划》，根据计划，2013~2017年广西要培养5000名左右"下得去、留得住、教得好"，能胜任小学各门课程教学任务的农村小学教师，预计平均每个县将有70名左右，以进一步优化农村教师队伍结构，提高农村教育质量。①

2013年，湖北省教育厅在湖北省"农村教师素质提高工程"培训中，专门针对偏远农村小学（教学点）举办全科教师培训，以体音美三科为突破口，依托教材，聘请各学科一线优秀骨干教师，对农村偏远地区小学（教学点）教师进行有针对性的培训。②

2014年，教育部印发了《关于实施卓越教师培养计划的意见》，针对教师培养的薄弱环节和深层次问题，深化教师培养模式改革，旨在培养一大批师德高尚、专业基础知识扎实、教育教学能力和自我发展能力突出的高素质专业化中小学教师。针对不同的教师群体，其培养模式也不同。就卓越小学教师培养而言，针对小学教育的实际需求，重点探索小学全科教师培养模式，培养一批热爱小学教育事业、知识广博、能力全面，能够胜任小学多学科教育教学任务的卓越小学教师。③

2015年，国务院办公厅颁布《乡村教师支持计划（2015—2020年）》，全面部署乡村教师队伍建设工作。《乡村教师支持计划（2015—2020年）》指出，到2020年全面建成小康社会、基本实现教育现代化，薄弱环节和短板在乡村，在中西部老少边穷岛等边远贫困地区。因此，扩大农村教师特岗计划实施规模，重点支持中西部老少边穷岛等贫困地区补充乡村教师。鼓励地方政府和师范院校根据当地乡村教育实际需求加强本土化培养，采取多种方式定向培养"一专多能"的乡村教师。④这就要求教师是具备多

---

① 黄玉楠：《全科型教师培养研究：基于课程的视角》，硕士学位论文，河南大学，2014，第4页。
② 《我省大规模培训全科教师》，《湖北日报》2013年7月25日，http://jyt.hubei.gov.cn/bmdt/gxhptlm/mtjj/201307/t20130725_438550.shtml。
③ 杨晓峰：《本科层次全科小学教育专业建设的反思与建议》，《长江师范学院学报》2014年第6期，第113~119页。
④ 《关于印发〈教育部教师工作司2015年工作要点〉的通知》，2015年3月10日，中华人民共和国教育部，http://www.moe.gov.cn/s78/A10/tongzhi/201503/t20150317_186366.html。

学科教学能力的复合型人才。

2018年教育部颁布《教师教育振兴行动计划》，文件中明确提出"各地要以集中连片特困地区县和国家级贫困县为重点，通过公费定向培养、到岗退费等多种方式，为乡村小学培养补充全科教师，为乡村初中培养补充'一专多能'教师，优先满足老少边穷岛等边远贫困地区教师补充需要"。

针对教师多学科教学现象，国家和各地教育行政部门都制定了相应的人员保障政策。教育政策不仅表现为表达方式的转变，而且其精神实质也承载着时代变迁特征。最初，小学教师多学科教学是在全国范围内提倡的，而现在实施对象发生转变，聚焦到偏远的农村地区。近年来，在全国范围内，教师从事多学科教学现象得到了越来越多的关注，各地都在教育部的文件精神引领下，探索当地的多学科教学模式。对于从事多学科教学的教师来说，的确要具备多学科教育教学能力。从新时期对教师的要求来看，更为重要的是，教师要能够把这些知识经过恰当的安排，穿插在课堂上，这更强调教师对于各学科的整合能力。

（二）关于农村小学教师多学科专业发展的研究

自2001年基础教育课程改革启动以来，促进学生全面发展和推进教育均衡化就成为教育界日益关注的重点之一。而农村小学教师，作为我国农村教育事业发展的中坚力量，承担着为农村地区培养现代化人才和提高农村人口整体素质的重要任务，其专业发展水平直接影响着农村地区教育教学质量。

一方面是农村小学教师多学科专业发展的需求。农村小学教师多学科专业发展的条件差、基础薄弱。相对于城市教师来说，农村教师大多学历较低、工作负担较重。据《中国农村教育发展报告2012》，对全国9个省份19个区县的174所学校共5285名城乡教师群体特征调查的结果显示，从城乡教师所任教的科目来看，城市和县城教师平均只教1.14门课，乡镇教师略多一些，但也只教1.41门，而村屯教师平均要教2.38门，且标准差达到了1.90（如表1-1所示）。从教师具体承担的课程门数来看，尽管承担1门课程的教师最多，城市达84.21%，县城为86.69%，但是到乡镇和村屯学校，这一比例急剧下降，分别为76.09%和42.66%。在教师承担多门课程的比例上，村屯学校远远高于其他层级学校。其中承担3门及3

门以上课程的教师所占比例，城市为3.98%，县城为4.16%，乡镇为11.67%，村屯为33.88%（如表1-2所示）。[①]

表1-1 城乡教师所教的课程门数

单位：门

学校所在地	教师教课门数平均值	标准差
城市	1.14	0.56
县城	1.14	0.57
乡镇	1.41	1.07
村屯	2.38	1.90
总体情况	1.32	0.97

表1-2 教师任教课程门数的城乡分布

单位：人，%

任教科目数	城市		县城		乡镇		村屯		总计	
	人数	百分比	人数	百分比	人数	百分比	人数	百分比	人数	百分比
0	64	3.58	29	2.37	50	2.60	9	2.54	152	2.88
1门	1504	84.21	1062	86.69	1461	76.09	151	42.66	4178	79.05
2门	147	8.23	83	6.78	185	9.64	74	20.90	489	9.25
3门	54	3.02	40	3.27	107	5.57	43	12.15	244	4.62
4门	14	0.78	7	0.57	73	3.80	30	8.47	124	2.35
5门	3	0.17	2	0.16	28	1.46	17	4.80	50	0.95
6门及以上	0	0.00	2	0.16	16	0.83	30	8.46	48	0.92
合计	1786	100	1225	100	1920	100	354	100	5285	100

农村小学从事多学科教学的教师，由于课业负担繁重，常常苦于没有精力和时间反思自己的教学。同时，农村小学规模偏小，学校内平行班数量少，因此农村教师长期缺乏学习、研究的条件和氛围，并且很少有机会参加高层次的教师培训和参观交流。即使参加培训也多以某一学科的培训

[①] 邬志辉、秦玉友主编《中国农村教育发展报告2012》，北京师范大学出版社，2014，第285页。

为主，缺乏整合性特征。长期的闭塞造成的不仅仅是信息的滞后，更是工作热情严重受创。

基于已有的教师专业发展研究，特将农村小学教师多学科专业发展定位于引导农村小学多学科教学教师认可并选择适合自己的专业发展途径。对于农村小学多学科教学教师来说，专业发展应该包含教育理念的坚守、专业精神的追求、专业知识的谙熟和非专业知识的积累以及教育智慧的养成几个方面。

另一方面是农村小学教师多学科专业发展的被动接受。农村教师结构性缺失是目前农村教育中存在的普遍问题。目前我国农村小学教师从事多学科教学大多表现出被动参与的特征，根据学校领导安排完成国家规定的教学任务，而教师自身通常并未产生积极的发展主动性。我国农村小学教师多学科教学中表现出的被动状况与其他国家和地区的多学科教学状况不尽相同。

在中国台湾，启用"全科教师"的小学非常多，他们有个专有名称叫"包班制"，就是说一个班级所有科目由2~3名教师承担。在英国，学校大多采用包班制，每个老师只需围绕标准和大纲规定的要求，自己组织教学材料，因此教学的自由度很大，风格也各不相同。在美国，部分学校从幼儿园到六年级实行包班制，一个教师承担一个班级所有科目的教学任务，一般有阅读、写作、数学、自然、历史、体育、音乐和美术等。[①] 英国和美国等发达国家提倡教师多学科专业发展，是为了符合小学生的认知发展规律，认为小学生对于知识的理解与把握具有整体性特征，教师的多学科教学有利于全面地评价学生，给予学生更大的学习自主性，在不同学科知识间建立更好的联系，积极培养整合不同学科的能力，是一种对于多学科的主动追求。而由于我国农村小学师资匮乏，教师学历层次不高、教育观念陈旧、专业能力不足，农村小学的教师往往被动承担两门及以上学科的教学任务，从而表现出"被多学科"的发展状态。目前我国农村地区的教师从事多学科教学，是在农村现实教学背景下的一种被动接受。

农村小学中承担多学科教学任务的教师，首先要在明确教学目标的基

---

① 吴小庆：《我国多科型小学教师课程方案研究》，硕士学位论文，浙江师范大学，2012，第1页。

础上，对所教学科的内容谙熟于心，也就是与学科教材建立起"有意义"的联系，使那些知识不再是外在于教师、需要记忆的书本知识，而是内化为教师自身的结构化知识，这是确保农村小学教师成为专业教师的必由之路，也是农村小学多学科教学教师专业化发展道路上的首要目标。

国内关于农村小学教师多学科专业发展的研究相对较少，论述也不够全面系统，缺乏应有的广度和深度，没有形成专门的研究体系。这说明农村小学教师多学科专业发展的问题在教育教学一线研究中还有很大的空间，在未来的研究中还需要更多深层次的理论指导和支持。探寻促进农村小学教师多学科专业发展的有效途径，提高农村小学多学科教学教师的专业素养，进而促进农村小学教师整体队伍的建设，是我国当前教育改革中需要进行深入探讨的重要方面。

（三）关于农村小学教师多学科发文计量分析研究

研究以 1992~2017 年在国内期刊上发表的以"全科教师"为主题的论文为研究对象，采用文献计量的研究方法，从发文数量、研究机构、作者共引、关键词主题以及高频发文期刊等方面分析了全科教师的研究现状与特征变化。本研究首先对国内关于"全科教师"的期刊文章按照年发文量和发文媒介进行梳理，以期把握发展的趋势。

1. 年度变化趋势

通过检索文献发现，"全科教师"相关主题的文章数量呈现波动上升趋势，1992~2007 年，以"全科教师"或"多学科教学教师"为主题的年文献量很少，"全科教师"一词首先出现于湖南师范大学教育科学学院李海萍于 2007 年 4 月 10 日发表在《教育理论与实践》上名为《综合实践活动课程中的教师专业发展与全科教师培养》的文章中，2007 年关于全科教师和多学科教学教师的文章达到 7 篇，远高于临近年份的发文数量，2013 年以后发文量增长速度较快，2007~2013 年有关于多学科教学教师的文章数量保持平稳增长，2013~2017 年相关发文呈现快速增长的趋势（见图 1-1），研究日益全面且深化。基础教育课程改革在全国各地的逐步推进，但综合实践活动课程实施的效果不佳，师资问题是制约综合实践活动课程实施的瓶颈。要真正消解综合实践活动课程实施的师资方面的制约，必须加强教师教育和基础教育的有效沟通，培养跨学科、复合型的全科教师。① 因此，培养全科教师成为教师教育研究的重点，加之我国长期存在的多学科教学现实，须促进学者对此领域的研究。

2. 各媒介有关全科教师发文量的变化趋势

各种媒介对于"全科教师"的关注度是衡量此主题研究深度与广度的重要指标之一。从数据来看，各种媒介对于"全科教师"的关注度呈增加趋势，但是各种媒介对此关注的程度是不同的。数据显示，期刊发文量变化最为明显，其次是报纸，变化较小的是硕博论文（如图1－1所示）。"全科教师"的首次提出，源于我国基础教育新一轮课程改革中提出的综合课程实施缺少相应教师，此为学术走向实践，因此学术期刊对全科教师的关注要多于报纸。硕博论文对此主题的关注度低于期刊的关注度，这种现象的出现说明，"全科教师"的研究，社会以及媒体对其关注比较明显，但对此主题进行持续性关注的媒介较少。尤其是硕博论文方面发文量较少，且关于此主题的均为硕士论文，而没有博士论文涉及，对此领域纵深方向的研究尚未深入。

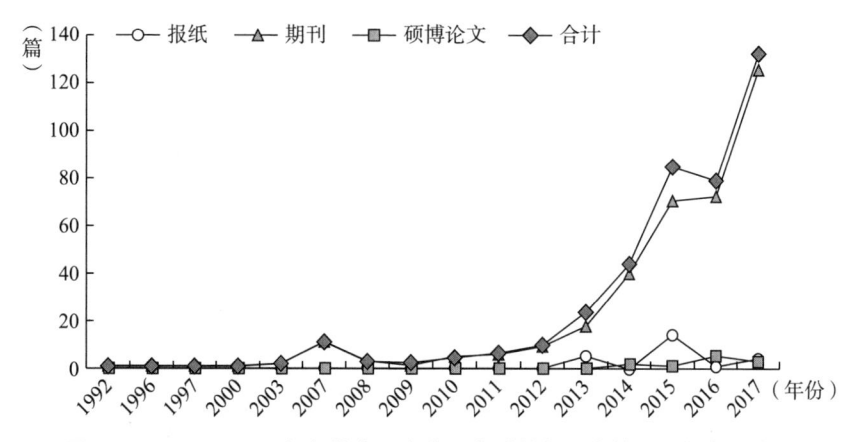

图1－1 1992～2017年各媒介形式关于全科教师研究的发文量变化情况

3. 研究机构的地理位置分析

本研究对国内关于"全科教师"的期刊文章作者所属机构及机构地理位置进行统计分析，以期从空间角度呈现相关主题关注度。

---

① 李海萍：《综合实践活动课程中的教师专业发展与全科教师培养》，《教育理论与实践》2007年第4期，第37～40页。

不同机构对于同一主题的发文量是衡量研究深度与范围的重要指标，不同发文机构的发文量从侧面显示对此主题的关注度。从数据显示看，发文最多的机构是重庆师范大学，其次是重庆第二师范学院。从地理位置上看，对于"全科教师"主题关注较多是我国的西部地区、东北地区地方高校。从表1-3中可以看出，师范院校占12所，并且以教育部直属两所师范院校为中心；西部地区以西南大学为研究中心，涵盖重庆师范大学、重庆第二师范学院等院校；东北以东北师范大学为中心，涵盖长春师范大学、吉林师范大学等院校。"全科教师"现象在西部地区和东北地区存在较普遍，因此，这些地区成为发文量较高的区域，同时也成为相关学者、报刊所在地。

4. 研究机构的排名分析

数据显示，发文量较大的机构的大学综合排名以及ESI高被引论文排行均相对较靠后，而综合实力较强的大学发文量较少。这意味着有关"全科教师"的研究仍处于初始阶段，纵深方面的研究相对较少，缺乏综合实力尤其是学术研究实力强的院校的关注和支持。发文较多的机构大多是地方师范院校，而综合类大学发文较少。说明"全科教师""多学科教学"研究主要集中在教育领域，成为师范院校研究的重点，这从侧面也证实地方院校是培养本地区农村教师的主力军（如表1-3所示）。

表1-3 1992~2017年机构发文量、大学综合排名及ESI高被引论文排行

单位：篇

发文机构	发文量	大学综合排名	ESI高被引论文排行	省份及城市
重庆师范大学	22	224	185	重庆市
重庆第二师范学院	20	659	—	重庆市
长春师范大学	10	418	282	吉林省长春市
百色学院	9	570	549	广西壮族自治区百色市
河池学院	7	607	—	广西壮族自治区河池市
广西师范学院	7	355	—	广西壮族自治区南宁市
洛阳师范学院	7	452	210	河南省洛阳市
西南大学	6	37	53	重庆市
焦作师范高等专科学校	6	—	—	河南省焦作市
湖南第一师范学院	6	590	—	湖南省长沙市

续表

发文机构	发文量	大学综合排名	ESI高被引论文排行	省份及城市
西华师范大学	6	324	100	四川省南充市
新疆教育学院	6	—	—	新疆维吾尔自治区乌鲁木齐市
吉林师范大学	5	284	402	吉林省四平市
东北师范大学	5	36	44	吉林省长春市
杭州师范大学	5	172	104	浙江省杭州市
郑州师范学院	5	644	271	河南省郑州市

资料来源："ESI高被引论文排行"来源于艾瑞深中国校友会网《2018中国大学ESI高被引论文排行榜600强》，http://www.cuaa.net；"大学综合排名"来源于艾瑞深中国校友会网《2017~2018中国大学排名700强排行榜》，http://www.gaokao.com/z2018/2018dxpm/。

5. 高频发文作者计量分析

本研究对国内关于"全科教师"的期刊文章高频发文作者及所属机构进行统计分析，以期寻找高质量发文作者及所属机构，从而体现相关主题关注程度（如表1-4所示）。

"全科教师"发文作者的发文量越多，在一定程度上可以体现出该作者对于此领域的研究相对他人较为持久、深入、全面。本书通过BibExcel计量软件分析"全科教师"发文作者的发文频次及对应机构。检索高频发文作者发文量3篇及以上共有24人，发文4篇和3篇的作者各有11人，发文5篇和6篇的各仅有1人（见表1-4）。通过对本领域论文发文量较多的作者进行机构背景统计发现，多数作者来自地方师范类院校，这说明地方师范类院校教师对本地区教师发展情况较为熟悉。同时这也反映出，来自相同机构的作者会形成对类似研究主题的合作趋势。

表1-4 1992~2017年发文高频作者及所属机构情况

单位：篇

发文篇数	作者	机构
6	肖其勇	重庆师范大学
5	张虹	重庆师范大学
4	陶青	重庆师范大学
4	卢俊勇	重庆师范大学
4	王小芳	长春师范大学

续表

发文篇数	作者	机构
4	郭飞君	长春师范大学
4	高岩	陇东学院
4	李介	陇东学院
4	王莉	河西学院
4	张松祥	南通师范高等专科学校
4	丁吉红	甘肃民族师范学院
4	卢琦	湖南第一师范学院
4	江净帆	重庆第二师范学院
3	田振华	重庆第二师范学院
3	潘琰	长春师范大学
3	孙颖	东北师范大学
3	莫运佳	广西师范学院
3	周德义	湖南省广播电视大学
3	薛剑刚	湖南省广播电视大学
3	唐彰新	玉林师范学院
3	杨秀富	百色学院
3	张献伟	洛阳师范学院
3	高闰青	焦作师范高等专科学校
3	王萍	琼台师范高等专科学校

6. 高频关键词计量分析

关键词是一篇文章的精华与凝练，关键词反映文章主题。通过借助 BibExcel 文献计量工具以及 Pajek 聚类分析软件对高频关键词进行主题提取，能够反映文章集中关注的相关主题。除"全科教师"和"多学科教学教师"两个主题检索词外，对关键词进行分析，进一步提取关键词的相关主题，频次较高的主题有"培养"、"素养"、"素质"、"农村"、"课程"和"能力"等。归纳聚类发现，有关全科教师的研究主要集中在"社会背景"、"发展途径"、"能力目标"以及"微观体现"等四个方面。研究结果发现，其中较多文章研究的是全科教师的"能力目标"，包括素质、素养、能力三个基本维度（见表1-5）。"全科教师"的发展途径也是主要研究方面，通过文献的进一步分析可知，全科教师的培养在职前主要集中在高等院校以及中师的培养上；微观表现在课程与教学方面，在课程建设上，集中探讨新一轮课程改革的背景下，全科教师的培养课程是否需要整合以及全科教师在实践进行教学时，如何设置课程，利用课程资源培养高素质的人才。在此过程中，教师专业发展能力得到提升，学生各方面素养得到发展。全科教师在农村又与多学科教学教师融合，在农村、乡村社会背景下，以期全科教师能够全科教学，针对地方性知识，扎根中国大地，实行本土化教学，进而提高农村教师的素质与能力。

表1-5　1992~2017年关键词提取情况

单位：次

主题		关键词
社会背景（频次：14）	农村（频次：9）	农村教育、农村小学教师、农村教育发展、农村教师、江西农村、农村小学全科教师、农村地区、农村小规模学校、广西农村
	乡村（频次：5）	乡村小学教师、乡村小学、乡村教师、乡村教育、乡村教师补充
发展途径（频次：23）	培养（频次：17）	培养路径、培养计划、教师培养、培养模式、小学教师培养、培养规模、全科教师培养、素质培养、全科型培养模式、综合培养、职前培养、定向培养、本土化定向培养、个性化培养、全科综合培养、全科素养基础、人才素质标准、卓越教师培养
	培训（频次：6）	全科教师培训、职后培训、在职培训、师资培训、培训模式、教师培训
能力目标（频次：28）	素质（频次：8）	人才素质培养标准、素质结构、素质标准、素质培养、整体素质、综合素质、高素质人才、教师的专业素质
	素养（频次：10）	核心素养、文化素养、人文素养、全科素养基础、体育素养、诵读素养、专业素养、信息素养、艺术素养、语文素养
	能力（频次：10）	教育教学能力、教学实践能力、职业能力、综合能力、专业能力培养、专业能力构成、基本能力、能力标准、能力指标、能力模型
微观体现（频次：18）	教学（频次：5）	教学整合、教学任务、多学科教学、教学改革、复式教学、包班教学
	课程（频次：13）	新课程改革、课程改革、课程整合、综合课程、各门课程、课程设计、课程体系、课程资源、课程设置、艺术课程、体育课程、化学课程、语文课程

7. 期刊类型的计量分析

期刊的类型是衡量所刊登文章质量的重要指标之一，从期刊发文数量看,高质量期刊发文量较少。对所检索的339个期刊进行分析提取,发现共有27个中文核心期刊,其中CSSCI期刊有17个(含CSSCI扩展版)。有关"全科教师"文章的发文量在3篇以上的期刊中,CSSCI期刊(含CSSCI扩展版)和核心类期刊共有23个,在发文期刊总量上,高质量期刊约占30%。借助BibExcel软件提取发文量在3篇以上的期刊,表中期刊影响因子在1以上的高质量期刊只有3个(见表1-6)。一般来说,影响因子越高,期刊的学术影响力就越大。这种现象说明有关"全科教师"的文章在高质量期刊上刊发的较少,仍有很大提升空间。从发文期刊类型来看,关于"全科教师"的文章主要集中刊发在教育研究类学术期刊上。一线教育类期刊、综合期刊刊文较少。

从期刊发文年份上看,2016年发文在北大中文核心期刊和CSSCI期刊上的最多,达到20篇,刊在CSSCI期刊的文章达到14篇。2017年,发文在北大中文核心期刊和CSSCI期刊上的文章共17篇,其中CSSCI期刊有11篇。随着年份的增长,呈现随着发文量不断增加,高质量文章逐渐增多的趋势。

表1-6 1992~2017年高质量期刊名及刊发关于"全科教师"文章的发文量

单位:篇

发文量	期刊名称	影响因子	期刊类型	发文量	期刊名称	影响因子	期刊类型
11	湖南第一师范学院学报	0.104	/	4	高教论坛	0.258	/
10	师资建设	-	/	4	教育探索	0.501	北大中文核心
9	广西教育	-	/	4	当代教育与文化	0.451	CSSCI扩展版
8	教学与管理	0.305	北大中文核心	4	教师教育论坛	0.234	/
8	中国教育学刊	0.974	CSSCI	4	比较教育研究	1.097	CSSCI
7	教育理论与实践	0.469	CSSCI扩展版	4	当代教育科学	0.331	/
7	中国民族教育	0.138	/	4	课程·教材·教法	1.487	CSSCI
6	教育(周刊)	-	/	3	亚太教育	-	/
5	教育发展研究	1.288	CSSCI	3	西部素质教育	-	/
5	教育导刊	0.415	/	3	考试周刊	-	/

续表

发文量	期刊名称	影响因子	期刊类型	发文量	期刊名称	影响因子	期刊类型
5	文教资料	-	/	3	现代职业教育	-	/
5	教育评论	0.553	/	3	当代教育论坛	0.661	/
5	现代教育科学	0.195	/	3	外国中小学教育	0.588	CSSCI扩展版
5	河南教育学院学报（哲学社会科学版）	0.170	/	3	时代教育	-	/
5	辽宁教育	-	/	3	课程教学研究	0.193	/
5	中小学教师培训	0.278	北大中文核心	3	科教文汇（中旬刊）	0.088	/

注：影响因子为2017年期刊的复合影响因子；期刊类型来自《中国核心期刊要目总览（2017年版）》和《中文社会科学引文索引（CSSCI）来源期刊及集刊（2017—2018）目录》。

全科教师的研究自2007年李海萍于国内首次使用"全科教师"的概念后，一时成为研究的热点，尤其是2017年，关于全科教师的发文有140多篇，成为截至目前发文最多的年份。2018年发文74篇，其中发表在北大中文核心期刊及CSSCI期刊上的文章数量逐年递增，这不仅证明学者对此研究越来越关注，而且也说明研究的质量在不断提升。

从发文数量上看，全科教师的相关文献总量上还处于少数，但是年发文量处于上升趋势，文献的总量也不断增加且高质量文献数量逐年上升。从研究机构上看，地方师范类院校对此关注较多，且集中于西部地区和东北地区。从研究的关键词来看，主要反映研究主题为全科教师的社会背景、发展途径、能力目标和微观体现等几个方面，关注职前与职后全科教师的专业发展，关注全科教师教学方式，注重学生素养的培养。从期刊发行来看，刊发此类文章的高质量核心期刊总量少，期刊类型以教育研究类为主，专题类研究较少，随年份的增加而增长，高质量期刊发文数量呈增加趋势。

研究的不足主要体现在以下几个方面：首先，研究文章数量虽然总体上呈递增趋势，但是年发文总量较少，相关研究文献自2007年开始，但发文数量较少。2013年相关文章开始增多，说明"全科教师"相关主题进入学者研究范围时间较短，受到关注较少。其次，在研究主体机构上，分布不均衡，高频发文的研究主体机构主要为高校等研究机构且研究机构较为分散。从发文作者上看，发文作者此类文章的发文量较少，尚未形成稳定持续的发文量高的团队。研究机构及作者的水平反映研究主题的深度和质量，从现有文章的作者和所属机构上看，缺少高质量的研究机构和有影响力的高频发文作者及稳定的团队，因此，难以对主题进行深度挖掘，从而进行高质量发文。再次，从研究内容上看表现为不均衡，多数的文献在内容上集中在全科教师的培养上，对全科教师队伍建设、分布等方面研究较少，且研究发现同质化现象严重，高水平研究主题狭窄。最后，从发文期刊上看，虽然此类文章的高质量期刊发文量有增加的趋势，但较于总量上看，高质量期刊发文量仍然很少。

三 国外相关研究

（一）关于小学教师多学科教学的研究

发达国家十分重视幼儿和小学教育，特别关注人的全面发展。因此，在小学阶段通常采用小班化教学，教学工作通常由一名教师通过"包班"的形式完成。发达国家采用此教学模式取得了良好的效果，为我国推进小学教育的发展提供参考。

法国在1994年第94-271号通报中对小学教师的专业能力参照元素进行了表述，认为"小学教师是一种综合性的职业，教师应该有能力教授各个学科"。要求教师：掌握小学主要学科知识，包括法语、数学、历史、地理、物理、技术学、生物、外语、造型艺术、音乐、体育等；掌握各学科学习的设计、实施和评估所需要的教学法；能够设计多科综合的教学情境，并通过恰当的方式来实现；掌握各种教学媒体和信息手段的使用方法。① 因此，准教师们除掌握学科的专业知识外，还需要具备一定的展开教学的技巧和能力。法国进行教师资格认定时，也要考察申请者多学科教学的能力，要求教师应是多才多艺的，能够教授小学的所有科目。

---

① 参见熊建辉《教师专业标准研究——基于国际案例的视角》，博士学位论文，华东师范大学，2008，第82页。

英国小学教师实行不分科培养，欲当小学教师的师范生必须全面掌握国家规定的、相互联系的培训课程。美国的初等教育实施综合教育，不分科教学，因而对教师的要求是"通才"而不是"专家"，要能够教授小学的所有科目，可以包班教学。在职前培养过程中也秉行这一宗旨，对教师教学能力的考察就包括其在小学多学科教学方面的能力。

德国要求师范生学习两门执教学科，必须掌握执教学科与邻近学科的关系，获得跨学科的知识，能从事中小学的综合理科或文科的教学工作。可见部分发达国家对小学教师都是采取多学科培养的方式，这种培养方式在实践中被证明是切合社会发展要求的。[1]

英国、法国、美国和德国等发达国家对小学教师的培养采取多学科培养的方式。这些国家在多学科教学教师的专业设置、学科建设、课程建构以及培养机构、培养标准和培养模式设置等方面经验都很丰富。比如英国《教师资格证书授予标准》中，对"知识与理解"这一标准的具体要求有四个方面的内容，包括课程大纲、学科知识、学生和教学研究方法。就学科知识来说，欲当小学教师的师范生必须对小学开设的英语、数学、科学三科内容都能完整地掌握和理解。[2]

（二）关于小学教师多学科专业发展的研究

霍姆斯小组认为，美国的教师培养质量普遍很差，教师资格认定标准不严，教师资格认定政策过松，部分主要研究型大学不注重教师培养，教师工资待遇过低。针对这些问题，霍姆斯小组发表了《明日之学校》，进一步阐明了教师专业发展学校的六个基本目标。针对教师教育课程方面，其主张小学教师应修读一个小学教学科目，如语言与文学、数学、科学、社会科学、艺术，同时将剩余四个科目中的一个作为辅修。1995年，霍姆斯小组又发表了《明日之教育学院》报告，认为建立教师专业发展学校是迈向21世纪的教育学院不可缺少的条件。2000年1月，美国国家师范院校资格审查委员会认证的525所教育学院中的166所已经建立了自己的教

---

[1] 参见吴小庆《我国多科型小学教师课程方案研究》，硕士学位论文，浙江师范大学，2012，第28页。
[2] 参见黄玉楠《全科型教师培养研究：基于课程的视角》，硕士学位论文，河南大学，2014，第12页。

师专业发展学校，全美的教师专业发展学校已经发展到 1000 多所。2001 年美国国家师范院校资格审查委员会发表了美国第一个专业发展学校标准，为教师专业发展学校提出了指导性的办学原则和较为详细的分级评估标准。① 建立教师专业发展学校正逐渐成为美国加强教师职前教育的主要模式，并开始在国际上产生重要影响。研究美国教师专业发展学校中的教育实习，分析其产生的背景，具体的实施过程，探讨其成效及对我国的启示，无疑具有很高的理论意义和现实价值。

（三）BibExcel 英文部分

研究以 2006～2018 年在"Web of Science Core Collection"上发表的以"TS =（primary * teacher OR elementary * teacher OR grade * teacher）NOT TS =（art * teacher OR music * teacher OR science * teacher OR gym * teacher）"为检索词检索出的论文为研究对象，采用文献计量的研究方法，借助 BibExcel 软件对检索到的数据进行处理。并从论文发表整体情况、高频发文期刊情况、高频关键词分析、高产作者及其所在机构情况等方面分析了国外"全科教师"和"多学科教学教师"的研究现状与特征变化，并与国内研究进行对比，以期发现国内研究的问题并进行改进。

1. 论文发表整体情况

总体来看，此研究主题发展趋势相对稳定，从发文量、均篇被引数以及均篇页码数来看，均未出现明显的年度发展拐点。此现象说明关于"多学科教学教师"的研究主题具有一定的持续力和发展性。

从发文量逐年变化程度来看，在 2006～2016 年有关"多学科教学教师"的发文量呈波动上升的趋势，2017～2018 年相关主题发文量有小幅度下降，这说明近年来国外对于"多学科教学教师"的关注度略有下降，研究热度有所下降，应加强对此主题研究的持续性；从文献总体受关注程度来看，人们更倾向于选用年代相对久远的经典性文献，如 2006～2012 年的均篇被引数都超过 10，其中 2006 年的均篇被引数高达 32.68 次，2013～2018 年均篇被引数呈现递减的趋势，到 2018 年仅为 0.49，这说明经典文

---

① 参见李强《美国教师专业发展学校中教育实习的研究及其启示》，硕士学位论文，东北师范大学，2014，第 2 页。

献受关注程度相对较高;而从使用文献的情况来看,尤其是近180天的使用次数来看,则呈现相反的发展趋势,人们对于新发表文献的关注度较高,2018年均篇180天内文献使用次数是2006年的近7倍(见表1-7)。由此可见,发表时间较为久远的经典文献具有深厚的理论特征,而发表时间较近的文献能够体现时代特点,不同时间段发表的文献对于我国研究者会有不同的启示,但均有较强的关注价值。

表1-7 2006~2018年国外有关多学科教学教师论文发表整体情况

年份	发文量（篇）	均篇被引数（次）	均篇参考文献数(篇)	均篇页码数（页）	均篇U1（次）	均篇U2（次）
2006	531	32.68	35.85	12.97	0.65	7.12
2007	600	29.77	35.77	13.81	0.75	11.18
2008	834	23.73	37.01	13.49	0.71	10.92
2009	926	21.08	39.05	13.66	0.72	11.73
2010	925	19.13	39.83	14.07	0.9	13.69
2011	1019	15.87	38.67	13.35	0.84	14.25
2012	1132	13.04	42.61	13.59	0.92	19.61
2013	1132	9.91	44.05	13.87	0.97	22.43
2014	1180	8.35	47.51	14.23	1.17	19.68
2015	1307	6.01	46.39	15.11	1.29	17.19
2016	1427	3.27	43.19	13.83	1.42	13.37
2017	1426	1.57	46.93	13.72	1.91	10.16
2018	1410	0.49	49.51	14.61	4.29	6.77

注:U1指截至2019年4月2日的180天内文献使用次数,U2指从2014年至今文献使用次数。

2. 高频发文期刊情况

借助BibExcel软件对检索到的数据进行分析提取,结果如表1-8所示。从发文量来看,关于"全科教师"的文章主要发表在教学与教育研究相关的期刊上,如《教学与教师教育》《计算机与教育》《学校心理学教育》,这三个期刊的年平均发文量在10篇以上,部分期刊年平均发文量在8篇左右。高频发文期刊主要分为教育类综合期刊以及关注教学与教师的期刊,此种现象说明国外对于"全科教师"这一主题的关注度较高,关注内容较全面。发文量最多的《教学与教师教育》(*Teaching and Teacher*

Education）是关注教学与教师的期刊，对"全科教师"这一群体研究较深入、全面，说明"全科教师"在国外受到广泛的关注且该主题在教育类研究中的研究价值较高。

一般来说，影响因子的高低与期刊的学术影响力呈现正比关系。根据发文量较高期刊的影响因子来看，目前聚焦于"全科教师"方面的期刊影响力较大，其影响因子均大于1。这说明，此主题的研究较深入，在高影响力期刊上发表情况较好，影响力较大。在美国小学，全科教师是一种常态存在，是具有典型特征的群体。[①] 从高频发文期刊的出版地来看，高频发文期刊的出版地主要为美国，欧洲一些国家也有涉及，影响广泛。其主要原因在于"全科教师"自身的价值及国家的教育背景。全科教师最早起源于英国的"导生制"，然后发迹到美国、澳大利亚、德国、新西兰、日本等国家。[②] 美国以教育质量提高为目标的价值选择结果，着重表现为以尊重为核心的思想引领，使得全科教师能够长期发展并作为主题进行相关研究。在世界范围内对"多学科教学教师"进行研究具有较强的借鉴意义。

表1-8 2006~2018年国外有关多学科教学教师高频发文期刊情况

发文量	期刊名称	出版地	影响因子（2017年）
258篇	*Teaching and Teacher Education*	英国	2.473
161篇	*Computers & Education*	英国	4.538
150篇	*Journal of School Psychology*	美国	2.299
137篇	*Journal of Educational Psychology*	美国	4.433
123篇	*Psychology in the Schools*	美国	1.247
117篇	*Teachers College Record*	美国	1.072
105篇	*Elementary School Journal*	美国	1.393
97篇	*Journal of Educational Research*	美国	1.239
92篇	*Frontiers in Psychology*	瑞士	2.089
91篇	*Educational Psychology*	英国	1.344

---

① 孙颖：《美国小学全科教师现状及存在价值探究》，《比较教育研究》2017年第2期，第99~104页。

② 孙颖：《美国小学全科教师现状及存在价值探究》，《比较教育研究》2017年第2期，第99~104页。

续表

发文量	期刊名称	出版地	影响因子（2017年）
88篇	Learning and Individual Differences	荷兰	1.42
84篇	School Psychology Quarterly	美国	1.818
80篇	International Journal of Inclusive Education	英国	1.144
80篇	Early Childhood Research Quarterly	美国	2.236
76篇	American Journal of Physics	美国	1.034
74篇	International Journal of Educational Development	英国	1.403
73篇	British Journal of Educational Psychology	英国	2.057
72篇	Journal of Abnormal Child Psychology	美国	3.287
72篇	International Journal of Science and Mathematics Education	荷兰	1.086
71篇	School Psychology International	英国	1.103

3. 高频关键词分析

关键词是文章要旨的凝练，将检索出的与研究主题密切相关的文章的关键词提取出来并统计频次，统计出的高频关键词能够体现研究的方向及走向。本研究基于 Web of Science 数据库，以主题词 primary teacher、elementary teacher、grade teacher（除去主题词 art teacher、music teacher、science teacher、gym teacher、physical teacher）作为主要检索词检索国外多学科教学教师研究的文章，并借助 BibExcel 文献计量工具对关键词进行提取，得出频次高于100次的关键词，如表1-9所示。

表1-9　2006～2018年国外有关多学科教学教师研究文章的高频关键词情况

单位：次

关键词	频次
teachers/teacher	632
school/schools	308
education	306
children	290

续表

关键词	频次
teacher education	245
primary school	233
primary education	201
academic achievement	194
professional development	176
ADHD	173
assessment	173
motivation	171
elementary school	163
gender	160
mathematics	158
bullying	150
adolescents	141
elementary education	127
self-efficacy	119
prevention	117
adolescence	116
reading	115
teacher training	112
intervention	106
literacy	106
teaching	101

进一步将关键词进行聚类，将高频关键词分成五类，分别是多学科教学教师的相关主体、个人提升、主要工作、面临问题以及主要特征（见表1-10）

表1-10 2006~2018年国外有关多学科教学教师的文章的高频关键词聚类情况

单位：次

类别	关键词
相关主体 （频次：2517）	teachers/teacher（632） school/schools（308） education（306） children（290） primary school（233） primary education（201） elementary school（163） adolescents（141） elementary education（127） adolescence（116）

续表

类别	关键词
个人提升 （频次：1120）	teacher education（245） academic achievement（194） professional development（176） assessment（173） self-efficacy（119） teacher training（112） teaching（101）
主要工作 （频次：485）	mathematics（158） reading（115） literacy（106） intervention（106）
面临问题 （频次：440）	ADHD（173） bullying（150） prevention（117）
主要特征 （频次：331）	motivation（171） gender（160）

对高频关键词的聚类进一步分析，可以对研究方向与思路有所启发。第一类是多学科教学教师研究相关主体，包括教师、学校、儿童等，共出现2517次。对于多学科教学教师研究相关主体及机构进行分析，可以发现其呈现出主体多样化的特征，说明国外对该主题的研究范围较大，这对于我国的相关研究有着较大的借鉴意义。第二类是多科学教学教师个人提升方面，包括教师教育、学术成就、专业发展等，共1120次。其中学术成就也作为教师发展的重要因素，而多学科教学教师主体的心理也受到关注，例如关注度较高的自我效能感。由此发现，研究多学科教学教师个人提升不仅要以研究其传统的技能培训为基础，还要注重学术能力提升以及心理素质方面的发展，同时教师评价机制也备受关注，但是师德素质方面的研究高频关键词没有体现，此方面研究有待进展。第三类是多学科教学教师的主要工作，包括数学、阅读、文学等，共485次。针对多学科教学教师主要负责科目研究可以看出，对于多学科教学教师承担的主要专业科目研究比较全面。第四类是多学科教学教师工作主要面临问题，包括注意力缺陷多动症、欺凌、预防，共440次。多学科教学教师主体面临问题的主要研究聚焦于注意力不集中、校园欺凌以及安全防范，这些问题是教师主体工作中普遍重视与关注的问题。第五类是针对多学科教学教师的主要特征研究，包括动机、性别等，共331次。多学科教学教师的从教初衷与动机决定了其工作流动性与稳定性，而多学科教学教师性别结构也是教师队伍面临的重要问题。由此可见，多学科教学教师团体的主要特征可以作为问题的分析点以及切入点来进一步研究。

4. 高产作者及其所在机构情况

通过对样本的研究发现，2006~2018年关于此主题的研究较为成熟，已有本研究领域的权威人士。个人发文量为20篇及以上的有13人，30篇及以上的有3人。高产作者发文量最多的是44篇，其次是42篇，且发文量为20篇的人数较多，有6人发文量是20篇，他们是本研究领域的中流砥柱，且在选取的数据中最高发文量与最低发文量相差不多（见表1-11），在本研究领域中研究相对较为平衡，无明显分化现象。

通过对作者所属的研究机构研究发现，高产作者所属的机构大部分都是世界一流的综合性大学，实力较强，坐落于欧美国家。从全科教师的发展来讲，国外尤其是欧美国家小学全科教师由来已久，欧美国家的小学教师绝大部分都是全科教师，这些国家已有相当成熟的培养策略和实践经验。本书研究国外小学全科教师的基本情况，以期为我国全科教师的培养提供经验和策略。

表1-11　2006~2018年高产作者及其所属机构

发文量	作者	机构
44篇	Nurmi, Jari-Erik	南威尔士大学
42篇	Lerkkanen, Marja-kristiina	奥斯汀大学
30篇	Poikkeus, Anna-Maija	于韦斯屈莱大学
27篇	Sara, Rimm-Kaufman	根特大学
24篇	Hughes, jan N.	堪萨斯大学
23篇	Verschueren, Karine	宾夕法尼亚州大学
22篇	Pakarinen, Eija	纽约大学
20篇	Coplan, Robert J.	亚利桑那大学
20篇	Eisenberg, Nancy	宾夕法尼亚州大学
20篇	Pianta, Robert C.	亚利桑那大学
20篇	Van Braak, Johan	莫道克大学
20篇	Koomen, Helma M. Y.	密歇根州立大学
20篇	Kikas, Eve	俄亥俄州立大学

从发文量来看，国外对于全科教师的相关研究总量上较多，文章质量也随着发文量的增加不断上升。从发文期刊来看，多集中于影响力较大、质量较高的期刊，期刊类型以教学与教育综合研究类为主。从关键词来

看，主要反映研究主题在全科教师的相关主体、个人提升、主要工作、面临问题和主要特征等几个方面，关注全科教师的发展及在现实工作中遇到的问题。

国外关于"全科教师"的相关研究的不足有以下几点：首先，在发文期刊上，虽然高频发文期刊在数量、质量、影响力上均处于优势，但期刊出版地仍主要集中在美国，没有在世界各国产生和引起广泛的影响、注意。其次，在研究内容上，不够均衡与全面，大部分文献集中在教师相关主体以及教师个人提升上，对于多学科教学教师的内在师德与榜样建设研究还有所欠缺。另外，对于多学科教学教师特征分析与分类研究方面过度集中重复，研究取向还有待完善与创新。最后，在研究者及其所在机构上，高产作者不一定是"牛人"，但"牛人"必定会发表大量的文章。从研究者来看，本研究领域高产作者数量较少；从研究团队来看，实力强大的团队数量较少，团队中的核心人物数量不足。

第二章
我国农村学校小规模发展特征与多学科教学需求*

一 农村学校的小规模发展历史使命

农村学校除具备地域类型的基本特征以外，随着时代的变迁，其表现形式也呈现出从补偿性保障到常态化建设的功能性转变。农村学校之所以能够获得社会各界的广泛重视并引发争论，其主要原因不是其外显的小规模存在方式，而是其内在蕴含的教育理念。农村学校小规模发展表现出较强的时代特征和政策特点。从产生根源来看，农村学校小规模发展与农村学校布局中的高密度设置有直接关系，这是"普九"阶段为了平衡基础教育供求关系而出台政策干预的结果。随着城镇化进程的加快和人口政策的成效凸显，农村小规模学校数量增加且问题频发，与此同时社会各界也产生了对于农村小规模学校存在价值的质疑。近些年来对于农村学校规模小而产生的撤留问题争议不断，既包括群众层面的参与性争议，也包括政策层面的指导性争议。

（一）学校布局的客观要求：农村小规模学校存在的必要性

为了便于扫盲教育和九年义务教育的开展，我国从 20 世纪 80 年代起便对中小学校的布局进行了规划，其中按村、乡、镇三级教育行政级别对

---

* 此章节部分内容已发表，见孙颖《试析农村小规模学校的撤留博弈》，《中国教育学刊》2013 年第 4 期。

小学、初中、高中阶段分别布局。到 20 世纪 90 年代，我国基础教育的学校布局已经基本形成了"村村有小学、乡乡有初中、镇镇有高中"的状况。农村学校的高密度存在具有一定的时代特征，作为重要的学校教育场所，农村学校的存在价值不仅仅局限于针对适龄儿童开展学校教育，同时还表现出一系列的隐性功能，如社区组织的聚集功能、文化生成与传播功能等。目前为了进一步整合教育资源、提升教育质量，以农村学校布局调整为主要内容的一系列撤并政策的出台，是对农村学校价值的否定。农村学校对于所在村落来讲具有多维度的综合现实意义，它不仅仅作为一个学校教育场所而显性存在，其社区组织、文化引领的隐性作用也是不应被忽视的。

（二）适龄儿童的发展趋势：农村学校小规模特征的产生

随着人口政策和城镇化进程的综合影响，我国义务教育阶段学校总量锐减并向城镇集中。我国农村小规模学校的数量呈现逐步增加的发展趋势，按世界统计惯例和我国政策的规定，在小学阶段少于 100 名学生的学校便可被称为小规模学校，具备小规模发展特征。由于目前我国义务教育阶段经费保障制度是以注册学生数为重要依据来进行经费拨付，而当学生达到一定数量时，教育经费支出与学生数之间并非呈现正相关联系。而未形成规模发展的小规模学校由于资源相对匮乏，很难提供较高水平的教育，而学校合并能够减少学校支出，提高学生入学率，为学生提供更好的教育机会。[①] 农村小规模学校受到所处环境的地域类型影响，同样表现出较明显的弱势状态，在社会、经济、文化等方面尚待进一步发展的农村区域不能为所辖学校提供城市化标准的环境，而目前学校教育的评价标准呈现出向城性，因此同样不利于农村学校的价值肯定。基于农村学校因规模小处于弱势地位的现实，学校布局调整政策拟通过农村学校的撤并而实现教育水平的提升。但在布局调整过程中却产生众多负面问题，如学生上下学路途安全问题、学生低年龄寄宿问题等，因此对农村小规模学校的撤并遭到广泛质疑并随之叫停。事实上，政府及教育行政部门对待农村小规模

---

① 杜屏、赵汝英：《美国农村小规模学校政策变化分析》，《教育发展研究》2010 年第 3 期，第 66~69 页。

学校的态度发生转变是理想与现实博弈的重要体现。

（三）主体间信息不对等：农村小规模学校撤留博弈的可能性

农村小规模学校的撤留问题引起社会各界的广泛关注和深度热议，进一步证明针对此问题的讨论并非对立层面而是协同层面，即多元决策主体重点关注学校撤并的依据、标准等综合因素的科学构建，而非仅仅因为负面问题的存在而简单拒绝。在博弈过程中，各决策主体通常会根据自身所掌握的信息和具有主观能动的自身认知，做出有利于自己的决策行为。如以教育行政部门为代表的支持撤并方是针对农村小规模学校教育效率偏低的现实而提出改进策略，其支撑信息具有宏观性和社会性。而以学生家长为代表的支持保留方是针对学校撤并后学生可能遇到的困境而提出规避策略，其支撑信息具有微观性和个体性。与教育行政部门的整体规划的有选择性撤并不同，学生家长只关注孩子所在的学校是否撤并，并且一所学校的变化对学生家长来讲则意味着全部。博弈双方因分别坚持教育质量的提升和学生个体的全面发展基本原则而表现出争论频发的状况。事实上，上述两条基本原则是教育发展的根本理念，遵守基本原则促进教育发展本不容置疑，但由于信息获取范围、关注群体、发展途径等不同，社会中农村小规模学校的撤留博弈也变成现实可能。

二 农村小规模学校的存在价值

农村小规模学校的撤留问题，目前已经引起社会各界的广泛讨论，成为农村学校布局调整中的重要讨论议题。在讨论过程中，博弈双方根据自身的社会处境和自身需求，对农村小规模学校的发展现状和趋势预判表现出不同的选择态度和社会行为。事实上，无论在态度还是行为上的何种选择，都只是博弈主体的外显性特征表现。探究博弈双方表面现象中所蕴含的隐性因素能够有效抓住问题的本质，从而对农村小规模学校的客观现实和未来发展提供可能的了解途径。

（一）发展认知的博弈：量的普及和质的优化

20世纪，我国农村学校布局特点充分考虑到学校的辐射性，重点关注其具备的较强普及功能。在我国"普九"任务仍然艰巨的年代，使更多适龄儿童能够有机会获得受教育的机会，是学校存在的基本任务。随着我国义务教育法的有效实施，义务教育普及率基本保持在高位发展，当人们基本都拥有接受基础教育的入学机会时，社会的要求便已经不仅仅局限于普及率的简单达标，而是追求更加优质的学校教育。事实上，在普及率维持高位发展的基础上关注教育质量的提升是必然的发展过程。然而现实博弈存在的关键在于将量的普及作为发展分目标还是将其作为发展过程看待。具体来讲，将量的普及作为分目标来看待的博弈主体，会坚持每位学生方便接受义务教育的权利不容侵犯，对于农村小规模学校持有保留的态度。而将量的普及作为发展过程看待的博弈主体，会因为追求更优质的教育而会选择暂时放弃部分学生就近入学的权利，是撤并方的支持者。虽然博弈双方同样遵循从量的普及到质的优化的发展转型之路，但认知结构中存在差异便会产生不同的思维导向和行为选择，最终产生双方博弈。

（二）教育理念的博弈：社会公平和教育效率

对于我国义务教育阶段来讲，公平和效率是目前引发关注最多的两大主题。对于两种教育理念的认同选择来讲，两个博弈主体表现出程度上的认同选择，即在兼顾两种教育理念的基础上，会存在对其中一方的认同性倾向，这个事实必须得到主观的理解和客观的展现。基于社会公平的教育理念倾向，认为适龄儿童不论所处地域、家庭贫富、民族归属等因素都应获得平等的受教育权利。考虑到儿童的身心发展尚未达到完善的特点，因此能够为每个儿童提供就近、方便的入学条件被认为是保留农村小规模学校的重要依据。与之相对应的追求效率的发展理念，是基于以教育资源的有效整合为根本，使得有限的教育资源能够产生最好的教育效果，于是坚持通过对农村小规模学校的撤并实现教育质量的提升。由此可见，农村小规模学校保留方坚持的社会公平主要集中在儿童获得就近入学机会方面的公平，是一种低位发展的可能性关注。而撤并方受规模效益理论的影响，[1] 关注教育系统的整体运转状况，是一种高位发展的动力性关注。事实上，基于社会公平的可能性

---

[1] 雷万鹏：《义务教育学校布局：影响因素与政策选择》，《华中师范大学学报》（人文社会科学版）2010年第5期，第155~160页。

教育理念更多倾向于对弱势群体的"雪中送炭"式保障，而基于教育效率的动力性教育理念则是更多服务于非弱势群体的"锦上添花"式推动。

（三）评价标准的博弈：以城为主和以生为本

两大主体对于农村小规模学校的撤留倾向，同样表现出对教育评价标准的不同意识。学校撤并支持者秉承着优化配置教育资源的目标，而目标的存在基础是对农村小规模学校现状缺乏认同，即是将以城为主作为标准制定的重要导向。城乡教育发展水平存在客观差异，这是毋庸置疑的事实，同时也是农村教育亟须提升和发展的重要方面。因此，对于农村小规模学校来讲，坚持对其进行撤并的重要原因在于评价标准的城市倾向，运用城市标准来对农村学校进行评价无疑会在最大程度上降低其现实存在价值，不利于对农村学校社会价值的肯定，同时还较易造成农村学校的同质化发展。针对城乡学校间存在的客观差异，运用城市标准对城乡进行评估本身是对教育发展的向城性推动，是外界力量促进城乡一体化建设的重要表现。而坚持农村小规模学校保留主张的权利主体主要基于以生为本的发展原则，期望在最大限度上满足每名学生就近入学的需求。以学生为根本出发点的教育决策不应遭到质疑，但在教育资源有限的状况下，使教育资源能够最大限度发挥作用同样是值得关注的重要方面。事实上，以生为本的评价标准增加了对农村学校的价值肯定，同时对教育的总体发展提出了更高的要求。

三 农村小规模学校的发展准则

针对农村小规模学校的撤留问题，无论在表面呈现还是在本质探究方面，两大权力主体都因差异的客观存在而表现出现实冲突。由于差异的客观存在并且很难在较短时间内达成一致，那么任由两者顺其自然地发展而不加以干涉，必然会引起问题的进一步恶化。于是，根据农村小规模学校的存在现实和发展趋势，遵循科学、合理、具有指导性的发展准则有利于现存问题的解决并能促进未来发展的持续化。而发展准则的制定不应局限于现实问题的折中式解决，而是应该在理性判断的基础上，制定具有一定倾向性、发展性和可执行性的发展准则。

（一）以留为主的微变改革：符合社会发展的主流方向

从客观表现和内在原因来看，两大权利主体对于农村小规模学校的撤留问题表现出较大的观点差异，但矛盾的本质并非二元的完全式对立。这种差异产生的最主要原因在于双方所代表群体的利益分属关系不同，因此双方在认识和分析问题的角度和深度方面都存在较大的差异，最终表现为现实博弈。然而，双方的博弈能够长时间持续存在，证明双方均不具备完全的合理性，那么完全符合任何一方的发展理念都不具有现实的可行性。于是，以社会发展的大环境作为改革背景，采取微变式的改革能够摆脱就事论事的解决方式，促进问题的发展式解决。从问题所涉及的范畴来讲，农村小规模学校的撤留问题受到一系列外界因素的影响，如人口流动、城镇化倾向等，但究其根本这是一个教育问题，无论是问题所发生的场域还是所涉及的关键主体都符合学校教育的基本特征。因此在制定改革原则时应充分考虑"以生为本"的基本原则而非简单地受政治、经济、社会和人口因素的影响，[①] 以微变改革基础上的保留策略作为基本的发展准则，有利于为目前农村小规模学校指明发展方向。

（二）以核心为主的关键式解决：教育质量的全面提升

无论是撤并方还是保留方，其坚持的根本出发点均是为学生寻求更优质的教育，这同样是社会各界关注的焦点和发展的关键目标。这里所提及的教育质量是一个相对宏观的概念，既包括内核式的教育教学水平，也包括外延式的教育环境。由于教育教学是学校教育工作的重中之重，并且其作用方式和成果呈现均表现出较强的显性特质，因此很容易成为教育质量的代名词。对于教育质量的全面提高是对教育发展提出的新要求，而对教育教学水平的片面追求则很容易陷入对学生成绩片面关注的误区，这种较易发生的片面理解不利于学生的全面发展。虽然教育环境所产生的效果具有较强的隐性特质，但作为保障基础它应成为教育质量的重要组成部分而

---

① Kathleen Cotton, "Affective and Social Benefits of Small-scale Schooling. ERIC Dight", *ERIC Clearinghouse on Rural Education and Small Schools Charleston WV* (WV: Appalachia Educational Laboratory Inc, 1996) pp. 148 – 152.

得到重视,为学生提供适合和优质的教育环境同样是博弈双方的共同目标。总之,对于农村小规模学校撤留问题的争论,应放在更广的教育环境中来考虑解决方案,当问题视野得到有效扩展时,矛盾存在的激烈程度便会明显下降,甚至可以完全转化为可以相互促进的发展条件,最终实现学生全面发展的共同目标。

(三)以内部为主的系统完善:教师队伍合理建设

包括农村小规模学校在内的农村学校的教育质量一直遭到社会各界的非议,于是学校场域的撤并便成为提升教育质量的重要可选方式,农村小规模学校的撤并是通过外部因素的改善促进教育质量的提升。系统外部的改变会给教育和社会带来动荡式的改变,这场激烈的撤留博弈则是缺乏稳定性的重要表现。而教育内部因素的改善,同样可以作为提升教育质量的重要方式之一,其中教师队伍的合理化建设就可作为重要的可行途径。[①] 农村学校教师的数量一般是根据国家规定的师生比配置的。对于农村小规模学校,特别是超小规模学校来说,教师队伍一般都会超编,但从学校自身的教学需要来看,还显得不足。[②] 于是在农村小规模学校便出现大量教师跨学科、跨年级教学的现象。这就要求在农村小规模学校任教的教师不仅具有教师基本的专业素质和专业能力,还应具备更强的多学科、多年级教学能力。我国教师的职前教育经历了由综合向专业的发展转变历程,目前呈现出学科性较强的特点,这符合我国大部分中小学教师分科教学的现实要求。但对于农村小规模学校的教师来讲,教师职前教育的分学科培养(同"分科培养")和职后的多学科任教存在偏差,这也对教师职后培训工作提出新要求。针对农村小规模学校教师开展全科型培训所产生的实际教学效果要远比单一的学科培训产生的效果好得多,培养符合农村教育教学实际需求的复合型人才是教师队伍合理建设的重要途径,也是解决小规模学校撤留博弈的有效方式。

---

① 汪明:《关于农村中小学合理布局的几点思考》,《教育研究》2012 年第 7 期,第 87~91 页。
② 秦玉友:《农村小规模学校教育质量困境与破解思路》,《中国教育学刊》2010 年第 3 期,第 1~4 页。

四　农村小规模学校孕育多学科教学

农村小规模学校的兴起与存在符合社会发展的需求，是农村学龄人口自然减少和向城流动的必然产物。2001年《国务院办公厅转发中央编办、教育部、财政部关于制定中小学教职工编制标准意见的通知》（国办发〔2001〕74号）对教师配置标准进行了详细规定，其中对农村小学教师配置标准的规定为师生比1∶23。由于我国教育资源配置标准相对单一，我国农村小规模学校存在着教师严重超编但实际不足的情况，为了满足开齐课、开足课、开好课的基本要求，农村小规模学校里存在大量教师同时教授多门学科的情况。事实上，能够在一定规模内开展正常教学的教师数量，需要根据一系列的指标共同作用而最终确定，如班额、班师比、师生比。而目前仅依靠师生比来对农村小规模学校进行师资配置存在明显的缺陷。由于目前我国教育政策规定在教育公用经费拨付过程中，不足100人的学校按100人计算。因此本书以100人学校为例，对其面对的情况进行简单说明。按照国家对农村小学教师配置1∶23的师生比标准，只能配置4名教师。按照国家课程计划标准的规定，1~6年级开设的总课程数为54门，每名教师的平均教课门数为13.5门。而如果学校规模达到500人，那么情况则有明显改变。按照国家对农村小学教师配置1∶23的师生比标准，500人的农村学校可以配置22名教师。按照国家课程计划标准的规定，1~6年级开设的总课程数为54门，每名教师的平均教课门数为2.5门。由此可见，仅将师生比作为师资配置的唯一指标，对于规模较小的学校来讲表现为一定的不公平特征。虽然农村小规模学校也通过一些方式解决教师数量不足带来的问题，如聘请代课教师和兼任教师等，但随着社会对农村教育水平的期待逐渐提升，这些体制外教师也常因教学质量无法保障而遭到歧视。因此，在未来很长一段时间内，农村小规模学校中教师从事多学科教学的现象将会比较突出。如果教师资源配备仍采取单一化的标准，那么教师同时教授多门学科的情况将在农村小规模学校中长期存在。

第三章
农村小学教师教学现状分析

农村小学教师一度成为社会关注的焦点，虽然作为被关注的主体一直存在，但随着义务教育的整体发展，社会对农村小学教师的关注也出现了焦点转变，即由数量关注转向质量关注。通常来讲，充足的教师数量是提升教育质量的基本前提，当关注焦点出现明显转向时，则在一定程度上说明教师数量不足问题已经得到充分解决，农村小学教师数量不足问题得到解决，这是提升农村小学教师教育质量的重要前提。

一 农村小学教师总数的优势凸显

2001年《国务院办公厅转发中央编办、教育部、财政部关于制定中小学教职工编制标准意见的通知》（国办发〔2001〕4号）对教师配置标准进行了详细规定，其中对农村小学教师配置标准的规定为师生比1∶23。目前，国家对于农村小学教师数量是否充足的唯一衡量指标是师生比，若只根据这个指标对教师数量是否充足进行判断，是否具有科学性和现实性的确需要进一步探讨。根据2011~2016年教育部发布的教育统计年鉴来看，农村小学教师数量储量已经得到一定程度的改善，师生比基本符合国家的标准（如表3-1所示）。

表3-1 2011~2016年全国小学师生比

所在地类型	2011年	2012年	2013年	2014年	2015年	2016年
城区	1∶21.43	1∶21.42	1∶21.44	1∶21.58	1∶21.82	1∶21.83
镇区	1∶19.79	1∶19.69	1∶19.35	1∶19.57	1∶20.15	1∶20.29

续表

所在地类型	2011年	2012年	2013年	2014年	2015年	2016年
乡村	1：17.66	1：16.89	1：15.61	1：15.45	1：15.68	1：15.81

资料来源：中华人民共和国教育部，2011~2016年教育统计数据。

乡村小学的师生比已经从2011年的1：17.66发展至2016年的1：15.81，不仅已经满足了国家对农村小学教师配置的基本标准，而且与城区和镇区相比，乡村小学的师生比较高，即平均每名教师所面对的学生较少，这是提升教育质量的重要保障，但将师生比作为衡量教师数量是否充足的唯一指标尚缺乏一定的科学依据。事实上，虽然按师生比来看，乡村教师总体数量已经超出国家标准，但乡村教师队伍呈现出缺员的现象，甚至在个别学校中，为了开足、开齐国家规定的各门类课程，乡村教师不得不同时承担多门学科的教学工作，对于小规模学校的乡村教师来讲更是如此。

除师生比以外，衡量教师工作量的重要依据是师班比，2011~2016年的国家教育统计数据显示，城区、镇区师班比明显降低，这与农村人口向城市流动，在城区、镇区出现大班额的情况有关。乡村小学的师班比起伏不大，相对稳定。从横向来看，通常来讲乡村小学的师班比要低于城区和镇区，若只从总体数量来判断，乡村教师的工作量相对较小，这也成为乡村教师总体数量充足的重要辅助性指标（如表3-2所示）。

表3-2 2011~2016年全国小学师班比

所在地类型	2011年	2012年	2013年	2014年	2015年	2016年
城区	2.20：1	2.17：1	2.17：1	2.14：1	2.10：1	2.12：1
镇区	2.31：1	2.27：1	2.28：1	2.23：1	2.13：1	2.17：1
乡村	1.75：1	1.75：1	1.81：1	1.80：1	1.75：1	1.77：1

资料来源：中华人民共和国教育部，2011~2016年教育统计数据。

但事实上，对于教师数量的整体衡量掩盖了乡村学校规模小、班级未形成规模等一系列原因而产生的教师队伍结构不合理的情况。若要对农村小学教师教学情况进行深入探究，则应该增加细致的衡量标准，目前国家统计标准中未有明显的统计指标可以说明此问题，这是由于目前统计主体表现出区域特征，而未呈现出学校个体情况。乡村教师总体状况也会在大范围的统计中被掩盖。

二 农村小学教师结构的隐性劣势

农村学校对于教师的需求是以提升教育质量为目标,农村小学教师总量上的充足不能完全代表其目标的真正实现,因为师生比只能体现出教育活动中两大主体的存在状况,但对于教师群体本身的能力缺乏一定的解释力。如教师所教学科的数量、教师教学专业是否一致等,这些标准是衡量教师队伍水平的重要指标,而在国家统计年鉴中并未作为重要指标呈现,这些状况的真实呈现也许能够成为解释目前乡村学校教育质量有待提升的重要途径。目前,只能针对国家统计年鉴的相关数据,对此类问题进行间接呈现。

教师所教课程的数量是衡量教师工作量的重要指标,其所教课程的种类和数量将在一定程度上影响其教育质量。一方面,"教非所学"直接影响教育质量。目前,我国教师职前培养多属于分学科培养,即教师在完成职前培养时可获得某一学科的教师资格证书,这是对教师个体专业能力的重要认证标志。乡村学校中,教师同时教授两门及以上学科的情况屡见不鲜,产生这种现象的原因较多,无论是学校的客观安排还是教师的主观要求,这种教学不一致的情况会直接影响教育质量。另一方面,工作时间长直接导致教师的疲惫感增强。虽然教师所教的学科种类是统一的,但由于课时量(同"课时数")大,教师同样会倍感职业压力,当教师身心俱疲时,其教育质量无法保障也是容易理解的事实。虽然教师所教学科的种类和数量直接影响教育质量,但在国家统计年鉴中并未有明显体现,因此本研究选择相关指标进行理想化分析。

2011~2016年,我国乡村小学平均班级数呈现明显下降的趋势,产生这种情况的主要原因包括以下两个。一是,农村适龄儿童的减少,随着国家人口政策和向城流动的双重影响,乡村小学在校学生数由2011年的4065.20万人减少到2016年的2891.73万人。二是,乡村学校减少幅度明显变小。2011年我国乡村小学(含教学点)的数量为23.00万所(个),到2016年学校数量减少3.68万所(个)。[①] 2012年国务院办公厅发布

[①] 教育部,2011年教育统计数据,http://www.moe.gov.cn/jyb_sjzl/moe_560/s7382/201305/t20130529_152503.html;教育部,2016年教育统计数据,http://www.moe.gov.cn/jyb_sjzl/moe_560/jytjsj_2016/2016_qg/201708/t20170823_311723.html。

《关于规范农村义务教育学校布局调整的意见》，随着此文件的出台，各地对于农村学校的撤并相对减缓，2012 年后，我国乡村小学（含教学点）的数量有所减少但速度较慢，截至 2016 年我国乡村小学（含教学点）的数量还有 19.32 万所（个）。总之，截至 2016 年每所乡村小学的平均班级数为 5.42 个（如表 3-3 所示）。

表 3-3　2011~2016 年乡村小学学校数、乡村教学点数、乡村小学班级数、每所乡村小学的平均班级数

	乡村小学 学校数（万所）	乡村教学点数 （万个）	乡村小学班级数 （万个）	每所乡村小学 （含教学点）的 平均班级数（个）
2011 年	16.90	6.10	131.22	5.71
2012 年	15.50	6.25	123.57	5.68
2013 年	14.03	7.36	113.87	5.32
2014 年	12.87	7.86	109.67	5.29
2015 年	11.84	8.18	106.91	5.34
2016 年	10.64	8.68	104.77	5.42

资料来源：中华人民共和国教育部，2011~2016 年教育统计数据，http://www.moe.gov.cn/jyb_sjzl/。

表 3-4　2011~2016 年乡村小学学校数、乡村教学点数、乡村小学专任教师数、每所乡村小学的平均专任教师数

	乡村小学 学校数（万所）	乡村教学点数 （万个）	乡村小学专任教 师数（万人）	每所乡村小学（含 教学点）的平均 专任教师数（人）
2011 年	16.90	6.10	230.23	10.01
2012 年	15.50	6.25	216.29	9.94
2013 年	14.03	7.36	206.12	9.63
2014 年	12.87	7.86	197.44	9.52
2015 年	11.84	8.18	189.16	9.45
2016 年	10.64	8.68	182.93	9.47

资料来源：中华人民共和国教育部，2011~2016 年教育统计数据，http://www.moe.gov.cn/jyb_sjzl/。

根据 2016 年的统计数据，我国每所乡村小学（含教学点）的平均班级数为 5.42 个（如表 3-3 所示）。由于目前研究者无法对每所学校的班级所处年级段进行具体统计，因此研究者需要对学校每个年级的班级

数进行几种特殊情况的假设。

假设一：若每所乡村小学的班级均为 1 年级，按照国家课程标准对各学科的周课时量要求，教师需要承担 5.42 个班级各学科的周课时量，计算公式为 1 年级各学科周课时量 ×5.42（如表 3-5 所示）。

假设二：若每所乡村小学的班级均为 6 年级，按照国家课程标准对各学科的周课时量要求，教师需要承担 5.42 个班级各学科的周课时量，计算公式为 6 年级各学科周课时量 ×5.42（如表 3-5 所示）。

假设三：若每所乡村小学的班级均为 1~3 年级且每个年级的班级数相同，按照国家课程标准对各学科的周课时量要求，教师需要承担 5.42 个班级各学科的周课时量，计算公式为：1~3 年级各学科周课时量/3 × 5.42（其中外语、科学在 1~2 年级不开设，按实际情况计算）（如表 3-5 所示）。

假设四：若每所乡村小学的班级均为 1~6 年级且每个年级的班级数相同，按照国家课程标准对各学科的周课时量要求，教师需要承担 5.42 个班级各学科的周课时量，计算公式为：1~6 年级各学科周课时量/6 × 5.42（其中外语、科学在 1~2 年级不开设，按实际情况计算）（如表 3-5 所示）。

表 3-5 2016 年乡村小学各学科周课时量

单位：学时

	品德与生活（社会）	语文	数学	外语	体育	科学	音乐	美术	综合实践活动	信息技术
假设一	10.84	43.36	27.10	/	21.68	/	10.84	10.84	16.26	/
假设二	10.84	32.52	21.68	16.26	16.26	16.26	10.84	10.84	21.68	5.42
假设三	10.84	41.55	25.29	5.42	19.87	3.61	10.84	10.84	18.07	1.87
假设四	10.84	37.94	23.48	10.84	18.07	9.03	10.84	10.84	19.87	3.61

按每所小学平均专任教师 9.47 人（见表 3-4）计算，从假设一到假设四，每名教师平均的周课时量分别为 14.88、17.17、15.64 和 16.41 学时，虽然这样的周工作量处于国家规定的范围内，对照国家规定语文、数学每周 14 课时（学时），其他 18 课时的标准，农村小学的语文和数学老

师都是超额工作。①

三 农村小学教师的教学困境

根据国家统计年鉴中的相关数据,农村小学教师的群体特点较为明显,他们的显性特征表现出数量方面的充足,无论从师生比还是师班比来讲,数量方面都表现出其优势。但通过所教学科、课时量等相关指标的呈现,研究发现农村小学教师的教学工作量大、教学管理任务繁重、教授多学科的现象较为明显,而这些隐性教学困难直接影响教育质量的提升,同样不利于农村教师队伍的科学发展和合理建设。

首先,繁重教学带来的身心困境。根据以上统计数据发现,我国农村小学教师的教学工作量较大,另外在完成教学工作时需要承担一系列非教学工作,如班级管理、学校管理、学校事务执行等。

> 小学课比较多,杂事也多,一个萝卜一个坑,毕竟有自己的学生,尤其是全科老师要包班,比如他带学生带到了3年级,他走这两个月去学习了,临时找个老师代替,但是这个新老师对学生不了解,学生刚适应了新老师,原来的老师又回来了;再说学校这一摊你离不

---

① 一年级:品德与生活2学时,语文8学时,数学5学时,体育4学时,音乐2学时,美术2学时,综合实践活动(地方课程与学校课程)3学时,周课时总数26学时,学年总课时910学时,7门课。二年级:品德与生活2学时,语文8学时,数学5学时,体育4学时,音乐2学时,美术2学时,综合实践活动(地方课程与学校课程)3学时,周课时总数26学时,学年总课时910学时,7门课。三年级:品德与社会2学时,语文7学时,数学4学时,外语3学时,科学2学时,体育3学时,音乐2学时,美术2学时,信息技术1学时,综合实践活动(地方课程与学校课程)4学时,周课时总数30学时,学年总课时1050学时,10门课。四年级:品德与社会2学时,语文7学时,数学4学时,外语3学时,科学2学时,体育3学时,音乐2学时,美术2学时,信息技术1学时,综合实践活动(地方课程与学校课程)4学时,周课时总数30学时,学年总课时1050学时,10门课。五年级:品德与社会2学时,语文6学时,数学4学时,外语3学时,科学3学时,体育3学时,音乐2学时,美术2学时,信息技术1学时,综合实践活动(地方课程与学校课程)4学时,周课时总数30学时,学年总课时1050学时,10门课。六年级:品德与社会2学时,语文6学时,数学4学时,外语3学时,科学3学时,体育3学时,音乐2学时,美术2学时,信息技术1学时,综合实践活动(地方课程与学校课程)4学时,周课时总数30学时,学年总课时1050学时,10门课。

开，学生离不开，没人管不行，作为班主任老师也不放心，每天可能会发生各种情况。（H4省N小学C老师）

  我原来语数包班的时候经常把作文带回家批（改），一天拿回去五六本作文，就算是回家再忙我也得把这几本作文批完，明天早上拿过来。以前我教的班级48人，最多的时候是56人，因为同时教语文数学，平时在学校空闲的时候得批作业、卷子，没有时间批作文，只能是每天拿回家几本作文，一周把这个作文批完，然后好接着留下一周的作文，也只能是这样了，没别的办法。现在我教的班级是38人，而且不实行语数包班了，相对来说好很多了，我基本上利用在学校的空闲时间就能把活干完，很少再回家批作业了，但是期末忙的时候也会把作业带回家批。（H4省C小学W老师）

对于规模相对较小的农村班级和农村学校，按国家标准配置的教师实际上无法满足现实的教育教学需求。因此，教师不得不承担更多的工作量，其中包括大部分的教学工作量和非教学工作量。无论工作量到底表现为何种形式，对于农村教师来讲同样会造成身心俱疲的倦怠。在农村学校中，教学能力表现较强的教师通常更容易会接到非教学任务，这也容易造成农村优秀教师因为过大的工作量而流失。

  对于陌生学科的学习，多是对副科不熟悉，无非就是请教其他老师，自己查资料，自己解决，都这样……（H4省N小学H老师）

  我本专业是汉语言文学，所以教语文更得心应手，虽然数学我也教，但是没有语文教得好，二者在教学方法上还是有不同之处的。还是希望能够早点分科，这样我就可以有更多的时间钻研语文了，不像现在这样，自己觉得很累，付出挺多，但是又觉得啥都不精（通），不知道该怎么发展。你看看那些名师不都是只教某一门学科吗？教得多了就顾不了那么多了。（H4省C小学J老师）

其次，多学科教学的知识困境。对于农村小学教师来讲，他们在教学过程中通常面临着同时教授两门及以上学科的教学任务，但对于大多数教师来讲，其在职前培养阶段通常会受到分学科的培养，分学科培养模式强调教师对于某一学科的专注，这符合城市和部分农村地区的现实教学需求，但对于部分农村教师来讲，他们同时教授两门及以上学科时会面临着知识困境，如学科知识、教育知识等。当多学科涉及的相关知识呈现缺乏特征时，教师教学能力也受到影响，对教育质量产生一定的消极作用。

最后，多身份教学的发展困境。目前，我国小学中存在较多的是分学科教学形式，因此在一系列配套制度中也以分学科教学为主体，如职称评定的分学科和培训内容的分学科等。

当农村小学教师对身份选择缺乏稳定定位时，则会出现归属感的缺失，在发展方向和发展动力方面会表现出一定的迷茫和不足，不利于农村教师队伍的整体发展。

第四章
小学教师多学科教学政策分析：基于政策文本（1995~2018年）

一 实施对象的政策分析

从实施对象的范围看，小学教师多学科教学政策出现从涉及全国范围到聚焦偏远农村的基本转向。20世纪末，教育部提出全国小学教师应具备能够进行多学科教学的知识和能力。21世纪初，教育部又陆续发布相关文件，对全国小学教师应具备的多学科教学能力进行说明。随着城乡教育发展不均衡，农村教师数量不足等一系列问题突显，针对农村小学专任教师流失的情况，从2015年《乡村教师支持计划（2015—2020年）》起，国家陆续出台相关文件对小学教师的多学科教学能力进行说明，此时政策实施对象的重点已经由全国小学教师转为偏远农村的小学教师。

（一）1995年《大学专科程度小学教师培养课程方案（试行）》中的实施对象

1995年国家教委师范司颁布的《大学专科程度小学教师培养课程方案（试行）》，规定该方案适用于培养大学专科程度小学教师的试点学校。各省、自治区、直辖市教育行政部门依据该课程方案的基本精神和要求，从本地区经济、文化和教育发展的实际出发，制定本地区五年制试点学校的课程计划。各地在实施方案中规定，在保证质量的前提下，根据需要，经过充分论证，可对课程设置做必要调整，经省、自治区、直辖市教育行政部门批准，报国家教委师范司备案。

（二）2001年《基础教育课程改革纲要（试行）》中的实施对象

2001年教育部颁布《基础教育课程改革纲要（试行）》，对课程设置的综合性提出了要求，这势必要求教师在综合素质上有所提高，在教学过程中能够适应多学科教学方式。其中，明文规定教育部领导并统筹管理全国基础教育课程改革工作，省级教育行政部门领导并规划本省（自治区、直辖市）的基础教育课程改革工作。基础教育课程改革是一项系统工程。应始终贯彻"先立后破，先实验后推广"的工作方针。各省（自治区、直辖市）都应建立课程改革实验区，实验区应分层推进，发挥示范、培训和指导的作用，加快实验区的滚动发展，为过渡到新课程做好准备。

（三）2003年《三年制小学教育专业课程方案（试行）》中的实施对象

2003年教育部师范教育司颁布《三年制小学教育专业课程方案（试行）》，要求培养的小学教师能够多学科教学，同时有自己所长的学科方向。其培养目标是招收高中毕业生，培养德、智、体等方面全面发展的小学教师。其培养规格要求小学教师具有较宽厚扎实的文化科学知识和专业基础知识，懂得小学教育教学的基本规律，具有先进的教育思想和进行小学教育科研的初步能力，具备从事小学多门课程教学和课程开发的能力，同时在某一学科方向上有所专长；具有良好的心理素质、健全的人格，身体健康；具有一定的艺术修养和艺术鉴赏力。

（四）2011年《教师教育课程标准（试行）》中的实施对象

2011年教育部颁布的《教师教育课程标准（试行）》，在小学教师应具备的知识和能力方面明确规定，熟悉至少两门学科的课程标准，熟悉至少两门学科的教学内容与方法。并且要求各级教育行政部门要根据基础教育改革发展的需要，加强对教师教育课程的领导和管理，提供相应的政策支持和制度保障，充分调动各方面的积极性，做好教师教育课程标准实施工作。依据课程标准，加强教师教育质量的评估和监管，确保教师培养质量。

（五）2014年《关于实施卓越教师培养计划的意见》中的实施对象

2014年教育部颁布了《关于实施卓越教师培养计划的意见》，旨在努力培养一大批有理想信念、有道德情操、有扎实学识、有仁爱之心的好教师。鉴于教师类别的不同，教师培养模式方面也采取不同的方式，其中对于小学教师来讲，重点探索小学全科教师的培养模式。在教育部公布的20个卓越小学教师培养改革项目中，近一半的项目聚焦"全科教师培养"。东北师范大学突出小学全科型教师培养模式的构建与实践；杭州师范大学以"师德·师能·师艺"并重为着眼点培养全科教师；南通大学探索定向培养的多科型教师培养模式。此外，大连大学的"1+X"模式，吉林师范大学的"全科发展，学有专长"均定位于培养"一专多能"的小学全科教师。

（六）2015年《乡村教师支持计划（2015—2020年）》中的实施对象

2015年国务院办公厅出台了《乡村教师支持计划（2015—2020年）》，全面部署乡村教师队伍建设工作。提出到2020年全面建成小康社会、基本实现教育现代化，薄弱环节和短板在乡村，在中西部老少边穷岛等边远贫困地区。在拓展乡村教师补充渠道的举措中，强调鼓励地方政府和师范院校根据当地乡村教育实际需求加强本土化培养，采取多种方式定向培养"一专多能"的乡村教师。

二 课程设置的政策分析

政策中关于课程设置的相关要求是培养目标实现的重要载体，国家对小学教师多学科教学应具备的能力进行规定，并设置了相应的课程进行培养。目前，关于小学教师多学科教学能力设置的课程分为两类。一类是直接针对小学教师职前培养阶段进行的课程设置。如1995年《大学专科程度小学教师培养课程方案（试行）》、2003年《三年制小学教育专业课程方案（试行）》和2011年《教师教育课程标准（试行）》。另一类是通过对小学生培养目标的制定，对小学教师多学科教学的能力进行隐性规定，如2001年《基础教育课程改革纲要（试行）》。

（一）1995年《大学专科程度小学教师培养课程方案（试行）》中的课程设置

1995年国家教委师范司颁布的《大学专科程度小学教师培养课程方案（试行）》，规定根据我国培养小学教师的特点和规律，实行以课堂教学为主，必修课与选修课相结合、课堂教学与课外活动相结合、学校教育与社会实践相结合，使五年制试点学校的课程设置成为由必修课、选修课、教育实践和课外活动有机结合的整体。同时，根据培养专科程度小学教师的要求，课程设置实行全面发展的综合性教育与一门学科基本达到大学专科程度的专业定向教育相结合，构建科学的课程体系。

针对全面发展的综合性教育，五年制试点学校开设了3930学时的公共必修学科，其中包括330学时的思想政治，540学时的语文，70学时的小学语文教法，430学时的数学，70学时的小学数学教法，330学时的外语，210学时的物理学，140学时的化学，140学时的生物（含少年儿童生理卫生），140学时的历史，140学时的地理，140学时的心理学，170学时的教育学，70学时的计算机基础，110学时的教师口语，140学时的劳动技术，70学时的现代教育技术，230学时的体育，230学时的音乐，230学时的美术。针对一门基本达到大学专科程度的专业定向教育，五年制试点学校开设了616学时的主修学科。其中分为语文、数学、外语、音乐、美术、体育、自然、社会等门类。

（二）2001年《基础教育课程改革纲要（试行）》中的课程设置

2001年教育部颁布的《基础教育课程改革纲要（试行）》提出，改变课程结构过于强调学科本位、科目过多和缺乏整合的现状，整体设置九年一贯的课程门类和课时比例，并设置综合课程，以适应不同地区和学生发展的需求，体现课程结构的均衡性、综合性和选择性。对于小学阶段来讲，应以综合课程为主。小学低年级开设品德与生活、语文、数学、体育、艺术（或音乐、美术）等课程；小学高年级开设品德与社会、语文、数学、科学、外语、综合实践活动、体育、艺术（或音乐、美术）等课程。针对小学阶段综合性的课程结构调整，《基础教育课程改革纲要（试行）》同时对教师的培养和培训提出了综合性的发展要求。师范院校和其他承担基础教育师资培养和培训任务的高等学校和培训机构应根据基础教育课程改革的目标与内容，调整培养目标、专业设置、课程机构，改革教学方法。中小学教师继续教育应以基础教育课程改革为核心内容。地方教育行政部门应制定有效、持续的师资培养计划，教师进修培训机构要以实施新课程所必需的培训为主要任务，确保培训工作与新一轮课程改革的推进同步进行。

（三）2003年《三年制小学教育专业课程方案（试行）》中的课程设置

2003年教育部师范教育司印发的《三年制小学教育专业课程方案（试行）》提出，要求培养对象应具有较宽厚扎实的文化科学知识和专业基础知识，懂得小学教育教学的基本规律，具有先进的教育思想和进行小学教育科研的初步能力，具备从事小学多门课程教学和课程开发的能力，同时在某一学科方向上有所专长。为了实现这一目标，该方案依据以下五个原则进行课程设置，即时代性与前瞻性、基础性与专业性、综合性与学有专长、理论与实践相结合、统一性与灵活性相结合。在综合性与学有专长的原则指引下，该方案中的课程设置力求根据现代科技发展和基础教育课程改革综合化的趋势，强化综合素质教育，加强文理渗透，注重科学素养，体现人文精神，加强学科间的相互融合以及信息技术与各学科的整合；同时，根据小学教育的需要，综合性教育与单科性教育相结合，使学生文理兼通、学有专长、一专多能。

该专业课程设置由必修课、选修课、教育实践等三部分组成。必修课是该课程方案的主体，是对小学教师开展职前教育的主要途径，包括702学时的公共必修课和1008学时的专业必修课两类。专业必修课的第二部分为文化通识类课程。主要有大学语文、大学数学、自然科学基础、社会科学基础、音乐、美术等，这些课程的开设是实行综合性教育的重要基础。选修课是在必修课基础上的拓宽、提高，是发展学生专业特长的重要途径，包括专业方向选修课和任意性选修课。744学时的专业方向选修课程是提高学生某一专业方向学科素养的课程，共设有中文与社会、数学与科学、英语、音乐、体育、美术等六个方向。要求每个学生在校期间要选修一个专业方向的课程。每类专业方向选修课为744学时，除规定课程外，学校可根据实际需要和可能，开设该类专业方向的其他课程。任意选修课程是拓展学生知识面、发展学生个性、完善知识结构的课程。课程设置表中不列出具体课程名称，由学校根据需要和可能开设相关课程，供学生根据自己的兴趣、爱好和特长任意选择。10周的教育实践包括4周的教育观察和教育调查，以及6周的教育实习等。教育实践要贯穿于三年教学过程的始终。

（四）2011年《教师教育课程标准（试行）》中的课程设置

根据儿童发展与学习、小学教育基础、小学学科教育与活动指导、心理健康与道德教育、职业道德与专业发展、教育实践六个学习领域，设置具体课程。其中，在小学学科教育与活动指导领域，设置小学学科课程标准与教材研究、小学学科教学设计、小学跨学科教育、小学综合实践活动等模块。课程设置情况对小学教师能够进行跨学科教学的能力提出了要求。学生根据学习年制的不同，需要完成教师教育课程最低总学分数。如三年制专科学生需要达到28学分+18周教育实践的基本要求，五年制专科学生需要达到35学分+18周教育实践的基本要求，四年制本科学生需要达到32学分+18周教育实践的基本要求。

三 价值取向的政策分析

小学教师多学科教学现象由来已久，国家针对小学教师多学科教学的现状也制定了相关政策。大多数政策的直接导向是提升教师从事多学科教学能力，但从深层来看，其表现为两种不同的价值取向。价值取向一是以提升学生整体素质为目标的主动探索。针对小学阶段知识难度不大、小学生身心发展成熟度较低等情况，美国小学阶段普遍采取"包班"的做法。我国部分政策的出台实际也是基于此因素的考虑，因此政策的内在价值取向表现为以学生身心整体发展为目标，如《基础教育课程改革纲要（试行）》、《三年制小学教育专业课程方案（试行）》和《教师教育课程标准（试行）》。价值取向二是以弥补教师数量不足为目标的被动追从。虽然我国在义务教育均衡发展方面已经取得了较大的成就，但城乡间教师队伍整体水平仍然存在差距是不争的事实。尤其在一些偏远农村，为学生开足、开齐规定的课程，就要求教师同时担任多门学科或多个年级的课程。基于此现实状况，国家出台的相关政策也对小学教师具备多学科教学的能力进行了规定，尤其对于偏远农村小学教师更为聚焦，因此此类政策表现出以解决农村小学教师数量不足为目标的价值取向，此取向具有一定的被动特点，如《乡村教育支持计划（2015—2020年）》。

（一）2001年《基础教育课程改革纲要（试行）》

该纲要明确规定，教师在教学过程中应与学生积极互动、共同发展，要处理好传授知识与培养能力的关系，注重培养学生的独立性和自主性，引导学生质疑、调查、探究，在实践中学习，促进学生在教师指导下主动地、富有个性地学习。教师应尊重学生的人格，关注个体差异，满足不同学生的学习需求，创设能引导学生主动参与的教育环境，激发学生的学习积极性，培养学生掌握和运用知识的态度和能力，使每个学生都能得到充分的发展。

（二）2003年《三年制小学教育专业课程方案（试行）》

该课程方案对培养目标提出了具体要求，要求小学教师应具有较宽厚扎实的文化科学知识和专业基础知识，懂得小学教育教学的基本规律，具有先进的教育思想和进行小学教育科研的初步能力，具备从事小学多门课程教学和课程开发的能力，同时在某一学科方向上有所专长；具有良好的心理素质、健全的人格，身体健康；具有一定的艺术修养和艺术鉴赏力。

(三)2011年《教师教育课程标准(试行)》

该标准明确规定,小学职前教师教育课程要引导未来教师理解小学生成长的特点与差异,学会创设富有支持性和挑战性的学习环境,满足他们的表现欲和求知欲;理解小学生的生活经验和现场资源的重要意义,学会设计和组织适宜的活动,指导和帮助他们自主、合作与探究学习,形成良好的学习习惯。理解交往对小学生发展的价值和独特性,学会组织各种集体和伙伴活动,让他们在有意义的学校生活中快乐成长。

(四)2015年《乡村教师支持计划(2015—2020年)》

该计划指出,到2020年全面建成小康社会、基本实现教育现代化,薄弱环节和短板在乡村,在中西部老少边穷岛等边远贫困地区。发展乡村教育,帮助乡村孩子学习成才,阻止贫困现象代际传递,是功在当代、利在千秋的大事。必须把乡村教师队伍建设摆在优先发展的战略地位。要聚焦乡村教师队伍建设最关键领域、最紧迫任务,打出组合拳,多措并举,定向施策,精准发力,标本兼治,到2020年,努力造就一支素质优良、甘于奉献、扎根乡村的教师队伍。

四 地方微观的政策分析

基于国家对于小学教师多学科教学能力培养的要求,各省(自治区、直辖市)也根据实际情况,颁布符合本省(自治区、直辖市)实际需求的相关政策。与国家层面的政策相比,地方政策的针对性、可实施性更强。无论是出于补充农村教师队伍的目标,还是出于促进学生身心全面发展的目标,地方政策都能在一定程度上给予更加强有力的保障。

(一)湖南省颁布《关于进一步加强中小学教师培养工作的意见》

2005年,湖南省人民政府办公厅转发省教育厅《关于进一步加强中小学教师培养工作的意见》,决定在全省范围内实施农村小学教师定向培养专项计划，全面加强全省农村小学教师培养工作。根据意见的要求，从2006年起，每年由师范类学校面向全省招收一定数量的优秀初中毕业生，为农村特别是民族贫困县市农村乡镇以下小学定向培养五年制大专层次的教师。同时也明确要求：全面推行分类型分层次，按照小学、幼儿园教师全科型，中学教师一专多能的要求来培养中小学教师。制定与之相适应的人才培养方案和教学计划，并落实到每一个教学环节，突出不同学校、不同层次的培养特色。

为了更好地贯彻执行，湖南省教育厅决定在全省范围内实施农村小学教师定向培养专项计划，其中第一步举措是颁发《湖南省五年制专科层次小学教师培养课程方案（试行）》。其目标是培养适应基础教育改革、发展和全面实施素质教育的需要，能够承担小学各门课程的教学任务，基本具备从事小学教育、教研和管理的能力，具有一定的专业发展潜力，德智体美等全面发展的专科学历小学教师。招收初中毕业起点，学制五年。同时湖南省教育厅也成立了全省四个农村小学教师培养基地：湖南第一师范学校、吉首大学师范学院、常德师范学校和邵阳师范学校（湘教通〔2006〕38号）。2007年《中共湖南省委 湖南省人民政府关于建设教育强省的决定》计划"十一五"期间以这样的方式为湖南省农村小学培养1万名小学教师。

（二）重庆市发布《关于农村小学全科教师培养工作的实施意见》

为推进城乡教育均衡发展，缓解农村边远学校教师短缺问题，重庆市人民政府办公厅于2013年转发市教委、市人力社保局、市编办、市财政局《关于农村小学全科教师培养工作的实施意见》，标志着重庆市农村全科型本科层次小学教师培养模式的全面启动。该文件旨在为重庆市乡镇以下小学定向培养一批的本科层次全科教师。该文件秉持"下得去、留得住、干得好"的中心思想，提出八点实施意见，包括科学制定招生计划、建立录取工作机制、创新师资培养模式、定向考核招聘教师、保障编制经费到位、明确违约承担责任、关心教师工作生活和加强协调督导检查。该文件对推进重庆市农村全科型本科层次小学教师培养、缓解农村边远学校教师短缺、促进重庆市基础教育均衡发展具有积极指导意义。

(三)广西壮族自治区颁布《农村小学全科教师定向培养计划》

2013年,广西教育厅、财政厅、人力资源和社会保障厅、机构编制委员会办公室联合印发《农村小学全科教师定向培养计划》,该计划提出在2013年到2017年5年内,培养5000名"下得去、留得住、教得好",能胜任小学各门课程教学任务的农村小学教师。预计每个县将有70名左右,进一步优化农村教师队伍结构,提高农村教育质量。根据计划内容要求,定向招生的两类对象:一是初中毕业生,要求生源必须是实施该项计划的县,遵循的原则是"从哪个地方来,毕业后就回到哪个地方农村任教";二是高中毕业生,是面向全区生源,毕业后回协议县农村任教。在培养上全科培养,专业是小学教育,不分语文、数学、英语或音乐、体育等,也不分文科和理科。强化师德教育和养成教育,特别注意音体美素质的培养。

继2013年首次实施《农村小学全科教师定向培养计划》后,广西壮族自治区于2014年继续定向招收3000名农村小学全科教师,其中包括高中起点两年制专科层次2389名(文理兼招)和初中起点五年制专科层次611名。被录取学生上大学期间免除学费,免缴住宿费,并补助生活费。毕业后就业有编制,同时毕业生要保证到定向县(市、区)农村小学任教不少于6年。

(四)浙江省人民政府办公厅《关于启动实施教育体制改革试点工作的通知》

为了全面实施《浙江省中长期教育改革和发展规划纲要(2010—2020年)》,经省政府同意,省教育体制改革领导小组决定全面启动实施教育体制改革试点工作。浙江省人民政府办公厅于2011年正式发布《关于启动实施教育体制改革试点工作的通知》,浙江省共承担了13项国家教育体制改革试点任务,共分为8个大类,其中一项为深化教师制度改革,改革方案中提出要建立小学全科教师培养试点。为了适应部分地区包班教学需要,尝试培养适应小学尤其是低年段各科教育的全科教师,促进教学组织和教学方式的转变。

浙江省于2012年首次开展农村小学全科教师的定向培养试点工作。杭州师范大学面向丽水市所辖的松阳和遂昌两县招收了30名定向培养的农村小学全科教师。30名新生在入学前就与两地教育局签订了定向就业协议，并由当地教育局资助他们大学4年的学费。毕业后，由教育局统一调配到具有事业编制的农村小学任教，服务期为6年。在校期间，杭州师范大学为这些学生制定专门的培养方案。根据培养方案，这些学生毕业后每人至少要能从事4门科目的教学。浙江省这一举措有利于进一步优化浙江农村教师队伍结构，真正培养出适应农村小学多学科教学需要的教师。

（五）河南省教育厅等四部门《关于做好申报2018年农村小学全科教师培养需求计划的通知》

根据省教育厅、省财政厅、省人力资源和社会保障厅、省编办印发的《关于印发〈河南省农村小学全科教师培养工作实施方案〉（试行）的通知》（教师〔2015〕881号）精神，为进一步优化农村小学教育教师结构，建立并完善农村小学教师培养与补充的长效机制，吸引更多优秀人才到农村教学点从教，提高农村教育质量，2018年河南省对小学教育（全科教师）专业本、专科层次均实行定向招生。本科层次根据考生定向报考志愿和高校招生计划，随本科批次定向录取；专科层次根据考生定向报考志愿和高校招生计划，随专科批次定向录取。招生计划分配依据定向设岗，县（市）中小学教职工编制数、实有教职工数、空编数、空岗数、教学点数及需求计划数，在高校年度招生计划规模内统筹安排。

全科教师培养实行"两免一补"政策，即在校培养期间免除学费、住宿费，并给予一定的生活补助，所需费用由省财政承担。在校期间，继续享受国家奖学金等其他应享受的全日制在校生奖励政策。全科教师毕业后，协议地按照协议规定提供就业岗位，在核定的教职工编制总额内为其办理事业单位人员录用、编制、工资等手续，同时将其工资纳入当地财政统发范围，履行好协议管理，确保有编有岗，并采取有效措施，落实好全科教师的工资与补贴发放、周转宿舍安排等相关保障工作，解决好全科教师工作、生活中的实际困难，在评先、表彰、职称评聘和专业成长等方面予以支持。服务期内的全科教师根据工作需要，按照相关程序，可在县域内乡镇以下（不含乡镇）村小学、教学点之间流动，优先满足教学点需要。工作满6年后，纳入县域内教师轮岗交流范围，城市、县镇教师岗位空缺需补充人员时，在同等条件下，优先调动服务期满、考核合格的全科教师。

第五章
研究资料来源

一 研究设计

本研究的总体思路是从多学科教学模式的理论研究到对事实把握的实证研究再到理论研究（见图5-1）。从理论出发探讨多学科教学研究的价值并以此作为理论框架对实证研究进行指导，以及设计调查工具所依据的主题、问题等关注点。研究通过调查呈现客观现实，收集调查数据，进行归纳、分析，进而把握总结规律，以此指导实践，最终回归、升华理论。农村教育理论尤其是教育模式与教育质量的关系理论为农村教师多学科教学实证研究提供必要的理论基础和支撑，从我国农村教师数量相对不足和质量不高的现实指向研究的重要价值，农村教师多学科教学现象的实证调研数据又深化了教育模式理论最初构思，完善"有没有全科教师—谁在当全科教师—全科教师教得怎么样—如何保障全科教师质量"的基本思路，最终落实到农村小学教学模式与教育质量的关系理论，以期进一步指导实践。

理论研究 → 实证研究 → 理论研究

图5-1 研究思路

小学教学模式影响教育质量，农村小学教师多学科教学现状又受制于农村小学教师数量和质量，因此对农村小学教师多学科教学现象进行探讨十分必要。农村小学教师多学科教学现象的存在有着广泛的现实背景。教师配置标准的单一化导致乡村教师处于弱势地位。研究调查全国东中西部具有代表性的农村学校，了解全国农村学校教师配置情况和多学科教学现象，具有现实意义。职前分科培养与职后全科教学的现实矛盾造成乡村教师的知识困境。了解教师专业背景，探讨农村小学教师职前培养与职后教学一致情况、是否具备全科教学能力，具有重要现实指导意义，也为理论的进一步深化打下基础。

在实证研究中，主要运用调研的数据，根据教育理论从教师教学一致性、任教状态、教学实践与班级管理、职前培养和职后培训以及教学意愿等方面探讨农村小学教师多学科教学情况和问题，发现在这些指标中体现出农村小学教师多学科教学的现实状况，呈现实然状况。

在研究价值的探讨和实证调查的基础上，进一步与较发达国家进行比较，总结我国农村小学教师多学科教学的规律，提出我国农村小学教师多学科教学能力提升的可能途径，并提出我国农村小学教师多学科教学的未来发展与政策建议，升华、回归理论，指导实践。

二 研究对象与方法

（一）研究对象

1. 选样标准的确定

本研究主要采用问卷调查和访谈相结合的方式，对全国义务教育阶段公办学校的在岗教师进行抽样调查，尤其关注小学阶段教师从事多学科教学的情况。为了更真实地还原现实，在样本选择方面应体现出科学性和可操作性。

省级样本的选择标准。主要采用分层抽样的方法在全国范围内进行样本选择，省级指标的确定主要依据与教育极其相关的若干因素。人口因素确定人口数、城镇人口比重两项基本指标，经济因素确定人均生产总值、城镇单位就业人员平均工资两项基本指标，地理因素确定区域类型、地貌特征和气候类型三项基本指标。指标确定的丰富性和科学性将直接影响到样本的代表性。

市县级样本的选择标准。主要采取分层抽样的方法在确定的省级样本中进行样本选择。指标确定标准为经济发展水平、人口数、地理环境。

学校样本的选择标准。主要采取分层抽样与随机抽样相结合的方法，市（区）域样本与县域样本的选择标准略有不同。市（区）域样本主要采取地域类型方式进行划分，包括中心城区和农民工聚集城郊两个维度指标。县域样本主要采取行政归属和地域类型方式进行划分，城关镇按照学校归属于中心城区还是城郊进行划分，其他乡镇按照经济发展水平高、中、低的基本原则，对小学中心校、小学村小、教学点、初中等各类型学校进行调研。

2. 筛选指标与样本省份的确定

人口因素确定人口数、城镇人口比重两项基本指标，经济因素确定人均生产总值、城镇单位就业人员平均工资两项基本指标，地理因素确定区域类型、地貌特征和气候类型三项基本指标。

从人口数来看，样本省份人口数量排名居全国的第1、2、3、6、7、9、10、11、12、13、19、20、22位。城镇人口比重比全国平均水平高的省份包括Z省、S省、H1省、G1省、C市5个省份，其中G1省最高，比全国平均水平高13.23个百分点。比全国平均水平低的省份包括J省、H2省、H3省、H4省、G2自治区、G3省、Y省、G4省8个省份，其中G3省最低，比全国平均水平低14.76个百分点（见图5-1）。因此，从人口因素来看，样本省份的分布较为合理。

从经济发展水平来看，选择人均生产总值、城镇单位就业人员平均工资作为筛选维度。从人均生产总值来看，高于全国平均水平的样本省份包括Z省、S省、G1省、H1省、C市5个省份，其中Z省最高，为73002元，比全国平均水平高26373元。低于全国平均水平的样本省份包括J省、H2省、H3省、H4省、G2自治区、G3省、Y省、G4省8个省份，其中G4省最低，为26433元，比全国平均水平低20196元。从城镇单位就业人员平均工资来看，高于全国平均水平的样本省份Z省、G1省两个省份，其中Z省最高，为61572元，比全国平均水平高5212元。低于全国平均水平的样本省份包括J省、S省、H1省、H2省、H3省、H4省、G2自治区、C市、G3省、Y省、G4省11个省份，其中H3省最低，为42179元，比全国平均水平低14181元。在选择样本省份时,更加侧重于经济发展欠发达地区,因此呈现出处于全国平均水平以下的省份数量较多的现象。

表5-1 样本省份基本情况

	人口数(万人)	排名	城镇人口比重(%)	排名	人均生产总值(元)	排名	城镇单位就业人员平均工资(元)	排名
全国	136782		54.77		46629		56360	
Z省	5508	10	64.87	7	73002	5	61572	4
J省	4542	13	50.22	19	34674	25	46218	26
S省	9789	2	55.01	13	60879	10	51825	16
H3省	9436	3	45.20	27	37072	22	42179	31
H1省	5816	9	55.67	12	47145	13	49838	20
H2省	6737	7	49.28	22	40271	17	47117	23
G1省	10724	1	68.00	4	63469	9	59481	7
G2自治区	4754	11	46.01	26	33090	27	45424	28
C市	2991	20	59.60	9	47850	12	55588	9
G3省	3508	19	40.01	30	26437	30	52772	14
Y省	4714	12	41.73	28	27264	29	46101	27
G4省	2591	22	41.68	29	26433	31	46960	24
H4省	7384	6	49.33	21	39984	18	45114	29

资料来源:中华人民共和国国家统计局编《中国统计年鉴2015》,中国统计出版社,2015。

从地理环境来看,重点关注区域类型的划分,其中东部包括Z省、S省、G1省3个省,中部包括J省、H1省、H2省、H3省、H4省5个省份,西部包括G2自治区、C市、G3省、Y省、G4省5个省份,样本选择过程中关注了区域内各省份经济发展水平差异,同时对区域间尤其是中西部经济欠发达地区的关注也在此标准中有明显呈现。其余的地貌特征和气候类型也在考虑范围内(如表5-2所示)。

表5-2 区域类型、地貌特征和气候类型

省份	地貌类型占本省份陆地总面积的比例	气候类型
Z省	山地和丘陵占70.4%,平原和盆地占23.2%,河流和湖泊占6.4%	亚热带季风性湿润气候

续表

省份	地貌类型占本省份陆地总面积的比例	气候类型
G1省	山地、丘陵、台地和平原面积分别占全省土地总面积的33.7%、24.9%、14.2%和21.7%，河流和湖泊等只占全省土地总面积的5.5%	亚热带季风气候
H1省	山地、丘陵和岗地、平原湖区各占总面积的56%、24%、20%	亚热带季风性湿润气候
H2省	山地面积占全省总面积的51.2%，丘陵及岗地占29.3%，平原占13.1%，水域占6.4%	亚热带季风湿润气候
J省	常态地貌类型以山地、丘陵为主，山地占全省面积的36%，丘陵占42%，平原占12%，水域占10%	亚热带季风气候
C市	丘陵、低山为主	亚热带季风性湿润气候
G2自治区	丘陵占10.3%，平地占26.9%，喀斯特占37.8%，其他占25.0%	亚热带季风气候
G3省	山地和丘陵占92.5%	亚热带湿润季风气候
S省	山地约占全省总面积的15.5%，丘陵占13.2%，平原占55%，洼地占4.1%，湖沼平原占4.4%，其他占7.8%	暖温带季风气候
H3省	山区丘陵面积占44.3%，平原和盆地面积占55.7%	大陆性季风气候
Y省	高原山区为主，地貌类型多样	亚热带高原季风气候
G4省	山地型高原地貌	类型多样，亚热带季风气候、温带季风气候、温带大陆性（干旱）气候和高原高寒气候
H4省	坝上高原占全省总面积的8.5%，山地占全省总面积的48.1%，平原占全省总面积的43.4%	温带大陆性季风气候

资料来源：中国政府网，http://www.gov.cn/test/2005-08/11/content_27116.htm。

从小学布局看，人均GDP较高的Z省、S省、G1省3个省份的总体校均规模远远高于全国平均水平，其中Z省总体校均规模最大，为918.64人，是全国平均规模的2.82倍，是最小规模G4省的6.44倍。按照总体生师比的基本情况，在选择过程中确定高于全国平均水平的样本省份，如G2自治区、J省、H4省等，其中总体生师比最高的G2自治区比全国平均水平高3.09个百分点。同时关注生师比低于全国平均水平的样本省份，如G4省、H1省、S省等，其中总体生师比最低的G4省比全国平均水平低3.95个百分点。从特殊样态学校的存在状况来看，教学点占总学校数比例最高的是H2省，所占比例为47.41%，比全国平均水平高16.77个百分点，此外高于全国平均水平的省份还包括 J 省、G2 自治区、H1 省、H4 省、G1 省 5 个省份。教学点占总学校数比例最低的是 C 市，所占比例为 11.14%，比全国平均水平低 19.50 个百分点，低于全国平均水平的省份还包括 Z 省、S 省、Y 省、H3 省、G3 省、G4 省 6 个省份（如表 5-3 所示）。

表 5-3 样本省份小学布局情况

	学校数（所）	教学点数（个）	教学点占总学校数（%）	在校学生数（人）	专任教师数（人）	总体校均规模（人）	总体生师比值
全国	201377	88967	30.64	94510651	5633906	325.51	16.78
Z 省	3344	515	13.35	3545013	190423	918.64	18.62
J 省	9764	7144	42.25	4129817	210329	244.25	19.64
S 省	10770	2229	17.15	6484744	389080	498.86	16.67
H3 省	25578	8483	24.91	9286003	494031	272.63	18.80
H1 省	5513	3550	39.17	3211598	199172	354.36	16.12
H2 省	8560	7716	47.41	4738403	248118	291.13	19.10
G1 省	10731	5624	34.39	8319147	454377	508.66	18.31
G2 自治区	12946	8343	39.19	4318063	217311	202.83	19.87
C 市	4586	575	11.14	2034165	116360	394.14	17.48
G3 省	9275	3581	27.85	3463056	192850	269.37	17.96
Y 省	12608	3566	22.05	3826943	225874	236.61	16.94
G4 省	8979	3662	28.97	1802371	140476	142.58	12.83
H4 省	12529	6274	33.37	5642864	333537	300.10	16.92

资料来源：中华人民共和国国家统计局编《中国统计年鉴 2015》，中国统计出版社，2015。

3. 筛选过程与市（县、区）样本、学校样本的确定

按照人口、经济、地理环境、小学布局等核心筛选指标，基本确定 13 个省级样本。在市（县、区）样本确定过程中采取分层抽样的方法，抽取市和县各 1 个。遵循的基本原则如下：原则一，样本在本省份范围内具有代表性。由于在省级样本确定过程中充分考虑到众多关键性影响要素，因此在县级样本选择过程中应重点关注代表性，市（县、区）样本能够反映出省级样本的特色。原则二，市（县、区）样本属于同一区属管理，以避免因不同地区教育政策的差异而带来的干扰。根据以上原

则，最终确定 26 个市（县、区）样本。

学校样本的最终确定主要分为区域和县域两种类型。在区域范围内选取中心城区初中 1 所、小学 1 所，农民工聚集城郊初中 1 所、小学 1 所。在县域范围内选取城关镇中心城区初中 1 所、小学 1 所，城关镇城郊初中 1 所、小学 1 所。另按经济发展水平高、中、低选取各 1 个乡镇，每个乡镇选取初中 1 所、小学中心校 1 所、村小 1 所、教学点 2 个。

（二）研究方法

本研究主要采用调查法，以问卷调查和访谈调查为主。

1. 问卷调查

调研问卷按主体分为教师调查问卷和校长调查问卷，涉及不同主体关于多学科教学的看法，以期多方互证；问卷覆盖全国 13 个省份的 246 所学校，力求调研的稳定性和一致性。

2. 访谈调查

本次调研在大规模问卷调查的基础上，辅之多方深度访谈，收集质性研究资料，在量化基础上增加质性研究，增强观点的说服力。访谈提纲主要包括校长访谈提纲和教师访谈提纲，共访谈教师和校长等学校管理者 24 名。访谈资料的运用增强主体多元性，提升研究的信度与效度。

三　研究实践

（一）调研工具

在实地调研中，本研究的调研工具使用的基本情况如下。其中包括问卷两种，回收有效教师调查问卷 1872 份，其中城区 476 份，县城 415 份，乡村 655 份，村屯 326 份；访谈提纲两种，共访谈教师和校长等学校管理者 24 名，其中校长 6 人，主任及教学点负责人 2 人，教师 16 人。

（二）调研开展

本研究的调研主要采用问卷和访谈的形式，调研工具基本确定后，研究者于 2015 年 12 月 2 日在长春市宽城区进行了试调研，汇总在试调研中出现的问题，又集中对调研工具进行了调整，确定了最终调研工具。依据上述提及的调研原则，课题组于 2015 年 12 月 6 日至 15 日同时赴上述 13 个省份，开展大规模的调研活动。调研活动结束后，研究者对回收的数据进行整理、分析，撰写调研报告。

第二部分

区域比较分析

第六章
东部地区农村教师多学科教学现状

本研究的省级样本，主要采用分层抽样的方法在全国范围内进行样本选择，主要选择与教育极其相关的三个因素。人口因素确定人口数、城镇人口比重两项基本指标，经济因素确定人均生产总值、城镇单位就业人员平均工资两项基本指标，地理因素确定区域类型、地貌特征和气候类型三项基本指标。问卷调查确定东部 Z 省、S 省和 G1 省共 3 个省份，调研得到有效问卷 561 份，占全国有效问卷的 29.97%。[①] 访谈调查选择 Z 省、S 省、G1 省共 12 位教师和校长等学校管理者开展，以期对问题产生原因进行全面展示和深度解读。

一 东部地区从事多学科教学的教师群体特征研究

（一）多学科教学教师的城乡分布

通过对我国东部地区所选样本中教师的人数情况进行统计与分析发现，进行单学科教学的教师和多学科教学的教师分别占教师总人数的 48.22% 和 51.78%（如图 6-1 所示），两类教师人数比例相当，多学科教学教师比单学科教学教师多 3.56 个百分点。可以看出，在我国东部地区，一半以上的小

---

① 本研究数据来源于 2015 年东北师范大学中国农村教育发展研究院的调研活动，回收有效教师调查问卷 1872 份，其中城市 476 份，县城 415 份，乡镇 655 份，村屯 326 份；对 12 名教师和校长等学校管理者进行访谈，其中校长 4 人，主任 1 人，教师 7 人。

学教师都在从事多学科教学，说明小学教师从事多学科教学并不是个别现象。通过多学科教学教师的城乡分布结构来看，城市、县城、乡镇和村屯学校的多学科教学教师占同一层级学校内教师总人数的比例分别为 52.12%、23.73%、44.86% 以及 72.06%。在城市学校中，多学科教学教师和单学科教学教师数量相差不大，多学科教学教师比单学科教学教师多出 4.24 个百分点。在县城学校中，多学科教学教师的数量明显少于单学科教学教师数量，多学科教学教师占教师总数的 23.73%。同样，在乡镇学校中，多学科教学教师的数量少于单学科教学教师的数量，单学科教学教师的数量比多学科教学教师多出 10.28 个百分点。但在村屯学校中，多学科教学教师的数量远多于单学科教学教师数量，其人数比例高于 70%（见图 6-2）。由此可见，在我国东部地区，乡镇学校多学科教学教师的比例相对于全国样本中的所占比例要低，这和我国东部地区的发达程度、教育资源的分配相对均衡是分不开的，而以村小学、教学点为主体的农村小学教师多学科教学现象却十分突出，具有全国共通性，多学科教学已成为农村小学教学的常态。

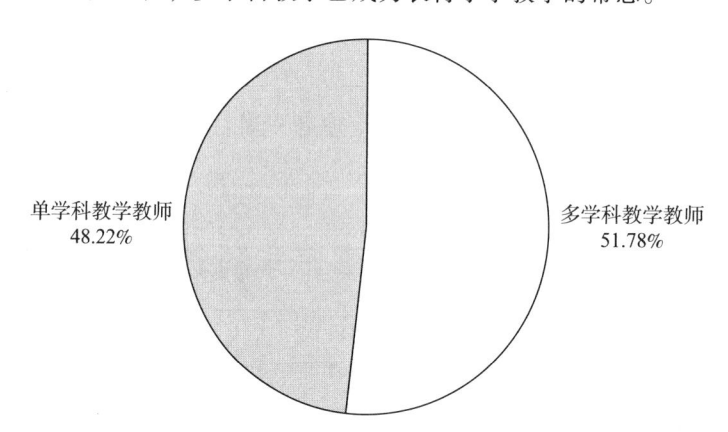

图 6-1　东部地区教师任教的总体情况

说明：N=535，有效百分比=95.37%，缺失值=26，图中的总人数为 561。

（二）多学科教学教师的年龄分布

通过对我国东部地区教师样本的年龄情况进行统计与分析发现，调查对象的年龄分布相对均衡。在单学科教学教师群体内部，教师的年龄主要集中在 31~50 岁，其中 31~40 岁的教师占 35.09%，41~50 岁的教师占 32.45%。多学科教学教师群体的年龄分布与单学科教学教师的情况有所不

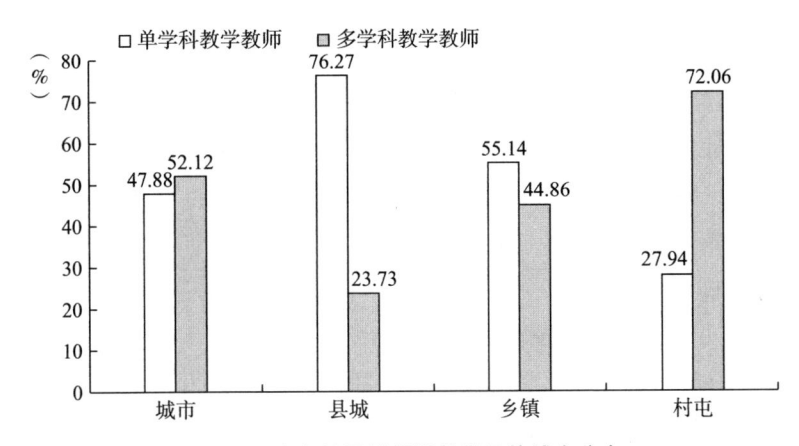

图 6-2　东部地区教师任教状况的城乡分布

说明：N=535，有效百分比=95.37%，缺失值=26，图中的总人数为561。

同，在多学科教学教师群体内部，教师年龄主要集中在 31~40 岁，占近 40%，其次是 41~50 岁和 30 岁及以下的教师，分别占该群体教师总数的 29.15% 和 24.29%。在从事多学科教学的教师中，30 岁及以下和 50 岁以上教师占该群体教师总数的比例和同一年龄段的单学科教学教师所占的比例相差甚微，分别少于单学科教学教师占比 0.62 个百分点和 0.26 个百分点，41~50 岁的多学科教学教师比同一年龄段的单学科教学教师占比少 3.30 个百分点。但 31~40 岁的多学科教学教师人数所占比例却比同一年龄段的单学科教学教师的人数比例多 4.18 个百分点。总体来看，年龄在 31~50 岁的教师是多学科教学的中坚力量，约占多学科教学教师总体的 68%，同时，30 岁及以下的年轻教师将成为多学科教学教师队伍的生力军（如图 6-3 所示）。

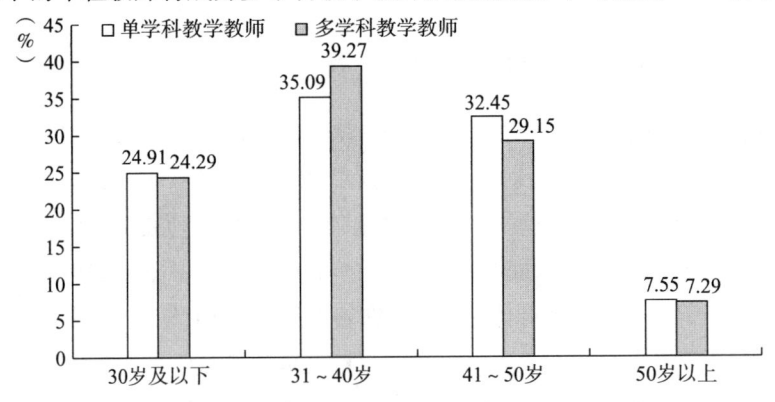

图 6-3　东部地区教师任教状况的年龄分布

说明：N=512，有效百分比=91.27%，缺失值=49，图中的总人数为561。

(三) 多学科教学教师的性别分布

通过对我国东部地区调查数据的统计与分析发现，在单学科教学教师群体内部，男教师占18.12%，而超过80%的教师都是女教师。在多学科教学教师群体内部，男教师占16.93%，比单学科教学教师中男性教师所占比例少1.19个百分点，约83%的多学科教学教师都是女教师（如图6-4所示）。由此可见，学校在多学科教学安排上并没有体现出明显的性别差异，单学科教学教师和多学科教学教师的性别比例相当。总体来看，从事多学科教学的教师仍以女教师为主，这一点与一直以来小学教师男女比例不均衡，女教师数量多男教师数量少的情况有直接关系。

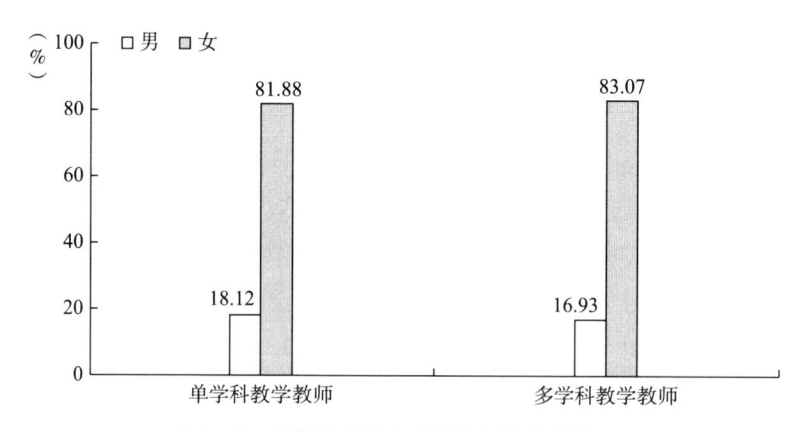

图6-4 东部地区教师任教状况的性别分布

说明：N=530，有效百分比=94.47%，缺失值=31，图中的总人数为561。

(四) 多学科教学教师的身份状况

通过对我国东部地区所选取样本教师的身份情况进行统计与分析发现，相较全国而言，东部地区教师身份相对简单，只有三种：本校在编教师、代课教师以及交流（轮岗）教师。但无论是单学科教学教师还是多学科教学教师，都以本校在编教师为主。在单学科教学教师群体中，本校在编教师约占85%；在多学科教学教师群体中，本校在编教师约占91%；多学科教学教师比单学科教学教师高出约6个百分点。无论是单学科教学教师还是多学科教学教师，其中代课教师和交流（轮岗）教师所占比例都较小，特别是交流（轮岗）教师，从事单学科教学的仅占单学科教学教师群体的1.10%，从事多学科教学的仅占多学科教学教师群体的0.78%。而且在这两类教师队伍中，从事单学科教学的教师比例比从事多学科教学教师的比例要略高。这与全国整体情况不同，说明东部地区师资相对充足，这可能是因为东部地区的地理环境优越（如多平原少山区）、交通和经济相对发达等。从总体情况来看，单学科教学教师与多学科教学教师的身份无明显差异，没有以教师身份来分配教学任务，更多的是根据学校的实际情况（如表6-1所示）。

表6-1　东部地区教师任教状况的身份分布

单位：%

教师身份	单学科教学教师	多学科教学教师	合计
本校在编教师	85.35	91.47	88.32
代课教师	13.55	7.75	10.73
交流（轮岗）教师	1.10	0.78	0.94
合计	100.00	100.00	100.00

注：N=531，有效百分比=94.65%，缺失值=30，表中的总人数为561。

（五）多学科教学教师的职称结构

通过对调查数据的统计与分析发现，所调查的我国东部样本教师的职称分布情况主要集中在小学高级和小学一级，而具有小学三级职称的教师所占比例最小。其中，40.51%的单学科教学教师具有小学高级职称，35.77%的单学科教学教师具有小学一级职称。在多学科教学教师群体中，具有小学高级职称的教师所占比例最大，为44.05%，比单学科教学中具有小学高级职称的教师所占比例多3.54个百分点。同时，多学科教学教师中具有小学一级职称的教师所占比例却比单学科教学教师中具有小学一级职称的教师所占比例少6.01个百分点（如表6-2所示）。可见，多学科教学教师在职称评定方面并未表现出明显优势，其职称情况与单学科教学教师的职称情况基本一致。

表6-2　东部地区教师任教状况的职称分布

单位：%

教师职称	单学科教学教师	多学科教学教师	合计
中学高级	2.19	1.59	1.90

续表

教师职称	单学科教学教师	多学科教学教师	合计
中学一级	4.01	1.98	3.04
中学二级	2.92	3.57	3.23
小学高级	40.51	44.05	42.21
小学一级	35.77	29.76	32.89
小学二级	4.38	7.14	5.70
小学三级	0.00	0.40	0.19
未评职称	10.22	11.51	10.84
合计	100.00	100.00	100.00

注：N=526，有效百分比=93.76%，缺失值=35，表中的总人数为561。

（六）多学科教学教师的教学一致情况

通过对我国东部地区调查数据的统计与分析发现，单学科教学教师第一学历所学专业、最高学历所学专业与其所教学科一致的比例分别为71.64%和69.88%，而多学科教学教师第一学历所学专业、最高学历所学专业与其所教学科一致的比例分别为75.70%和67.63%（如图6-5所示）。总体来看，无论是单学科教学教师还是多学科教学教师，第一学历所学专业与所教学科一致的比例均高于最高学历所学专业与所教学科一致的比例。同时，在第一学历所学专业与所教学科一致性上，多学科教学教师的教学一致比例明显高于单学科教学教师的；而在最高学历与所教学科一致性上，单学科教学教师占比高出多学科教学教师约2个百分点。由于本研究中界定教师所教学科只要是有一门与所学专业一致就称为教学一致，所以在第一学历与所教一致性上，多学科教学教师由于其所教课程门数的增多，教学一致的比例升高；而在最高学历与所教一致性上，多学科教学教师可能选择了与所教学科不一致的专业进行深造，导致一致性略低于单学科教学教师的比例。通过对教师所学专业具体情况的统计发现，多学科教学教师第一学历所学专业排名前三位的依次是师范全科培养、汉语言文学、其他（非师范专业、幼师、高中毕业、小学教育专业），分别占总体的30.68%、18.73%、10.36%。而多学科教学教师最高学历所学专业主要是汉语言文学，约占总体的38%，其次是教育学和其他（科学、小学教育、教育管理、学前教育、非师范专业），分别占总体的 16.60% 和 13.28%（如表 6-3 所示）。与第一学历专业选择相比，在最高学历的专业选择上，教育学的受青睐度明显上升，同时心理学也开始受到关注。通过对多学科教学教师所学专业的统计可以看出，目前中师毕业（师范全科培养）的教师是多学科教学中的主力军，他们从事多学科教学的人数比例明显高于其他分学科培养的教师人数比例。由于目前部分院校还是分学科培养，所以多学科教学教师的学历进修通常是选择某一具体学科，通常是选择汉语言文学，同时在学历进修的过程中，多学科教学教师愿意选择对其有帮助的学科，如教育学。

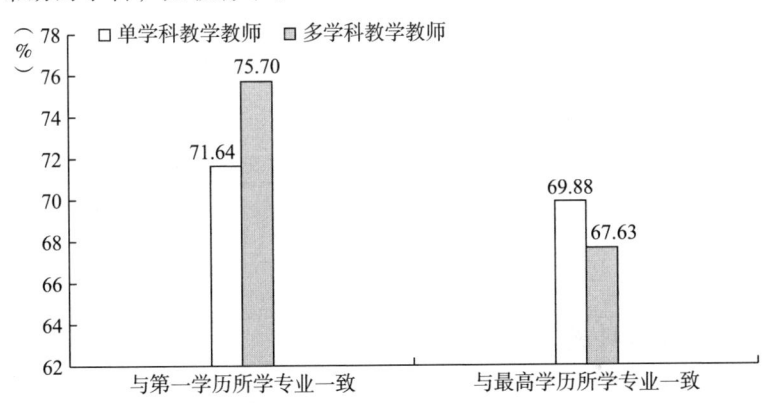

图 6-5　东部地区教师所教学科与所学专业的一致情况

说明：N1 = 519，有效百分比 = 92.51%，缺失值 = 42；N2 = 490，有效百分比 = 87.34%，缺失值 = 71，图中的总人数为 561；N1 为第一学历所学专业与所教一致的人数，N2 为最高学历所学专业与所教一致的人数。

表 6-3　东部地区多学科教学教师所学专业

单位：人，%

专业类别	第一学历所学专业		最高学历所学专业	
	人数	百分比	人数	百分比
汉语言文学	47	18.73	92	38.17
数学	18	7.17	10	4.15
外语	20	7.97	13	5.39
历史	8	3.19	1	0.41
地理	2	0.80	1	0.41
物理	2	0.80	1	0.41
化学	3	1.20	3	1.24

续表

专业类别	第一学历所学专业		最高学历所学专业	
	人数	百分比	人数	百分比
政治	2	0.80	3	1.24
生物	0	0.00	0	0.00
音乐	13	5.18	13	5.39
美术	10	3.98	10	4.15
体育	11	4.38	7	2.90
教育学	10	3.98	40	16.60
心理学	0	0.00	3	1.24
计算机	2	0.80	1	0.41
师范全科培养	77	30.68	11	4.56
其他	26	10.36	32	13.28
合计	251	100.00	241	100.00

注：N1=251，有效百分比=97.29%，缺失值=7；N2=241，有效百分比=93.41%，缺失值=17，表中的总人数为561；N1为第一学历所学专业人数，N2为最高学历所学专业人数。

（七）多学科教学教师的工资情况

调查发现，我国东部教师的月工资主要集中在3001~6000元，在单学科教学教师群体内部，月工资在3001~6000元的教师占77.68%，而且主要集中在4001~5000元，占整体的35.62%。在多学科教学教师群体中共有82.29%的教师月工资在3001~6000元，同样，在4001~5000元这个水平上的多学科教学教师最多，占整体的45.45%。通过对我国东部地区教师月工资的调查与分析发现，月工资在2000元及以下的教师所占比例极小，而6000元以上的教师所占比例虽不大，但明显高于2000元及以下教师所占比例。相较于全国情况来说，我国东部地区教师工资水平起点高，同时很大部分集中在4001~5000元这个较高工资水平上，且6000元以上的高工资水平相对全国而言所占比例较大。并且相同月工资水平上，多学科教学教师和单学科教学教师的人数比例除了在集中趋势比较明显的4001~5000元上相差约10个百分点外，在其他工资水平上差异不大，相差0.38~5.96个百分点（如图6-6所示）。

通过对我国东部地区城乡多学科教学教师与单学科教学教师平均月工资

的统计与分析发现，同一区域层级学校内，多学科教学教师与单学科教学教师的平均月工资大概相差5~283元。在县城学校、乡镇学校和村屯学校内部，多学科教学教师的平均月工资均高于单学科教学教师的，其中县城学校相差最多，每月平均相差约283元；村屯学校相差最少，每月平均相差约5元。而在城市学校内部，多学科教学教师的平均月工资却比单学科教学教师少约66元（如表6-4所示）。这与全国总体情况有所不同，东部地区多学科教学教师的工资差异主要体现在县城和乡镇两个层级上，而在教育资源占有率处在两端的城市和村屯上，多学科教学并未在工资水平上表现出明显优势。

在城市学校中，不论单学科教学教师还是多学科教学教师其工资起点均在2000元以上。其中，多学科教学教师的月工资主要集中在4001~6000元，在多学科教学教师群体内部约有60%的教师月工资在这个工资区间；其中在4001~5000元的居多，占38.57%，比相同工资水平上的单学科教学教师仅高出2.21个百分点。除此之外的其他月工资水平上，单学科教学教师和多学科教学教师的人数比例最多相差约8个百分点。在县城学校中，多学科教学教师的月工资主要集中在4001~5000元，占县城多学科教学教师总体的58.33%，比相同工资水平上单学科教学教师的人数比例约高出18个百分点。在低工资水平阶段（这里定义为4000元及以下），单学科教学教师的人数比例高于多学科教学教师比例，同样，在高工资水平阶段（这里定义为5000元以上），在5001~6000元区间上，单学科教学教师的人数比例高于多学科教学教师，但在6001~7000元区间上，多学科教学教师的人数比例高于单学科教学教师的人数比例多达约17个百分点。总体来看，4000元以上的工资水平上，多学科教学教师还是占优势的。在乡镇学校，月工资在4001~5000元的多学科教学教师所占比例比单学科教学教师所占比例多12.21个百分点，除了在2001~3000元的单学科教学教师比例比多学科教学教师教学比例高出约7个百分点外，其他月工资水平上二者的差异不明显。在村屯学校，教师的月工资没有6000元以上的，大体工资集中4001~5000元，其次是3001~4000元，同时，月工资水平在4001~5000元的多学科教学教师所占比例比单学科教学教师所占比例高出约16个百分点（如表6-5所示）。总之，与全国情况相比，东部地区的教师工资水平偏高，且工资起点也高；同时，在除城市外的各区域层级内，多学科教学教师在工资水平上的优势东部较全国更明显。这与东部地区较为发达的经济、相对优越的地理环境以及当地政府的教育政策等一系列条件分不开。

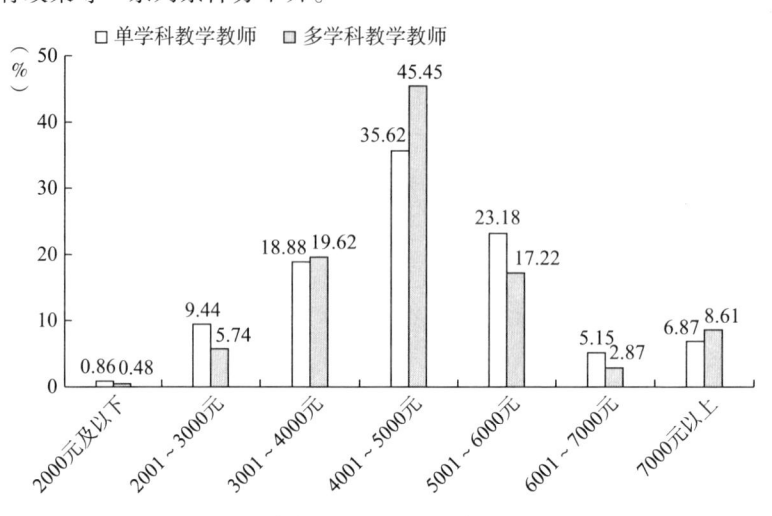

图 6-6　东部地区教师月工资的总体分布

说明：N=442，有效百分比=78.79%，缺失值=119，图中的总人数为561。

表 6-4　东部地区教师月工资的城乡分布

单位：元/月

学校所在地	单学科教学教师	多学科教学教师
城市	5532.29	5466.63
县城	4490.76	4773.33
乡镇	4804.96	5055.60
村屯	4309.38	4314.65

注：N=442，有效百分比=78.79%，缺失值=119，表中的总人数为561。

表 6-5　东部地区不同任教类型教师月工资的城乡分布

单位：%

学校所在地及任教类型		2000元及以下	2001~3000元	3001~4000元	4001~5000元	5001~6000元	6001~7000元	7000元以上	合计
城市	单学科教学教师	0.00	4.55	9.09	36.36	27.27	9.09	13.64	100.00
	多学科教学教师	0.00	4.29	17.14	38.57	21.43	2.86	15.71	100.00
县城	单学科教学教师	2.38	14.29	19.05	40.48	21.43	0.00	2.38	100.00
	多学科教学教师	0.00	8.33	8.33	58.33	8.33	16.67	0.00	100.00

续表

学校所在地及任教类型		2000元及以下	2001~3000元	3001~4000元	4001~5000元	5001~6000元	6001~7000元	7000元以上	合计
乡镇	单学科教学教师	0.00	11.01	22.94	33.03	22.02	5.50	5.50	100.00
	多学科教学教师	1.19	3.57	21.43	45.24	17.86	2.38	8.33	100.00
村屯	单学科教学教师	6.25	6.25	31.25	37.50	18.75	0.00	0.00	100.00
	多学科教学教师	0.00	11.63	23.26	53.49	11.63	0.00	0.00	100.00
合计		0.68	7.69	19.23	40.27	20.36	4.07	7.69	100.00

注：N=442，有效百分比=78.79%，缺失值=119，表中的总人数为561。

二 多学科教学实施情况研究

（一）教师任教课程门数情况

从我国东部地区城乡小学教师平均任课门数来看，城市小学教师平均任课门数为1.96门，县城小学教师平均任课门数比城市小学教师略少，为1.36门，乡镇小学教师的平均任课门数为1.84门。而村屯小学教师的平均任课门数超过以上三者，达到2.59门，多于全国小学教师的平均任课门数，且标准差达到1.34，这表明多数村屯小学教师的任课门数与东部地区小学教师平均任课门数之间差距较大。但与全国情况中平均任课门数上乡镇小学教师的2.14门、村屯小学教师的3.36门相比，我国东部地区农村小学教师的教学压力相对较小（如表6-6所示）。但我国东部以村小学、教学点为主体的农村小学教师多学科教学现象仍十分普遍，且村屯小学教师负担重。

从教师具体承担的课程门数来看，在城市、县城、乡镇三个层级学校上，承担一门课的小学教师最多，其次是两门课的教师。而在村屯，承担两门课的人数最多，其次是承担一门课的教师。在承担一门课的教师中，县城学校的教师比例最大，高达76.27%；其次是乡镇学校，为55.14%；城市学校为47.88%；而在村屯学校，这一比例急剧下降，为27.94%。通过数据统计与分析可以看出,在教师承担多门课程的比例上,村屯学校明显高于其他区域层级学校,村屯学校中承担两门及以上学科的教师所占的比例为72.06%,城市为52.12%、县城为23.73%、乡镇为44.86%。且县城中无承担5门及以上任课门数的教师,乡镇中无承担6门及以上任课门数的教师。同时,教育资源占有率大大低于城市学校的村屯学校,任教5门的教师人数比例高于城市6.40个百分点;任教6门及以上的教师人数比例高于城市4.67个百分点(如表6-7所示)。而全国范围内的小学教师,都不同程度地承担了6门及以上的课程,特别是村屯学校,教师承担课程门数最多,甚至高达13门。由此可见,除城市外,东部地区的小学教师整体上的教学任务要比全国范围内的小学教师轻,但东部地区村屯教师的教学任务仍然很重,与城市不同的是,村屯教师的任务量大是由于师资匮乏,不得不一人多科,而城市是为了符合学校的实际情况和满足教师的发展要求。

表6-6 东部地区小学教师平均任课门数

单位:门

学校所在地	任课门数均值	任课门数标准差
城市	1.96	1.22
县城	1.36	1.25
乡镇	1.84	1.16
村屯	2.59	1.34
总体状况	1.92	1.22

表6-7 东部地区不同任教类型小学教师任教门数的城乡分布

单位:人,%

学校所在地		1门	2门	3门	4门	5门	6门及以上	合计
城市	人数	79	42	24	14	4	2	165
	百分比	47.88	25.45	14.55	8.48	2.42	1.21	100
县城	人数	45	8	5	1	0	0	59
	百分比	76.27	13.56	8.47	1.69	0.00	0.00	100
乡镇	人数	134	47	37	18	7	0	243
	百分比	55.14	19.34	15.23	7.41	2.88	0.00	100

续表

学校所在地		1门	2门	3门	4门	5门	6门及以上	合计
村屯	人数	19	22	13	4	6	4	68
	百分比	27.94	32.35	19.12	5.88	8.82	5.88	100
合计		277	119	79	37	17	6	535
		51.78	22.24	14.77	6.92	3.18	1.12	100

注：N=535，有效百分比=95.37%，缺失值=26，表中的总人数为561。

（二）小学教师多学科教学的学科组合情况

通过对我国东部地区多学科教学教师样本的统计分析发现，多学科教学教师的学科组合主要有以下六种形式，并且在城乡分布上表现出一定的差异性。其中，村屯学校是唯一不同程度地涵盖了这六种学科组合的层级学校。同时，"数学或语文+多门副科""数学或语文+1门副科""多门副科"三种学科组合方式不论在何层级学校上都排名前三位。"数学或语文+多门副科"的学科组合在乡镇中表现得相对明显，约占各学科组合总体的48%；"数学或语文+1门副科"的学科组合在县城中表现得较为突出，约占各学科组合总体的43%；而"多门副科"的学科组合则在村屯中表现得较为明显，约占各学科组合总体的22%（如图6-7所示）。通过对相同学科组合的层级学校对比发现，教育资源相对丰富的城市处于较为中间的位置，其学科组合的形式主要是考虑到学生的课程需要和教师的专业发展；县城与城市略有差异，但差异不大；而处于农村的乡镇和村屯，都在工作量大、专业复杂的学科组合上表现突出。而"数学+语文"的学科组合在各区域层级上均有分布，且差异不大；"数学+语文+多门副科"的学科组合最明显的特征就是工作量大、专业要求多而复杂，这一学科组合仅存在于农村，其中，村屯最为突出，占学科组合总体的10.20%，比乡镇多8.37个百分点；"数学+语文+1门副科"的学科组合仅存在于教育资源相差悬殊的城市和村屯，且村屯较城市高出约4.96个百分点（如图6-7所示）。总之，较全国情况而言，我国东部各区域层级学校多学科教学教师采用"多门副科""数学+语文"形式教学的现象更为突出。

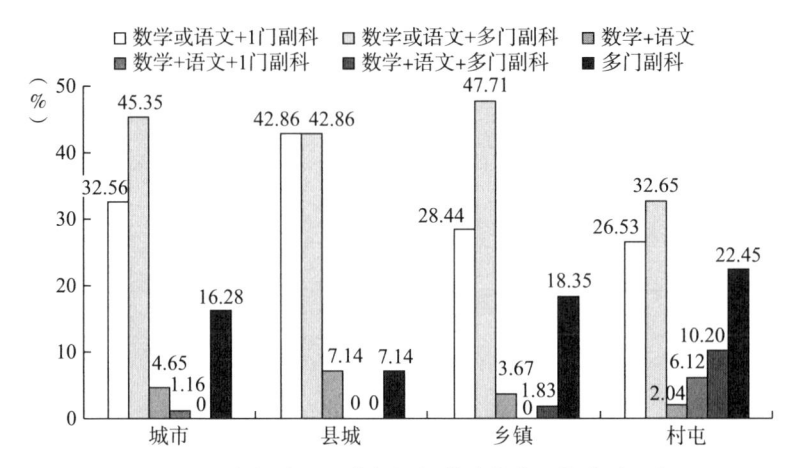

图 6-7 东部地区小学教师多学科教学任教学科组合

说明：N=258，有效百分比=100%，缺失值=0，图中多学科教学教师总数为258。

（三）教师多学科教学的周工作量情况

通过对我国东部地区多学科教学教师样本的统计分析发现，不论是在平均周课时数、平均周备课量还是平均周课后批改辅导量上，城市、乡镇和村屯多学科教学教师的工作量均多于单学科教学教师，但县城区域层级内这两类教师的工作量相差不大。就多学科教学教师而言，在平均周课时数上，村屯教师的教学任务量最大，周课时数达17.11节；其次是乡镇教师，周课时数为13.84节；此外城市和县城呈依次递减趋势。且在村屯这一区域层级，多学科教学教师的平均周课时数要比同层级区域的单学科教学教师多3.61节，其他区域层级相差不大，每周相差0.53~0.91节。在平均周备课量上，城市多学科教学教师最多，达到平均每周9.73小时，比城市单学科教学教师每周多2.79小时；其次是乡镇和村屯，县城最少。在平均周课后批改辅导量上，城市多学科教学教师又位居第一，比同一层级的单学科教学教师每周多2.05小时；其次是乡镇教师的课后批改辅导量为8.73小时；随后是县城教师，村屯教师最少，分别为每周7.25小时和7.10小时（如表6-8所示）。

通过对不同类型工作任务的对比，我们发现，在我国东部不论哪个区域层级的学校，多学科教学教师的工作量总体上来讲普遍多于单学科教学教师，即使在县城有差别，但差别不大。同时，农村教师的上课时间普遍比县城和城市要多，尤其是以村小学和教学点为主的村屯学校，多学科教学教师的平均周课时数大；然而，在平均周备课量和平均周课后批改辅导量上，城市均位居榜首。这与全国基本情况大致相同，且全国情况在各区域层级学校上表现得更为一致，但全国情况下的农村教师工作量更加繁重，这和一些西部偏远地区师资严重匮乏有关。

表6-8 东部地区教师平均周工作量

学校所在地及任教类型		平均周课时数（节）	平均周备课量（时）	平均周课后批改辅导量（时）
城市	单学科教学教师	11.48	6.94	7.55
	多学科教学教师	12.24	9.73	9.60
县城	单学科教学教师	12.58	6.62	6.20
	多学科教学教师	11.67	5.50	7.25
乡镇	单学科教学教师	13.31	6.46	6.91
	多学科教学教师	13.84	8.61	8.73
村屯	单学科教学教师	13.50	6.67	6.43
	多学科教学教师	17.11	7.82	7.10

注：N1=425，有效百分比=75.76%，缺失值=136；N2=294，有效百分比=52.41%，缺失值=267；N3=268，有效百分比=47.77%，缺失值=293；上表中的总人数为561；N1为平均课时数统计人数，N2为平均备课量统计人数，N3为平均课后批改辅导量统计人数。

从我国东部地区单、多学科教学教师的周课时数分布情况来看，单、多学科教学教师的周课时数主要集中分布在11~15节，分别占53.66%和57.27%；其次是16~20节，分别占17.56%和19.09%。多学科教学教师周课时数在11~15节、16~20节的比例比单学科教学教师比例分别多出3.61个和1.53个百分点，相差并不大。且在1~10节的区间内，单学科教学教师的比例高于多学科教学教师的比例；在11~30节这个区间内，多学科教学教师的比例要高于单学科教学教师的比例，高出10.42个百分点。其中，在21~30节这一大工作量的区间内，多学科教学教师的比例要比单学科教学教师的比例高5.28个百分点，在30节以上的超大工作量的课时数上，仅有0.49%的单学科教学教师而无多学科教学教师（如图6-8所示）。由此可见，除了工作量较小的区间（这里定义为1~10节）外，从整体上来看，较单学科教学教师而言，多学科教学教师的工作量较大。在课时数相对较少的情况下，单一科目的课时数更容易累积；在课时数适中或较多的情况下，多学科的课时数更容易累积。这一表现趋势与全国基本情况大致相同，稍有不同的地方在于，在超高工作量（这里定义为30节以上）的情况下，东部地区多学科教学教师并无分布，而全国状态下的多学科教学教师仍承受着巨大的工作量。

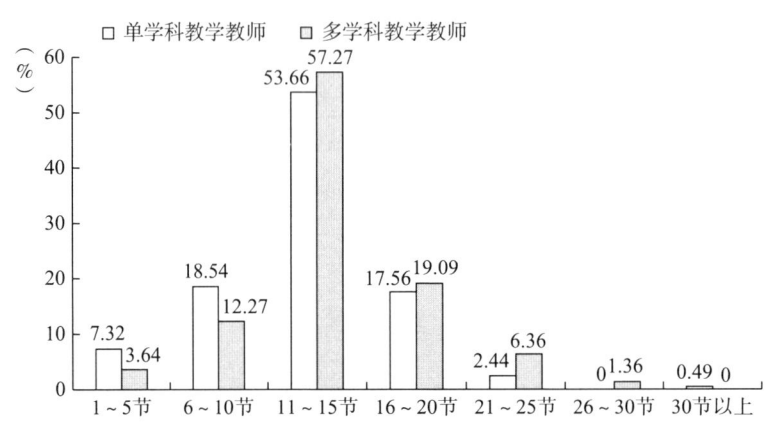

图 6-8 东部地区教师周课时数分布

说明：N=425，有效百分比=75.76%，缺失值=136，图中的总人数为561。

从我国东部地区单、多学科教学教师的周备课量分布情况来看，单、多学科教学教师的周备课量都主要集中分布在0~10小时，在此区间，单学科教学教师占单学科教学教师总量的85%，多学科教学教师约占多学科教学教师总量的77%。其中，单学科教学教师的备课时间在0~5小时的多达51.43%，比多学科教学教师高出12.47个百分点；其次是6~10小时，并逐层呈明显下降趋势。而多学科教学教师的备课时间在0~5小时和6~10小时的区间上分布较为平均，相差甚微，比例在38.50%左右。在6~20小时这一区间内，多学科教学教师的人数比例在不同备课时间段上均超出单学科教学教师的人数比例。同时，单学科教学教师群体备课时间仅在0~20小时这一区间内；而多学科教学教师群体在大工作量21~25小时和超大工作量30小时以上均有分布，但比例不大（如图6-9所示）。由此可见，单学科教学教师的整体备课时间要少于多学科教学教师，这是由多学科教学的学科数量多而种类繁杂的特点决定的。这一趋势与全国基本情况大致相同，但全国情况下单、多学科教学教师的备课量在大工作量的范围内均有分布，这说明，东部教师的备课任务相对全国而言是略轻松的。

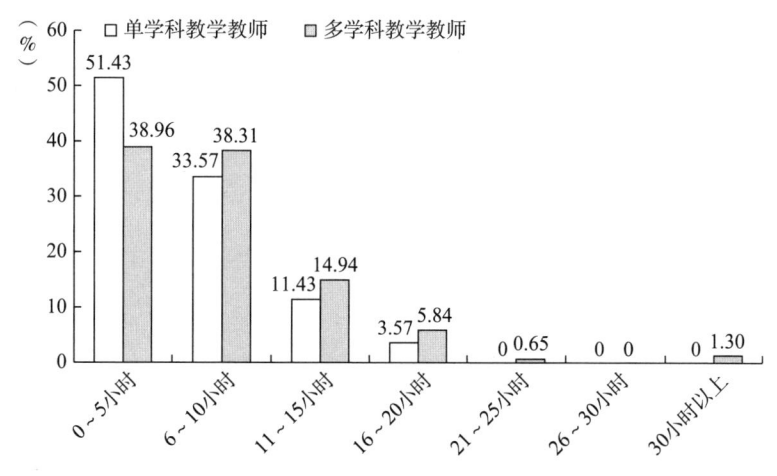

图 6-9 东部地区教师周备课量分布

说明：N=294，有效百分比=52.41%，缺失值=267，图中的总人数为561。

从我国东部地区单、多学科教学教师的周课后批改辅导量分布情况来看，单、多学科教学教师的周课后批改辅导量都主要集中分布在0~10小时，且分别占各自群体的84.42%和74.66%。其中，单学科教学教师的课后批改辅导量在0~5小时区间内高达46.72%，比多学科教学教师高出9.73个百分点。其次是6~10小时，并呈明显下降趋势；而多学科教学教师的课后批改辅导量在0~5小时和6~10小时的区间上分布较为平均，相差甚微，比例都在37.00%左右。在6~20小时这一区间内，多学科教学教师的人数比例除了在6~10小时内少于单学科教学教师0.03个百分点以外，在其余不同课后批改辅导量上均超出单学科教学教师的人数比例。同时，多学科教学教师群体课后批改辅导量仅在0~20小时这一区间内，而单学科教学教师群体在工作量26~30小时区间有分布，但比例不大（如图6-10所示）。由此可见，课后批改辅导在单学科教学教师的工作中任务量较小，而多学科教学教师的任务量相对较大，这一趋势在全国情况下更为明显。

（四）教师多学科教学的培训困难情况

通过对我国东部地区多学科教学教师样本的统计分析发现，多学科教学教师的职后培训困难主要表现为六种，并且在城乡分布上表现出一定的差异性。单学科教学教师与多学科教学教师在职后培训困难情况上并无明显差异（如表6-9所示）。从我国东部地区多学科教学教师的职后培训困

```
         □ 单学科教学教师    ■ 多学科教学教师
(%)
50  46.72
         37.70 37.67
40       
    36.99
30
                        17.81
20
              10.66
10                            7.53
                    3.28              0 0   1.64 0
 0
    0~5小时 6~10小时 11~15小时 16~20小时 21~25小时 26~30小时
```

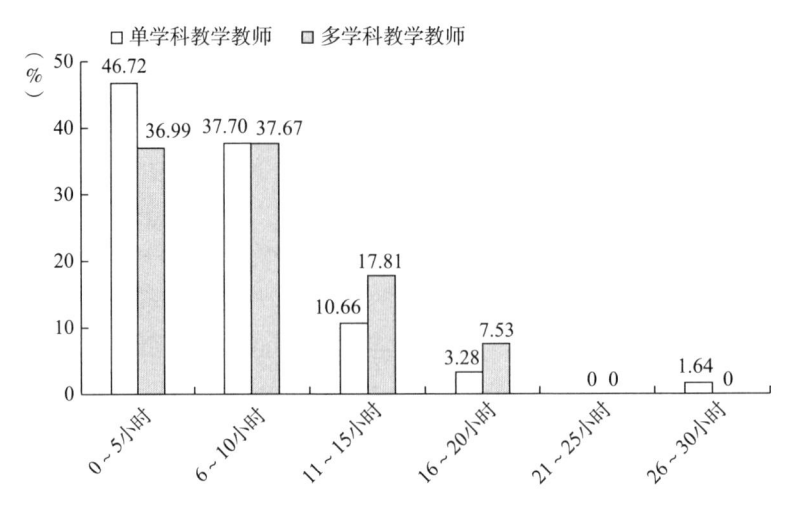

图 6-10 东部地区教师周课后批改辅导量分布

说明：N=268，有效百分比=47.77%，缺失值=293，图中的总人数为561。

难分布情况来看，在城市学校内部，"培训任务太重"、"学校无法给足时间参加所有学科培训"和"无权选择所要培训的学科"居职后培训困难前三位；在县城学校内部"培训任务太重""无权选择所要培训的学科"居前两位，"学校无法给足时间参加所有学科培训""学校缺少教师难以参加培训"并列居职后培训困难第三位；在乡镇学校内部，"学校无法给足时间参加所有学科培训"、"培训任务太重"和"学校缺少教师难以参加培训"居职后培训困难前三位；村屯学校和乡镇学校情况一致。由此可见，"学校无法给足时间参加所有学科培训"和"培训任务太重"两项是当前多学科教学教师培训中存在的主要困难，其次是"无权选择所要培训的学科"和"学校缺少教师难以参加培训"的困难，这与全国情况大致相同。

表 6-9 东部地区小学教师教学中的培训困难

单位：%

学校所在地及任教类型		不知道选择哪一门学科去培训	学校无法给足时间参加所有学科培训	培训任务太重	无权选择所要培训的学科	学校缺少教师难以参加培训	其他	合计
城市	单学科教学教师	8.62	24.14	34.48	12.93	11.21	8.62	100.00
	多学科教学教师	8.87	28.23	31.45	14.52	6.45	10.48	100.00

续表

学校所在地及任教类型		不知道选择哪一门学科去培训	学校无法给足时间参加所有学科培训	培训任务太重	无权选择所要培训的学科	学校缺少教师难以参加培训	其他	合计
县城	单学科教学教师	10.71	30.36	25.00	10.71	10.71	12.50	100.00
	多学科教学教师	5.00	15.00	40.00	20.00	15.00	5.00	100.00
乡镇	单学科教学教师	9.00	29.38	25.12	15.64	12.80	8.06	100.00
	多学科教学教师	10.53	26.90	26.32	12.87	16.37	7.02	100.00
村屯	单学科教学教师	11.11	22.22	27.78	13.89	16.67	8.33	100.00
	多学科教学教师	9.09	28.57	23.38	14.29	18.18	6.49	100.00

注：N=517，有效百分比=92.16%，缺失值=44，表中的总人数为561。

其中，多学科教学教师认为存在"培训任务太重"的困难在县城中表现得尤为突出，这一比例高达40.00%，其次是城市的31.45%，然后是乡镇和村屯，呈逐级下降趋势。"学校无法给足时间参加所有学科培训"的职后培训困难在村屯一级的学校中表现得最为突出，占村屯多学科教学教师认为存在的总培训困难的28.57%，但仅比城市学校多0.34个百分点，比乡镇学校多1.67个百分点，与县城学校相差较大，比其多13.57个百分点。在"学校缺少教师难以参加培训"的困难上，村屯表现得最为明显，占比18.18%，随后依次是乡镇学校、县城学校和城市学校，呈逐级递减趋势，这一趋势与全国情况基本相同。而且这一困难情况在农村学校中表现明显。在"无权选择所要培训的学科"的困难上，县城表现得略为突出，占比达到20.00%，与全国情况基本一致，其他区域层级相差不大，而且这一困难情况在城市学校中也表现明显。另外两类培训困难情况，无明显的城乡差别（如图6-11所示）。

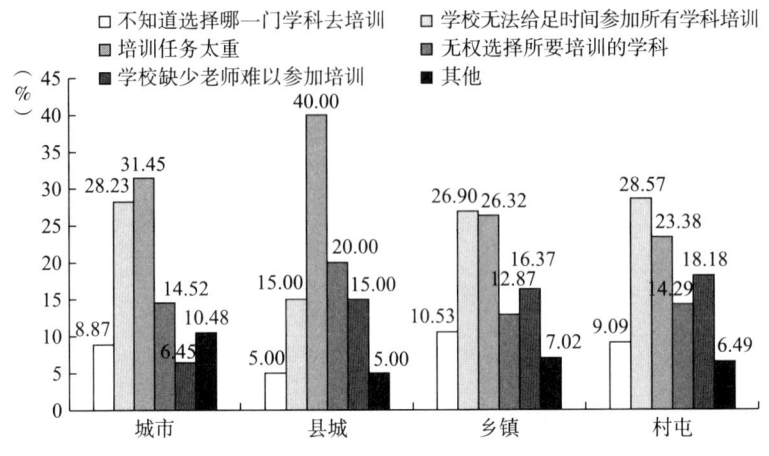

图 6-11 东部地区教师多学科教学的培训困难分布

说明：N=251，有效百分比=100%，缺失值=0，图中多学科教学教师总数为251。

三　原因分析

通过对我国东部多学科教学教师的群体特征和多学科教学实施情况两部分的研究来看，多学科教学教师群体以及其教学情况在不同维度上表现出不同的教育现象，其背后的社会、个人及教育内部的原因较为复杂。

（一）对多学科教学教师的城乡分布情况的分析

通过对我国东部地区多学科教学教师的人数特征分析来看，多学科教学教师的数量整体上多于单学科教学教师数量，有一半以上的教师在从事多学科教学，这一趋势与全国基本情况大致相同，较为普遍。通过对我国东部地区多学科教学教师的城乡分布特征分析来看，我国东部地区的城市和村屯两个区域层级学校的多学科教学教师数目较多，尤其是村屯学校的多学科教学教师数目远多于单学科教学教师数目。但这两个区域层级学校的多学科教学现象的形成原因并不相同。在城市学校中，多学科教学教师较多是基于学校自身教育教学的需要和教师专业发展的要求，如为了倡导实施综合课程、校本课程，培养"一专多能"的教师等，这是一种出于学校系统内部的发展要求与动机。而村屯学校，以村小学和教学点为主，这些学校一般处在交通不便、经济贫困、师资极度匮乏的农村或山区，一般来讲，这类学校的教师基本上要承担两门及以上的教学科目，才能保证教育教学任务的基本完成，有些贫困山区整所小学甚至只有一名教师，那么这名教师所要承担的就是几个年级所有学科的教学任务，这主要是一种迫于外部条件压力的被动行为。

> 我们中心校，师资严重欠缺，一些骨干教师不得不教授两个班级的课程（主课），工作任务很重。然而，这些骨干教师不能请假、不能生病、不能培训，因为一旦如此，一些班级的课程就开不了。（Z省Y村中心小学W校长）

由此可见，我国农村地区的学校，为了完成国家规定的课程计划，安排教师承担两门及以上的教学科目或是多个年级的教学任务，被动地接受多学科教学。副科的考核形式简单，教师当堂授课就能完成，这样的形式减轻教师的工作压力。

我国乡村教师匮乏的现象仍旧突出。一方面，乡村教师流入量小，受环境等外界条件的制约，农村学校的吸引力偏低；另一方面，乡村教师流失量大，一些服务于乡村学校的毕业生或优秀教师仅在几年后就会向县城学校或其他职业流动。但在我国东部地区，乡镇多学科教学教师的比例相对于全国样本中的所占比例要小，这是由于我国东部地区经济相对发达，乡镇学校的教育资源也相对丰富，师资数量较我国中西部乡镇学校相对充足。

（二）对多学科教学教师的年龄分布情况分析

通过对我国东部地区多学科教学教师的年龄特征分析来看，31~50岁的教师是从事多学科教学的主要教师群体，其次是30岁及以下的教师，年龄较大的教师则很少。究其原因，首先这是由多学科教学自身的特点所决定的，多学科教学相较于单学科教学来说，工作量较大且需要不同的学科知识，对教师的体力、精力以及专业能力等都有一定的要求，尤其是对教师的专业素养要求较高。

> H老师，本科是英语专业，任教三年级至六年级的英语，已经工作7年，由于学校没有音乐教师，且其他老师都是班主任，任教多科，就把音乐这门课交给H老师上，因此H老师任教三年级到六年级的英语和音乐，H老师是直转（由民办教师直接转为公办教师）的教师。（H4省S村小Z校长）

31~50岁的教师的教育教学经验较30岁及以下的教师更为丰富，能够更好地安排教学，专业发展也相对成熟，同时31~50岁的教师也比年龄较大的教师在体力和精力上更胜一筹。但是，31~50岁的教师也有着自身的局限性。一方面，一般40岁左右的教师，在接受前沿教育理念和教学方法的能力与内部发展动力方面表现较弱；另一方面，31~50岁的教师受到家庭等诸多因素的影响较大，精力被分散。而接受过良好的职前教育并有着广阔专业发展空间的青年教师则成为多学科教学的生力军，我们也应该提高教师队伍青年教师的比例，形成追求进步、积极向上的发展梯队，以提高教育教学质量。

（三）对多学科教学教师的性别分布情况的分析

通过对我国东部地区多学科教学教师的性别特征分析来看，单、多学科教学与性别无明显相关，全国情况也是如此。女教师数量均远多于男教师数量。这与我国的长期职业选择的价值取向有关，教师是一个相对稳定但薪资不高、要求耐心的职业，更受女性的青睐，这就造成了我国中小学教师"阴盛阳衰"的局面。

> 该校绝大多数"语数包班"教师都是女老师，J老师作为全校唯一的一位"语数包班"男教师必然会成为本研究的重点研究对象。（于H4省C村小学的反思日记）

这种情况下，在现实的教育教学中，男教师对学生尤其是男学生的人格发展有很重要的影响。学校中男教师的缺失，会导致某种"隐性课程"的缺失，不利于学生的全面发展。因此如何鼓励更多的男性从事教师行业是需要进一步探究的问题。

（四）对多学科教学教师的身份状况的分析

通过对我国东部地区多学科教学教师的身份特征分析来看，单、多学科教学与教师身份无明显相关，都以本校在编教师为主，并以少量的代课教师和交流（轮岗）教师作为补充。在编教师拥有的编制为事业编，无编制的学校教师往往属于临聘人员或合同工，如代课教师。我国现有的教师的交流（轮岗）制度并不完善，很少有教师愿意交流（轮岗），特别是去比现工作学校区域层级更低的学校。

> 学校有少量的临时代课教师，比如有些老师请病假了或者请产假了（学校就需要聘用代课教师）。临时代课（的教师），没有长期（留任）的。有时候学校招一个月或两个月的临时代课教师不好招，一年的还可以。比如有老师要请一个学期假，下个学期回来，就必须请一个学期的代课教师，没有上边（县城）交流的（老师）。（Z省C村小学W校长）

由此可见，在编教师相对于编外教师来讲更具稳定性，流动的可能性小，有利于教育教学任务的顺利完成和学校、教师的专业发展，因此学校教师以在编教师为主。而且东部地区的教师身份类型较全国而言相对简单，这是由于东部地区属于我国经济发达且各方面发展迅速的地区，教育资源相对丰富，并对教师的需求量比较大，重要的是发达地区地方性政策能够对教师编制起到一定的补充作用，这也是形成这一现象的关键原因。

（五）对多学科教学教师的职称结构的分析

通过对我国东部地区多学科教学教师的职称分布特征分析来看，单、多学科教学教师在职称评定上并无明显的差异。在小学教师内部，职称晋升较快，因此小学高级和小学一级的教师人数较多。同时，东部地区教师队伍相对庞大，内部职称评定的竞争也较为激烈，仍有相当部分教师由于自身或外部制度没有评上职称，例如编外教师在职称评定上就处于劣势。部分代课教师的教育教学在教学工作量和教育成果上并不比在编教师差，但却迟迟无法进行职称评定或很难晋升职称。这不仅有失公平，还不利于留住优秀教师。

（六）对多学科教学教师的教学一致情况的分析

通过对我国东部地区多学科教学教师的教学一致特征分析来看，单、多学科教学教师在第一学历和最高学历的所学专业在同其所教学科的一致性上表现出了较为明显的差异。

多学科教学教师的第一学历所学专业相较于单学科教学教师的第一学历所学专业与所教的教学科目一致比例更高，需要注意的是，这里我们所讲的"教学一致"是指教师所教学科中任意一门与所学专业一致。多学科教学教师"一对多"的相符率较单学科教学"一对一"的相符率要高；而多学科教学教师的最高学历所学专业相较于单学科教学教师的最高学历所学专业与所教的教学科目一致的比例却更低。一方面，教师在选择专业的心理因素上，多学科教学教师由于所教科目复杂性高，在进一步深造时更可能选择与第一专业不同的其他专业，而仅教一门科目的单学科教学教师更愿选择本专业进修，深造时更换专业的可能性也较低，相对来说专业忠诚度更高。另一方面，学校在用人安排上对教师的第一学历也较为重视，所以对于最高学历与第一学历相符程度低的多学科教学教师来说，所学与所教一致比例也相应地降低。但不论是单学科教学教师还是多学科教学教师，他们的最高学历所学专业与所教学科一致比例都低于第一学历所学专业与所教学科一致比例。

（七）对多学科教学教师的工资情况的分析

通过对我国东部地区多学科教学教师的工资分布特征分析来看，我国东部地区教师工资起点高，且平均工资水平在全国范围内也相对较高，大多集中在中等偏上水平，而且拥有较高工资的教师也占相当比例，远多于中、西部。我国东部地区覆盖了我国大部分的一线城市，或是主要的工业城市、政治经济中心，或是沿海经济带，其地理环境优越、交通便利、经济发达、文化繁荣，教育资源丰富且先进，即使是农村，其经济相较中、西部农村也要发达很多。在这样的综合实力下，教师的薪资待遇自然较为优厚，而且在部分一线城市，当地政府对教师，特别是优秀教师的扶持和鼓励力度也比较大，在工资福利上均有体现。单、多学科教学教师在工资水平上的差异主要在县城中表现得较为明显，县城多学科教学教师工资的平均水平明显高于单学科教学教师。

> 说到底，目前的工作收入还是偏低的，而且干多干少、干好干坏没有多大区别，所以干着干着就没有多大动力了。要培养老师，提升老师素质，学校需要提升老师的待遇，为什么有的老师厌倦教学了，老教师教学时间长了，待遇又低，又没发展前途，当然丧失了积极性。年轻老师还好些，但是部分上了年纪的老师没进取心了。（H4省N村小学B老师）

> 老师虽然说经济地位提高了，但是像我们这部分老师的收入并不理想，按道理来说要是谈知足的话，这就涉及人的修养问题了，你知足的话可能还感觉不错，但是你不知足的话，要是横向比较的话确实有很多人的物质生活条件要比老师好很多，人都是不知足啊，你说有多少钱算是多，有多少钱算是少呢？我2014年工资才2000多元，现在有4000多元，是近三四年工资才涨上来，你看和现在的房价比，老师的物质生活的确不是那么丰富。（H4省N村小学A校长）

> 对老师的评价，单学科教学教师和多学科教学教师的工资没差别，教师之间的工资几乎也没有差别，虽然工资分为职务工资、职务津贴、绩效（大概占工资的五分之一），其实在所有的学校里面，绩效工资并没有真正地按照绩和效来发，因为那个必然会影响到稳定，因为对一个老师的评价不能仅仅只用成绩来评价，并且在小学期间绝对不能用成绩来评价，这是国家法律明确规定的，本来绩效工资是用来奖励教师的，这是国家前总理温家宝提倡的，只拿出工资的五分之一进行奖励，平均500元，教得好可能拿到1500元，教得差的可能拿到200~300元，但是在实行过程中，没有一个局长敢这样操作，上面的政策初衷可能是好的，但是底下（地方）具体执行政策的时候不能这样去执行，知道吗！（H4省N村小学Z主任）

（八）对教师任教课程门数情况的分析

通过对我国东部地区多学科教学教师的教学实施情况中任教课程门数的分析来看，东部地区村屯、城市、乡镇、县城的平均任课门数呈依次递减趋势，村屯教师的任课门数较其他区域层级学校教师的任课门数显著增多，且有些乡村教师承担了数量惊人的教学科目，负担过重，但总体好于全国情况，东部的农村相较于中、西部农村来说还是相对发达的。县城学校相较于其他区域层级学校的教师相对轻松，原因有二：一是县城学校师资数量相对充裕，学校现有的教师能够满足教学任务的安排；二是县城学校在教育理念、管理方式以及教师培养上的更新速度不如城市学校快，在教育教学及管理上还保持着相对传统的模式。鉴于这两方面，县城学校在教育资源和自身发展上的压力都相对较小，教师在任教科目数量上表现得也相对轻松。总之，我国农村教师的压力很大，特别是村屯学校的教师，虽然承担着多门学科的教学任务，但在职后培训方面却缺乏相应的跟进措施，这也是农村教育教学质量相对较差的一个重要原因。

> 我感觉上面花钱让老师去培训，也是愿意让农村老师有所提升，但是大部分农村学校的实际情况不允许老师外出培训，又没有专门针对多学科教学教师的培训，小学课比较多，杂事也多，一个萝卜一个坑，毕竟有自己的学生，尤其是全科老师要包班，比如他带学生带到了三年级，他走这两个月去学习了，临时找个老师代替，但是这个新老师对学生不了解，学生刚适应了新老师，旧（原来的）老师又回来了；再说学校这些事不能没人管，学生不能没人管，没人管不行，作为班主任老师也不放心，每天可能会发生各种情况，培训学习固然重要，但是孩子们的安全是第一位的。学校的安排也不允许老师外出很长时间去学习，学校运转不开，通常都是学校首先要运转，在正常运转基础上再允许老师去提升自我。你想吧，别说长时间出去培训，就去市里培训一个星期吧，我走七天，学生在学校五天，但是家长不到第三天就会来学校闹事，之前有过这种情况。各方面束缚着你，出去不了。你下课了也没时间，又处理这事处理那事，课间有时候就长到班里了，就下学的时候好不容易有点空，对他说：你让我出去吧，培

训吧，请个老师代课让我学习吧。就是有心，精力也不足。（H4省N村小学X老师）

对于农村学校来说，本来师资就比较紧张，每个老师各司其职，很难替代，如果一个教师出去学习，这个学校就很难正常运转，特别是对于包班的教师来说，出去培训更是一种奢望。另外，学校也没有相应的跟进措施确保教师培训后的工作，教师的工作任务并没有因为出去培训而省去，回来后还要把自己落下的任务完成，从这个角度来说，培训反而会增加教师工作量，使教师超负荷工作，看似是教师"没时间"出去培训，实际上是学校各方面的束缚使得教师没有时间来考虑自己的专业提升。因此农村教师因面临出去培训的压力增大，放弃培训机会的可能性也增大，农村教师教学的质量也随之受到影响。

（九）对教师多学科教学的学科组合情况的分析

通过对我国东部地区多学科教学教师的教学实施情况中学科组合情况的分析来看，我国东部城市及县城的教师课程安排主要基于学生需要和教师专业发展，且工作量和难度相对适中；而农村教师被动地接受外在难以改变的条件压力，承担起巨大的工作量和严峻的教学任务，多学科教学，突出多和重，尤其在村小学、教学点分布较多的村屯，教师多学科教学现象突出且教师压力较大。

H老师的从教经历有点复杂，开始从教的时候并不是正式老师，所以当我要采访她的时候，她总是说："你别采访我了，俺都说不成，采访别人吧，我是土八路（不专业），登不上台面。"她20岁从教，开始的时候以代课教师的身份任教于某村小学，当时学校就两个教师，有1~4年级，在这个小学H老师包班一、三年级进行跨年级复试教学；后来工作调动，在很多村小任教过，教学科目也不固定，学校缺什么学科的教师，她就教什么。

1988年学校取消代课教师，但把H老师留了下来，让她教了很多年学前班；2000年H老师出去进修了3年，学习汉语言文学专业，毕业后继续教了5年学前班，直到2008年H老师才获得编制成为正式教师（之前的教龄也为H老师算上），重新开始教小学，2011年L村新校区建成，H老师在这里一直主要教数学，根据需要兼任副科。（于H4省N村小学的反思日记）

高中毕业的时候，被分配到某村小学任教，让教好几个班，一开始谁会呢，都不会，都是问另一个老师，工作很累还得了咽炎，连水都是自己带着，当时的班主任费就13元，无论你教多少门学科，学校都一样对待，不过还好，班里的孩子少，好管理，下课都很少出教室，都是我手把手地教，成绩还不错。年轻的时候教这么多学科，家人也不懂，也不管我。（H4省N村小学H老师）

在农村学校中，教师的多学科教学以一门主科带副科或只教多门副科的形式为主，农村师资匮乏，教师自然要承担起几门课程的教学。这里主要的问题仍旧在农村，现实中部分没有学过相关专业的教师在教这些学科。教师的工作量大且专业性不强，不仅使教师身心疲惫，而且教学质量堪忧。虽然我国东部有些情况与全国情况有所不同，但可以肯定的是，农村教师尤其是村屯教师的多学科教学压力巨大，这一点是普遍存在的事实。

（十）对教师多学科教学的周工作量情况的分析

通过对我国东部地区多学科教学教师周工作量的情况分析来看，多学科教学教师群体的周工作量总体上来讲普遍大于单学科教学教师群体的周工作量。而且，由于多学科教学教师教学工作所具有的任务重且复杂性强的特点，大部分多学科教学教师需要比单学科教学教师花费更多的精力和时间去为不同的学科备课、上课以及课后批改辅导，而从一个知识体系到另一个知识体系的建构需要耗费大量的时间和精力，这也是在中长工作时间段上，多学科教学教师占有更大比例的原因。同时，笔者发现农村教师的平均周课时数普遍比县城和城市教师要多，尤其是以村小学和教学点为主的村屯学校，多学科教学教师的平均周课时数多，这同样是因为农村缺少教师，部分教师被动地一人承担了多人的教学任务，在教师数量较少的教学点和村小学，有时一名教师要承担整个年级甚至整个学校一门或多门科目的教学工作。

教师平均周课时数大概 10 节，还有一个拓展课一般一周是 12 节，多的是 13 节，下午学校设有阳光体育活动，教师就要根据自己擅长的出去带个班，例如羽毛球班、围棋班，这样教师的课时多，教学工作量就更大了。（Z 省 L 村中学 Z 校长）

当数学老师，教双班，学生多工作也多。一个班的学生还是少一点好一点，学生作业多（应该是教师要批改的作业），工作压力大。（Z 省 X 村小学 X 老师）

然而，在平均周备课量和平均周课后批改辅导量方面，城市却位列第一。由此可见，城市教师的教学准备要更加充分，也更有利于教育教学的顺利进行。主要原因有以下三个：一是城市学校在选拔教师时，准入门槛相较于县城、农村更高，这与学校自身吸引力较大有关。教师职前的专业素质普遍偏高，教师会自觉地进行备课及课后批改辅导；二是城市学校有着相对完整的教师在职培训体系，能够对教师进行有效的教育教学指导；三是城市学校对教师的教育教学要求较为严格，有些学校明确规定了教师的课前备课量和课后批改辅导量，某些注重教师专业发展的学校还要求教师集体备课。而对师资匮乏的农村学校来说困难较大，一方面教师平时上课的工作量已经很大，很难再把大量精力放在备课和课后批改辅导上；另一方面，学校没有有效的教师培训去提升教师的专业素养，也很难对教师在备课和课后批改辅导上提出具体的要求。

（十一）对教师多学科教学的培训困难情况的分析

通过对我国东部地区多学科教学教师的培训困难情况分析来看，单、多学科教学教师在职后培训困难情况上并无明显差异，但在城乡分布上表现出一定的差异性。教师教育作为教师专业发展的主要途径之一，可主要分为职前培养和职后培训两类。但是由于种种原因，我国教师职后培训困难重重。其中，"学校无法给足时间参加所有学科培训"和"培训任务太重"两项培训困难已然成为当前我国学校多学科教学教师培训中比较普遍和突出的问题了。

（培训科目）不是你选，一般你任教哪一科，学校就会推荐你去学习哪一科。人家把我倾向为语文了，所有的（培训科目）给俺的都是语文，无论我教多少科，无论教啥，都倾向给我语文。我本是英语专业，毕业后在县东疙瘩头教的时候教语文兼带过四年左右的英语，那时刚有英语课，学校对英语不是很重视，但是到了这里有英语老师，就彻底不让我教英语了，就这样我就顺到了语文这里，一开始还抱着希望在培训的时候学习英语，但是教了很多年语文了，感觉自己顺不过去了，现在感觉教语文也挺好的。（H4省N村小学L老师）

L老师本是英语专业毕业，参加工作后学校根据实际需要将其定位为语文教师，在以后的从教生涯和培训中L老师都被归为语文教师，久而久之L教师无论教什么，教多少学科都会选择语文学科来培训。虽然最初任教科目可能会违背教师的任教意愿，但是当时在师资紧缺的情况下，相对于个人意愿和喜好来说，满足学校教学需要更为重要。

从上述对多学科教学教师的工作量情况分析来看，绝大部分多学科教学教师的工作量很大，教学任务安排紧凑，因此教师用来参加培训的时间较少，不能接受所有学科的培训是普遍现象；而且，我国现行的教师培训还主要是以集中培训为主，这样教师必须在短时期内接受大量的培训内容，培训任务过重，对培训内容的内化和实践过程缺乏关注。"无权选择所要培训的学科"和"学校缺少教师难以参加培训"的困难，也占有较大的比重。

但是这个培训，说实话，我感觉（如果）把我们老师脱产出来学习还是有效果的。现在的这个能力培训，我们还要上课、备课、批改作业，这些事情占了我们大量的时间，这样就影响了我们培训和学习的效果，所以很多的时候都是流于形式。像一些网络课我们也没有进一步去钻研，也就是简单地看看视频啊，随便浏览一些，没有进一步深入。（Z省H村小学X老师）

我国当前教师的职后培训与教师的实践存在着常态化的分离，也就是说，教师的培训内容在一定程度上与教师的现实需要是不相符的，这是教师"无权选择所要培训的学科"的一种体现，这也是由于我国教师的培训内容无法满足教师现实需要。对于"学校缺少教师难以参加培训"的困难,主要原因包括两个。其一,由于学校的教育教学任务重以及其他的一些琐事,大部分教师难以抽出时间去参加培训;其二,源于学校的教师人数少,比如农村学校更为明显。在这一困难情况上,村屯学校、乡镇学校、县城学校和城市学校的人数比例,呈逐级递减趋势,充分说明了这一问题。

> 整天都在上课,之前校长开会的时候说,你不看书不学习,怎么提高?来,你说吧,我什么时候看书学习?我放学回家洗衣服,照顾孩子,做饭,打扫卫生,我一天都不在家,我回家了不管管家里事情吗?大清早7点就出门了,一般不到6点就起来做饭,送孩子上学,在学校也不轻松,回家还想歇会啊,哪有时间学习。(H4省N村小学L老师)

农村学校教师的人数相对较少,而且教学任务量大,不论从时间安排方面还是学校的统筹管理方面来看,教师都无法离开或很难离开学校去参加集中培训。

四 主要问题及解决策略

通过对当前我国东部多学科教学教师群体特征以及教育教学等现象深层原因的分析,我们发现在我国东部地区教师多学科教学存在以下问题,并提出了相应的解决策略。

(一)农村师资匮乏,应大力加强农村教师队伍建设

1. 农村学校师资匮乏,应尽快吸引更多人才加入乡村教师队伍

当前,我国农村居民分散在农业生产的环境之中。工业、商业、金融、文化、教育、卫生事业的发展水平不高,承载很多传统的习俗文化和乡土气息。部分农村学校处在偏远的山区,与居民点距离较远。我国东部发达地区的农村总体情况略好,中西部部分农村的生活条件非常艰苦,这些农村自生型因素都影响了教师为农村教育进行服务的热情,特别是青年

教师，考虑到自身的发展前途、薪资待遇和生活环境等问题，选择去农村从教的青年教师较少，同时又不断地有农村教师流失。为了解决师资匮乏的问题，应营造积极的社会舆论氛围，提升农村教师的社会形象和地位，在农村从教确实是一项非常艰苦的事业，同时也是一项非常伟大的事业，增强社会对农村教师的认同感，吸引更多有志青年去农村从教。

2. 农村教师普遍工资低、待遇差，应大力提高教师工资水平

不管是经济相对发达的东部地区还是欠发达的中西部，我国农村教师的工资整体水平还是偏低的。教师的工资相比社会其他职业的工资偏低，对于工作量较大的农村教师更是如此，部分农村教师工资还不如普通打工者多。农村的生活条件本就艰苦，与城市相比存在差距，尤其在经济发达地区，生活环境将会影响教师的获得感与满意程度。为了提升获得感，建议采取以下方面的措施。

首先，国家要对教师的工资待遇做统一的标准与规定。要根据当地经济发展水平、消费水平等明确指标规定农村教师的最低工资标准，在执行中坚决不能突破底线。明确基本工资、津贴补贴、绩效工资的标准与范围，明确津贴补贴的实施范围、对象和发放的基本标准。其次，要出台相关的保障措施。政策实施过程中出现的问题，很多是由于执行得不到保障，政策的惠民度大大缩水。要提高工资发放透明度，建立农村教师工资发放保障机制，防止农村教师工资的少发和漏发，更要杜绝拖欠的现象发生。建立农村教育经费信息公开制度，实行公布教师工资单、中央及地方政府财政中农村教师工资支出明细等信息。同时要建立严格的问责机制，如果出现少发、漏发以及拖欠教师工资的现象必须按相关法律法规追究有关人员责任。任何人不得以任何形式挪用教师工资。

3. 农村多学科教学教师工作负担过重，应为农村教师"减负"

工作量大主要是由农村师资匮乏引起的。一方面，农村教师教学上要承担多年级、多学科的教学任务，教学工作量本身就很大；另一方面，教师除了教学，还要参与学校一些烦琐的行政事务。在部分寄宿制学校，任课教师还扮演宿管老师、做饭师傅、学校保安等多重角色，在留守儿童较多的农村学校，教师同时需要做一些学校外的工作。农村教师不得不承受生活、工作、心理上巨大的压力，很难专心教学，更不用谈专业发展。为了摆脱工作压力大带来的专业发展困境，建议从以下方面着手。

一方面，制定并实施人才引进计划，扩大乡村教师队伍。改善工作环境、提升职业获得感、构建职业发展通道。另一方面，减少农村教师的非教学工作量。学校应另外雇用专门的食堂人员和安保人员，减轻教师负担和压力。将行政事务交给专职人员处理，让教师安心从教、专心教学。

4. 对专业发展重视不够，应推进农村教师专业发展

虽然社会对于农村教育质量、农村教师专业发展水平的关注日益增加，但客观现状导致推动力度较小同样影响着农村教师的专业发展，为了解决专业发展不足而带来的现实危机，建议从以下几方面进行推进。

首先，要减少农村教师的非教学工作量负担，让农村教师有精力和时间去进行专业发展，提供空间和时间的保障。其次，校长要认识到教师专业发展对教师个人发展、学生成长以及学校教育教学质量提高的重要作用，避免以担心优秀农村教师流失为由而采取无为的策略。再次，教育行政部门应积极推动学校专业发展联盟，让专业水平较高的城镇教师周期式参与教研，带动农村教师专业发展。最后，国家应加大对农村教师的职业关怀，给他们提供更多有效的免费培训的机会。

（二）教师队伍结构不合理，应使教师队伍结构合理化

1. 教师队伍年龄结构不合理，要推动教师队伍年轻化

教师年龄结构及其特点影响着整个教师队伍的活力、创造力以及教育教学能力，但我国小学教师年龄结构的分布不合理现象也越来越明显。就我国目前的教师年龄结构来看，以中青年教师为主，由于现实的教师编制以及退休年龄的延长等，正常减员的可能性变小，导致吸收新教师的能力较弱。而随着时间的推移，这部分教师开始进入中年或老年，进入职业发展高原期的教师占比上升，直接影响教师队伍的结构和质量。要改变年龄分布不合理的情况，可以关注以下几方面。

首先，按照学生的身心发展规律、教育教学规律以及教师专业发展的规律来安排不同学龄阶段的教师年龄梯队。其次，在教师招录中按照不同的教育阶段标准设置并严格执行相应的招录条件，保证新进教师的数量和质量。再次，合理增加教师编制，根据实际需要及时补充优秀教师，有计划地吸收青年教师。最后，为青年教师提供良好的专业发展条件及氛围，为其快速成长提供保障。

2. 性别结构失衡，应大力吸引男教师从教

合理的教师性别结构是学生人格塑造及其身心健康发展的要求，也是教师发挥各自性别优势提高教育教学效率和质量的必然要求。要根据学生身心发展的规律和教育教学规律来设定符合小学阶段的教师性别结构，体现出阶段性要求。同时，要考虑到教师性别结构的城乡差异，根据实际情况来调整教师的性别结构。我国教师整体上的性别结构失衡，男教师数量远远少于女教师。要改善性别失衡的情况，可以通过提高教师工资和教师的社会地位，以政策作为保障，提高教师职业声望，来吸引更多男性从教。

（三）尽快完善教师培训制度，提高培训有效性

教师的职后培训是我国教师教育重要的一部分，也是影响教师专业发展的重要因素之一，职后培训的好坏直接影响教师的成长、学校的发展以及教育教学质量。但就目前的调查情况来看，我国教师培训中仍存在着培训时间紧、任务重、教师无权选择培训的内容与科目、教师参与度低等问题，致使教师培训效果差、培训与教师日常教育教学常态化分离等。为了改善当前培训低效的状况，可以实施以下措施。

首先，要有目的、有计划地安排教师进行周期性培训。合理安排教师日常的工作计划，避免与培训时间冲突，以保证教师有足够的时间来接受职后教育，保证职后教育的阶段性和连续性，有效促进教师专业发展。其次，结合一线教师教育教学的实际情况，精选培训内容。当前部分教师培训内容繁多，但其中很多都与教师现有的知识体系联系不紧密、空洞乏味，脱离教师的教育教学实践，培训效能受到影响。在进行培训前，应该与一线教师进行必要的沟通，了解教师的意见与选择，尊重教师的学习与发展需求。再次，在培训方式上，要采用适合成人学习特点的培训方式，多交流互动、研讨分享，尽量避免枯燥机械的灌输。树立培训为教师服务的观念，尽量让每一位教师参与进来，学有所获，学有所成。最后，要充分利用"互联网+"的优势，让所有教师都能参加学习，特别是任教条件差、很少有机会参加线下培训的农村教师，把培训资源通过互联网的方式送到每个教师的手中，并形成帮扶小组，线上沟通解答专业疑惑，以推进农村教师专业发展。

第七章
中部地区农村教师多学科教学现状

本研究的省级样本,主要采用分层抽样的方法在全国范围内进行样本选择,主要选择与教育极其相关的三个因素。人口因素确定人口数、城镇人口比重两项基本指标,经济因素确定人均生产总值、城镇单位就业人员平均工资两项基本指标,地理因素确定区域类型、地貌特征和气候类型三项基本指标。综合考虑最终确定 J 省、H1 省、H2 省、H3、H4 省 5 个省份作为调研对象,中部地区有效问卷 539 份,占全国有效问卷的 28.79%。访谈调查将 H2 省 4 位教师和 1 位校长作为访谈对象,以期说明中部地区农村教师多学科教学现状。①

一 中部地区从事多学科教学的教师群体情况研究

(一)多学科教学教师的人数情况

通过对所选样本学校教师的人数情况进行统计与分析发现,进行单学科教学的教师和多学科教学的教师分别占教师总人数的 47.28% 和 52.72% (如图 7-1 所示),两类教师人数比例相当,多学科教学教师比单学科教学教师多 5.44 个百分点。可以看出,在中部地区小学内,教师进行多学科

---

① 本研究数据来源于 2015 年东北师范大学中国农村教育发展研究院的调研活动,回收有效教师调查问卷 1872 份,其中城市 476 份,县城 415 份,乡镇 655 份,村屯 326 份。访谈 H2 省的教师和校长共 5 人,其中校长 1 人,教师 4 人。

教学并不是个别现象。从多学科教学教师与单学科教学教师的城乡分布情况来看，城市、县城、乡镇、村屯学校的多学科教学教师占该区域教师总人数的比例分别为38.00%、47.57%、61.78%、65.38%（如图7-2所示），城市、县城、乡镇、村屯的多学科教学教师所占比例呈现逐渐递增的趋势；其中城市学校中多学科教学教师的数量明显少于单学科教学教师的数量，城市单学科教学教师占城市教师总数的62.00%；在县城学校中单学科教学教师和多学科教学教师所占比例基本持平，但仍然是单学科教学教师居多；然而在乡镇和村屯学校内部，多学科教学教师的数量明显多于单学科教学教师的数量，多学科教学教师所占比例均在60%以上。与

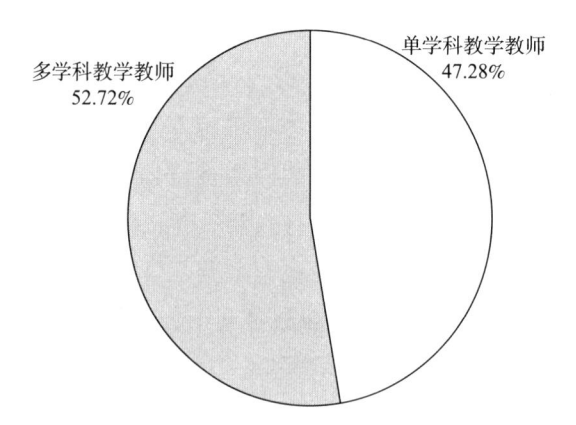

图7-1 中部地区教师任教的总体情况

说明：N=514，有效百分比=95.36%，缺失值=25。

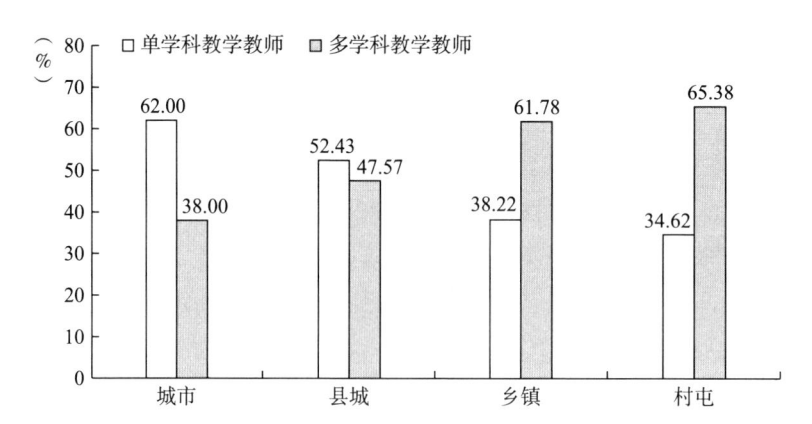

图7-2 中部地区教师任教状况的城乡分布

说明：N=514，有效百分比=95.36%，缺失值=25。

全国总体情况相比，中部城市小学以单学科教学为主，其多学科教学教师所占比例明显低于全国水平，中部县城小学的多学科教学教师所占比例却高于全国多学科教学教师所占比例。与全国情况一致的是，中部地区以乡镇中心校及村小学、教学点为主体的农村小学教师多学科教学现象也十分普遍。

（二）多学科教学教师的年龄结构

通过对所选样本教师的年龄情况进行统计与分析发现，总体调查对象的年龄结构较为合理。在单学科教学教师群体内部，教师的年龄主要集中在31～50岁，其中31～40岁的教师占35.32%，41～50岁的教师占30.21%。多学科教学教师群体的年龄结构与单学科教学教师的情况有所不同，多学科教学教师的年龄主要集中在40岁及以下，其中30岁及以下的教师占33.33%，31～40岁的教师占31.37%。但是在从事多学科教学的教师中，30岁及以下和50岁以上的教师所占比例却比单学科教学教师中30岁及以下和50岁以上的教师所占的比例分别高出5.67个百分点和8.88个百分点。与全国情况相比，中部地区多学科教学教师群体要比全国的多学科教学教师群体稍年轻一些，年龄在40岁及以下的教师是中部地区多学科教学的主力军，占中部地区多学科教学教师总体的60%以上（如图7-3所示）。

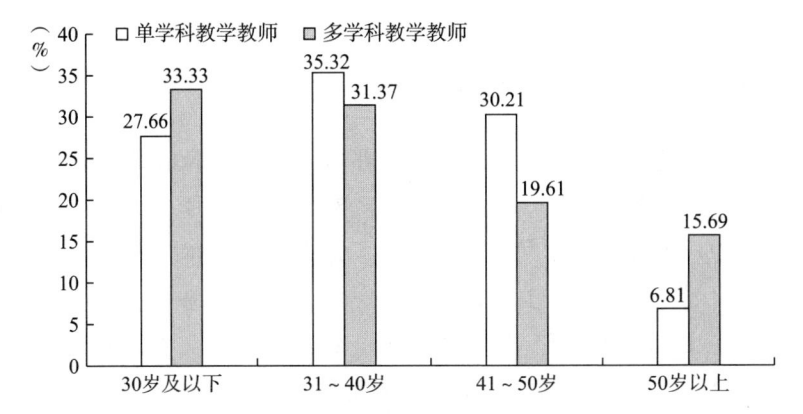

图7-3 中部地区教师任教状况的年龄分布

说明：N=490，有效百分比=90.91%，缺失值=49。

(三)多学科教学教师的性别结构

通过对调查数据的统计与分析发现,在单学科教学教师群体内部,男教师占 21.49%,将近 80% 的是女教师。在多学科教学教师群体内部,男教师占 24.25%,比单学科教学教师中男性教师所占比例高 2.76 个百分点,但 75% 以上都是女教师(如图 7-4 所示)。由此可见,在中部地区从事多学科教学的教师中,男教师所占比例比单学科教学教师群体中男教师的比例略高,但总体来看,从事多学科教学的仍以女教师为主,这一点与全国的总体情况趋于一致。

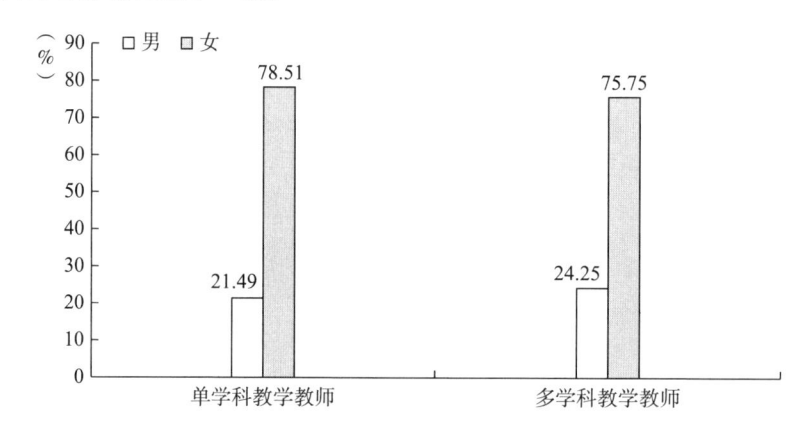

图 7-4 中部地区教师任教状况的性别分布

说明:N=514,有效百分比=95.36%,缺失值=25。

(四)多学科教学教师的身份状况

通过对所选取样本教师的身份情况进行统计与分析发现,无论是单学科教学教师还是多学科教学教师,都以本校在编教师为主。在单学科教学教师群体中,本校在编教师占 88.02%,在多学科教学教师群体中,本校在编教师占 85.56%,这与总体样本的教师身份情况有一定关系。总体样本中以本校在编教师为主,而代课教师、特岗教师、交流(轮岗)教师、支教教师所占比例较小。但聚焦特岗教师群体,多学科教学教师所占比例比单学科教学教师所占比例高 4.10 个百分点,说明特岗教师在一定程度上承担着多学科教学的任务,出现这种情况可能是因为特岗教师多是在村小学和教学点任教,而村小学和教学点多是小规模学校,教师数量较少,为了保证开齐、开足国家课程,教师不得不进行多学科教学。从总体情况来看,中部地区多学科教学教师的身份状况与全国多学科教学教师的身份状况大致相同,多学科教学教师与单学科教学教师的身份差异不明显,特岗教师中多学科教学教师比例均高于单学科教学教师所占比例(如表7-1所示)。

表7-1 中部地区教师任教状况的身份分布

单位:%

教师身份	单学科教学教师	多学科教学教师
本校在编教师	88.02	85.56
代课教师	7.02	5.19
特岗教师	3.31	7.41
交流(轮岗)教师	0.41	1.11
支教教师	1.24	0.74

注:N=512,有效百分比=94.99%,缺失值=27。

(五)多学科教学教师的职称结构

通过对调查数据的统计与分析发现,所调查的总体教师的职称主要集中在小学高级和小学一级。其中,41.67%的单学科教学教师具有小学高级职称,30.42%的单学科教学教师具有小学一级职称。在多学科教学教师群体中,具有小学高级职称的教师所占比例最大,为46.86%,比单学科教学中具有小学高级职称的教师所占比例多5.19个百分点。同时,多学科教学教师中未评职称教师所占比例比单学科教学教师中未评职称教师所占比例多6.97个百分点(如表7-2所示)。与全国的总体情况相似的是,在小学高级职称方面,中部地区多学科教学教师所占比例高于单学科教学教师所占比例,未评职称的多学科教学教师所占比例同样高于单学科教学教师所占比例,由此可见,多学科教学教师在职称评定方面并未占有优势。

表7-2 中部地区教师任教状况的职称分布

单位:%

教师职称	单学科教学教师	多学科教学教师
中学高级	4.17	2.58

续表

教师职称	单学科教学教师	多学科教学教师
中学一级	6.25	4.06
中学二级	6.25	3.69
中学三级	0	0
小学高级	41.67	46.86
小学一级	30.42	24.35
小学二级	1.25	1.48
小学三级	0	0
未评职称	10.00	16.97

注：N=511，有效百分比=94.81%，缺失值=28。

（六）多学科教学教师的教学一致情况

通过对调查数据的统计与分析发现，单学科教学教师第一学历所学专业、最高学历所学专业与其所教学科的一致的比例分别为64.19%和58.65%，而从事多学科教学的教师第一学历所学专业、最高学历所学专业与其所教学科一致的比例分别为68.77%和64.53%（如图7-5所示）。与全国的总体情况相一致，在中部地区无论是单学科教学教师还是多学科教学教师，教师第一学历所学专业与所教学科一致的比例均高于最高学历所

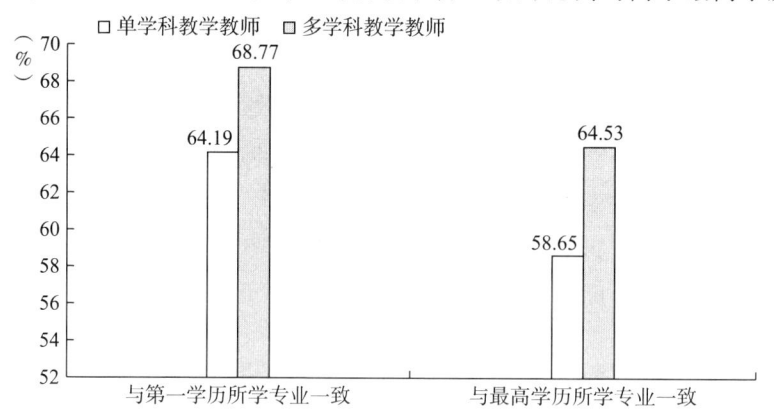

图7-5 中部地区教师所教学科与所学专业的一致情况

说明：N1=482，有效百分比=89.42%，缺失值=57；N2=442，有效百分比=82.00%，缺失值=97；N1为教师所教学科与第一学历所学专业对口情况的总人数，N2为教师所教学科与最高学历所学专业对口情况的总人数。

学专业与所教学科一致的比例,并且多学科教学教师的教学一致比例均高于单学科教学教师的教学一致比例。

通过对教师所学专业具体情况的统计发现,多学科教学教师第一学历所学专业主要是师范全科培养,占总体的40.94%,其次是汉语言文学和其他(非师范专业、高中毕业),分别占总体的12.20%和11.81%。而多学科教学教师最高学历所学专业主要是汉语言文学,占总体的38.63%,其次是外语和教育学,分别占总体的12.88%和12.45%(如表7-3所示)。

表7-3 中部地区多学科教学教师所学专业

单位:人,%

专业类别	第一学历所学专业		最高学历所学专业	
	人数	百分比	人数	百分比
汉语言文学	31	12.20	90	38.63
数学	18	7.09	18	7.73
外语	26	10.24	30	12.88
历史	8	3.15	2	0.86
地理	0	0.00	0	0.00
物理	2	0.79	2	0.86
化学	0	0.00	0	0.00
政治	2	0.79	3	1.29
生物	0	0.00	0	0.00
音乐	6	2.36	4	1.72
美术	7	2.76	5	2.15
体育	3	1.18	3	1.29
教育学	6	2.36	29	12.45
心理学	1	0.39	0	0.00
计算机	10	3.94	4	1.72
师范全科培养	104	40.94	24	10.30
其他	30	11.81	19	8.15
合计	254	100.00	233	100.00

注:N1=254,有效百分比=93.73%,缺失值=17;N2=233,有效百分比=85.98%,缺失值=38;N1为第一学历所学专业人数,N2为最高学历所学专业人数。

(七)多学科教学教师的工资情况

调查发现,教师的月工资主要集中在 2001~3000 元,在单学科教学教师群体内部有 53.02% 的教师月工资在 2001~3000 元,多学科教学教师中有 49.58% 的教师月工资在 2001~3000 元。通过对总体情况的分析发现,单学科教学与多学科教学教师在工资待遇方面差距不大,但多学科教学教师占据了月工资水平的两端,即在多学科教学教师群体中,1.69% 的教师月工资在 1000 元及以下,0.42% 的教师月工资高于 5000 元,而单学科教学教师未出现月工资在 1000 元及以下或高于 5000 元的情况(如图 7-6 所示)。

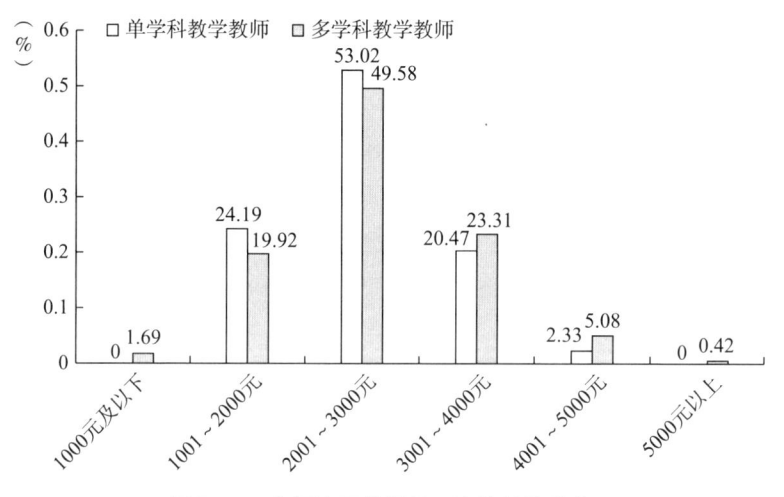

图 7-6 中部地区教师月工资的总体分布

说明:N=451,有效百分比=83.67%,缺失值=88。

通过对城乡多学科教学教师与单学科教学教师月工资平均水平的统计与分析发现,同一类型学校内部,从事多学科教学教师与从事单学科教学教师的平均月工资差距很小,每月差 12~102 元,除村屯以外,城市、县城、乡镇内部多学科教学教师的平均工资都高于单学科教学教师的平均工资(如表 7-4 所示)。在城市学校中,单学科教学教师与多学科教学教师的月工资分布情况差异不大,同一工资水平上,单学科教学教师与多学科教学教师的人数比例差距 1~6 个百分点。在县城学校,月工资在 2001~3000 元的多学科教学教师占到多学科教学教师总人数的

70%以上，比同一工资水平的单学科教学教师的人数比例多25.69个百分点。在多学科教学教师群体内部，月工资在2000元及以下的教师仅占10%，而在单学科教学教师群体内部，月工资在2000元及以下的教师占30%以上。在3000元以上月工资水平上，多学科教学教师与单学科教学教师所占的比例相当。在乡镇学校，月工资在2001~3000元的多学科教学教师所占比例比单学科教学教师所占比例少10.67个百分点，而月工资在3001~4000元的多学科教学教师所占比例比单学科教学教师所占比例多9.21个百分点，其他月工资水平上差异不明显。在村屯小学，单学科教学教师群体内部的月工资主要集中在3001~4000元，所占比例为43.75%；而多学科教学教师群体内部，有35.00%的教师月工资在2001~3000元，其次是3001~4000元，所占比例为28.33%；月工资在4001~5000元以及5000元以上的多学科教学教师所占比例比单学科教学教师所占比例分别高8.54个百分点和1.67个百分点（如表7-5所示）。

表7-4 中部地区教师月工资的城乡分布

单位：元/月

学校所在地	单学科教学教师	多学科教学教师
城市	2673.01	2774.51
县城	2624.64	2711.64
乡镇	2587.93	2637.26
村屯	2917.69	2905.02

注：N=451，有效百分比=83.67%，缺失值=88。

表7-5 中部地区不同任教类型教师月工资的城乡分布

单位：%

学校所在地及任教类型		1000元及以下	1001~2000元	2001~3000元	3001~4000元	4001~5000元	5000元以上	合计
城市	单学科教学教师	0.00	17.07	67.07	15.85	0.00	0.00	100.00
	多学科教学教师	0.00	15.69	62.75	21.57	0.00	0.00	100.00

续表

学校所在地及任教类型		1000元及以下	1001~2000元	2001~3000元	3001~4000元	4001~5000元	5000元以上	合计
县城	单学科教学教师	0.00	34.04	46.81	17.02	2.13	0.00	100.00
	多学科教学教师	2.50	7.50	72.50	12.50	5.00	0.00	100.00
乡镇	单学科教学教师	0.00	25.93	51.85	16.67	5.56	0.00	100.00
	多学科教学教师	0.00	29.41	41.18	25.88	3.53	0.00	100.00
村屯	单学科教学教师	0.00	25.00	28.13	43.75	3.13	0.00	100.00
	多学科教学教师	5.00	18.33	35.00	28.33	11.67	1.67	100.00

注：N=451，有效百分比=83.67%，缺失值=88。

与全国的总体情况相比，中部地区无论是多学科教学教师还是单学科教学教师，其平均月工资都低于全国水平，且差距很大。其中中部乡镇小学单学科教学教师与全国乡镇小学单学科教学教师月平均工资相差最多，约为1208元；其次是城市多学科教学教师，相差约1203元；中部村屯学校教师与全国村屯教师的月工资差距最小，但也相差340~500元。

二　中部地区多学科教学实施情况研究

（一）教师任教课程门数情况

从城乡小学教师平均任课门数来看，城市小学教师平均任课门数为1.75门，县城小学教师平均任课门数比城市小学教师略多，为1.91门，而乡镇和村屯小学教师的平均任课门数均超过了两门，其中乡镇小学教师的平均任课门数为2.17门，而村屯小学教师的平均任课门数为2.71门，远高于中部地区小学教师总体的平均任课门数，且标准差达到1.87，数据表明多数村屯小学教师的任课门数与中部地区平均任课门数之间差距较大。根据学校所在地划分，城市、县城、乡镇、村屯地区小学教师的平均任课门数呈现逐渐递增的趋势,其中村屯小学教师的教学负担最重,承担的课程门数最多。与全国的总体情况相比,中部城市、县城、乡镇学校教师的平均任课门数与全国情况相差不大,但中部村屯学校教师的平均任课门数却远少于全国村屯学校教师的平均任课门数,平均相差0.65门(如表7-6所示)。

表7-6 中部地区小学教师平均任课门数

单位:门

学校所在地	教师平均任教门数	标准差
城市	1.75	1.20
县城	1.91	1.25
乡镇	2.17	1.22
村屯	2.71	1.87
总体状况	2.11	1.41

从教师具体承担的课程门数来看,同一区域层级学校内,承担一门课的教师人数最多,其中城市教师承担一门课的比例最高达62.00%,其次是县城教师,为52.43%,对于乡镇和村屯教师,这一比例急剧下降,分别为38.22%和34.62%。通过数据统计与分析可以看出,在教师承担多门课程的比例上,村屯和乡镇学校显著高于其他区域层级学校,村屯、乡镇学校中承担两门及以上课程的教师所占比例分别为65.38%和61.78%,而城市教师为38.00%,县城教师为47.57%。与全国总体情况相比,中部地区村屯教师任教两门及以上课程的人数比例低于全国平均水平,但中部县城和乡镇教师任教两门及以上的比例却高于全国的比例,中部地区的乡镇和村屯学校,教师任教两门及以上课程的情况较为均衡,都在60%以上,进一步反映了中部地区小学教师的多学科教学主要是在乡镇的中心校、村小学和教学点的现实状况(如表7-7所示)。

表7-7 中部地区不同任教类型教师任教门数的城乡分布

单位:人,%

学校所在地		1门	2门	3门	4门	5门	6门及以上
城市	人数	93	26	15	10	3	3
	百分比	62.00	17.33	10.00	6.67	2.00	2.00

续表

学校所在地		1门	2门	3门	4门	5门	6门及以上
县城	人数	54	25	10	9	3	2
	百分比	52.43	24.27	9.71	8.74	2.91	1.94
乡镇	人数	60	44	29	15	8	1
	百分比	38.22	28.03	18.47	9.55	5.10	0.64
村屯	人数	36	26	12	10	8	12
	百分比	34.62	25.00	11.54	9.62	7.69	11.53
合计	人数	243	121	66	44	22	18
	百分比	47.28	23.54	12.84	8.56	4.28	3.49

注：N=514，有效百分比=95.36%，缺失值=25。

（二）教师多学科教学的学科组合情况

全国小学教师多学科教学的学科组合主要是"数学或语文+多门副科"的形式，其次是"数学或语文+1门副科"的形式。其中城市小学多学科教学教师同时任教"数学或语文+多门副科"的情况最为突出，达到54.39%，其次是村屯小学，为52.94%，乡镇和县城小学分别为50.52%和46.94%；城市小学多学科教学教师同时任教"数学或语文+1门副科"的比例为42.11%，在县城、乡镇和村屯小学内部分别为44.90%、38.14%、36.76%。总体来看，多学科教学教师任教的学科组合情况主要是"数学或语文+副科"，其中在城市小学中，这种多学科教学的学科组合形式所占比例高达96.50%，而县城、乡镇和村屯小学中多学科教学教师的这种学科组合情况所占比例分别为91.84%、88.66%和89.70%（如图7-7所示）。教师同时任教多门副科的情况比例较小，一般都低于10%，乡镇小学的这一比例为9.28%。在村屯小学中约有5.88%的多学科教学教师同时任教"数学+语文+多门副科"，这种多学科教学形式在城市小学几乎不存在，在县城和乡镇小学也鲜有存在。通过对中部地区小学多学科教学教师任教的学科组合情况进行统计与分析发现，中部地区多学科教学教师的学科组合主要是一门主科（数学或语文）+副科的形式，其次是任教多门副科的形式，这一点与全国的情况相一致，所占比例较小的是同时任教两门主科（数学和语文）以及两门主科+多门副科的形式。与全国的情况相比，中部地区不存在"语文＋数学＋1门副科"的情况，村屯小学多学科教学教师同时任教一门主科＋副科的情况要比全国平均水平高近18个百分点，同时中部地区小学多学科教学教师的学科组合形式少于全国的形式。

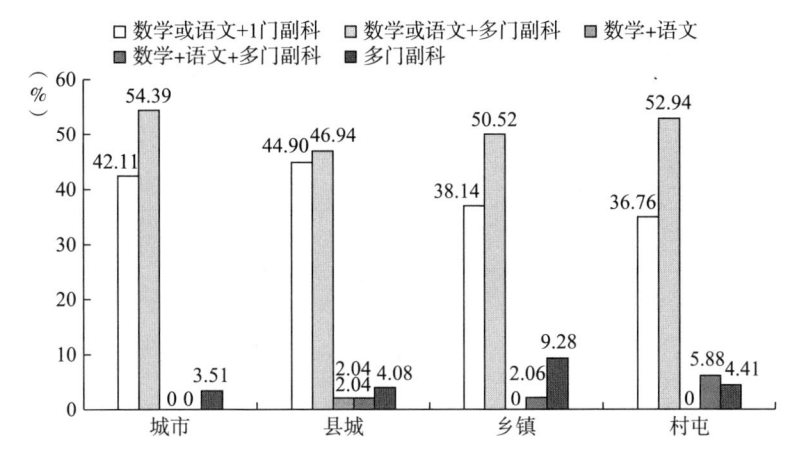

图 7-7　中部地区多学科教学教师任教学科组合

说明：N=271，有效百分比=100%，缺失值=0。

（三）教师多学科教学的周工作量情况

通过对多学科教学教师与单学科教学教师周课时数分布情况的对比可以看出，单学科教学教师和多学科教学教师的周课时数都主要集中在11～15节，其中单学科教学教师占该群体教师总数的55.49%，多学科教学教师占该群体教师总数的48.64%，周课时数在15节及以下的多学科教学教师所占比例均低于单学科教学教师所占比例，然而周课时数在16节及以上的多学科教学教师所占比例均高于单学科教学教师所占比例，且单学科教学教师的周课时数没有多于30节的。总体来看，周课时数在21节及以上的多学科教学教师和单学科教学教师的比例都较小（如图7-8所示）。通过对多学科教学教师与单学科教学教师周备课量分布情况的对比可以看出，周备课量在0～5小时范围内，单学科教学教师所占比例明显高于多学科教学教师，单学科教学教师和多学科教学教师所占比例分别为52.78%和37.50%，周备课量在6～20小时的多学科教学教师所占比例均高于单学科教学教师，周备课量在21小时及以上的多学科教学教师和单学科教学教师所占比例都很小（如图7-9所示）。

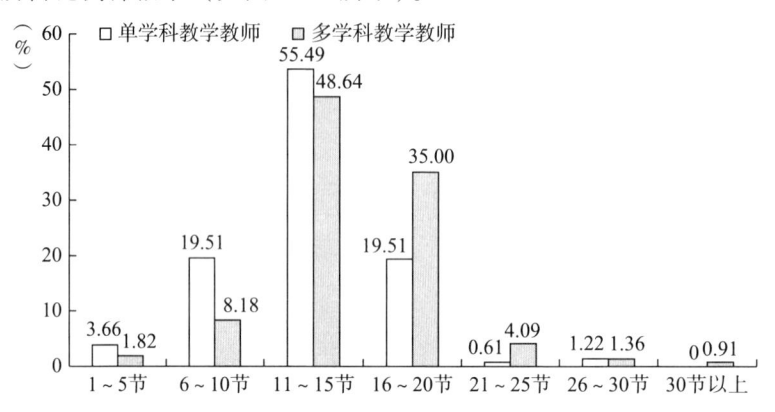

图7-8　中部地区教师周课时数分布

说明：N=384，有效百分比=71.24%，缺失值=155。

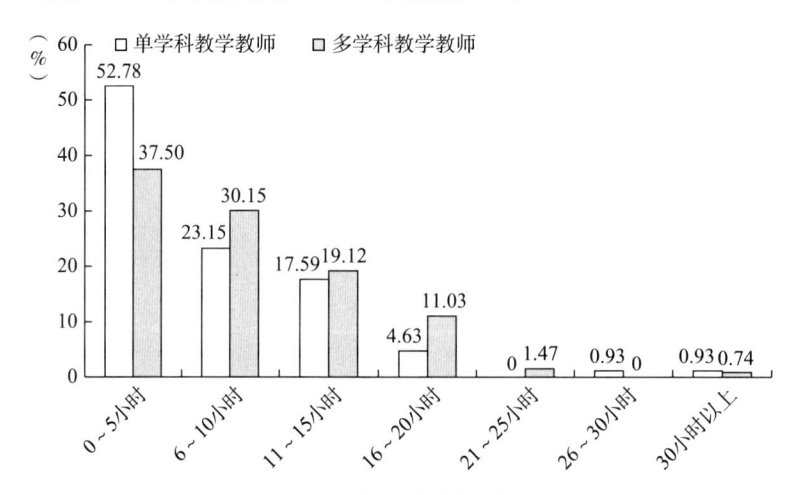

图7-9　中部地区教师周备课量分布

说明：N=244，有效百分比=45.27%，缺失值=295。

通过对多学科教学教师与单学科教学教师周课后批改辅导量分布情况的对比可以看出，单学科教学教师和多学科教学教师的周课后批改辅导量都主要集中在0~5小时，分别占46.39%和43.08%，周课后批改辅导量在10小时及以下的单学科教学教师所占比例高于多学科教学教师，周课后批改辅导量在11~20小时范围内的多学科教学教师所占比例高于单学科教学教师，单学科教学教师的周课后批改辅导量没有在20小时以上的，多学科教学教师在此范围内的人数比例比较小（如图7-10所示）。

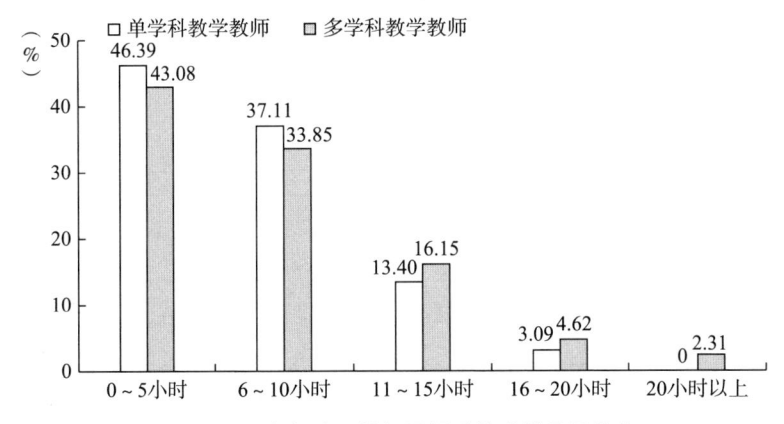

图 7-10　中部地区教师周课后批改辅导量分布

说明：N=227，有效百分比=42.12%，缺失值=312。

从单学科教学教师与多学科教学教师的平均周课时数、平均周备课量、平均周课后批改辅导量的总体情况来看，中部地区多学科教学教师在这三方面所付出的时间都多于单学科教学教师，其中多学科教学教师每周比单学科教学教师多上1.79节课，多花费1.35小时来备课，多付出0.79小时来进行课后批改辅导，这一点与全国的总体情况一致。从教师平均周课时数、平均周备课量、平均周课后批改辅导量的城乡差异来看，村屯小学多学科教学教师的平均周课时数比中部总体教师平均水平多2.66节，而城市、县城、乡镇小学教师的平均周课时数均少于中部总体情况；城市小学多学科教学教师的平均周备课量比同一类型的中部总体教师分别多1.76小时，而县城、乡镇、村屯小学教师的平均周备课量均少于全国的总体情况；城市小学和县城小学多学科教学教师的平均周课后批改辅导量比中部总体教师分别多1.01小时和0.20小时，而乡镇和村屯小学同一类型教师的平均周课后批改辅导量均少于中部的总体情况（如表7-8所示）。

表 7-8　中部地区教师平均周工作量

学校所在地		平均周课时数（节）	平均周备课量（时）	平均周课后批改辅导量（时）
城市	单学科教学教师	11.81	8.05	8.58
	多学科教学教师	12.96	10.75	9.00

续表

学校所在地		平均周课时数（节）	平均周备课量（时）	平均周课后批改辅导量（时）
县城	单学科教学教师	12.00	5.71	6.13
	多学科教学教师	14.35	8.52	8.19
乡镇	单学科教学教师	14.71	9.17	0.67
	多学科教学教师	14.69	8.81	7.64
村屯	单学科教学教师	16.54	5.94	4.07
	多学科教学教师	17.79	7.88	7.44
总体	单学科教学教师	13.34	7.64	7.20
	多学科教学教师	15.13	8.99	7.99

注：N1 = 384，有效百分比 = 71.24%，缺失值 = 155；N2 = 244，有效百分比 = 45.27%，缺失值 = 295；N3 = 227，有效百分比 = 42.12%，缺失值 = 312；上表中的总人数为514；N1为平均课时数统计人数，N2为平均备课量统计人数，N3为平均课后批改辅导量统计人数。

通过对数据的统计与分析可以看出，总体来看，中部地区多学科教学教师的周工作量普遍高于单学科教学教师，但不同层级之间，多学科教学教师的周工作量有一定差距，其中村屯学校多学科教学教师的平均周课时数明显高于中部地区教师的总体情况，但在平均周备课量以及平均周课后批改辅导量方面，村屯学校多学科教学教师所花费的时间却少于中部地区教师的总体情况。与全国的多学科教学教师的周工作量总体情况相比，中部地区多学科教学教师的周课时数分布情况、周备课量分布情况以及周课后批改辅导量的分布情况与全国的分布趋势大体一致。

（四）教师多学科教学的培训困难

通过对数据的统计与分析发现，总体来看，教师普遍认为多学科教学的职后培训困难主要是"学校无法给足时间参加所有学科培训"，其次是"培训任务太重"，所占比例分别为29.18%和24.89%。具体来看，城市、县城、乡镇学校教师多学科教学的培训困难与总体情况相一致，然而村屯学校教师多学科教学的培训困难首先"学校无法给足时间参加所有学科培训"，其次是"学校缺少教师难以参加培训"，所占比例分别为26.51%和20.48%。中部地区教师多学科教学的培训困难情况与全国的情况相一致（如表7-9所示）。

表 7-9 中部地区教师多学科教学中的培训困难

单位：%

学校所在地及任教类型	不知道选择哪一门学科去培训	学校无法给足时间参加所有学科培训	培训任务太重	无权选择所要培训的学科	学校缺少教师难以参加培训	其他	合计
城市	9.87	29.18	24.89	15.45	14.16	6.44	100.00
县城	8.28	31.03	21.38	17.24	13.79	8.28	100.00
乡镇	6.17	29.63	19.34	18.11	19.34	7.41	100.00
村屯	11.45	26.51	19.88	15.06	20.48	6.63	100.00
总体	9.87	29.18	24.89	15.45	14.16	6.44	100.00

注：N=504，有效百分比=93.51%，缺失值=35。

三 中部农村教师多学科教学存在的问题

（一）多学科教学教师群体比单学科教学教师群体略年轻

总体来看，中部地区从事多学科教学的教师年龄主要集中在30岁及以下和31~40岁，而从事单学科教学的教师年龄主要集中在31~40岁以及41~50岁。与全国的总体情况相比，中部地区多学科教学教师群体的年龄略小。

我们教师年龄结构这一块，近几年，正好是处于中青年教师比例相对较高的时期，我们81个老师（编制）81个教职工（不存在占用编制情况），其中有64个（教师年龄）是25岁到45岁。我觉得25岁到45岁正是搞教育最好的年龄。（老师年龄）太小了刚刚毕业，可能还要摸索几年；（老师年龄）太大了，精力就不能够灌输（支撑）了。再说（老师）与学生之间年龄差距大了，（老师）教育的观念和孩子需求之间的差异也大了，年轻教师还是有潜力、有能力的。（H2省D镇中学校长）

年轻教师成为多学科教学的主力军,这种教学安排主要是考虑到教师的年龄和身体状况,给年龄较大教师适当地减轻工作负担,而年轻教师在身体素质和学习能力方面会更强一些,所以让年轻教师更多地参与多学科教学,能够让教师在教学中不断学习,不断丰富自己的专业知识,进而能够更快地促进年轻教师的发展。

(二)同一层级学校内,多学科教学教师在物质利益方面并未占有优势

总体来看,中部地区教师工资水平由高到低依次是村屯学校、城市学校、县城学校、乡镇学校,但同一层级学校内,多学科教学教师和单学科教学教师的工资差距较小。教师的工资主要是由基础工资、绩效工资、职称工资三部分组成,在绩效工资方面,多数学校是采取平均分配的方式发放的。因此,教师工资存在差距主要是因为职称工资。在职称评定方面,主要是依据学生的学习成绩、是否为优秀班主任、赛课的获奖情况等。对于一些从事副科教学(考察课)的教师来说,他们没有学生的考试成绩,也不是班主任,因此很难在职称评定中占据有利地位。

> 我从事教师职业已经有二十年了,但是至今(职称)还是小一(小学一级),所以我就想讲这个职称问题。像我今年就到中心校去评职称,今年(中心校规定)就是评分,但我们现在的分数如果是跟中心校(老师)的分数比的话,我们就一辈子都评不上(职称)。指标少、教副科、地位低(与中心校教师相比,竞争优势小)。职称评定要考核很多方面,像我们这个学校属于农村小学,和县城学校相比我们要去参加什么比赛,这样的机会还是比较少的。我觉得国家职称的改革不符合我们老师的心理,……(我认为)只要师德考核上了这个台阶,全部都应该评职称,不能看指标饱和了,就不评定职称,我觉得这(种方式)是对老师的不公平。(H2省J村小学A老师)

对于从事多副科教学的教师而言,他们在职称评定中也并没有因为其多学科教学身份而占有优势,而对于从事主科+副科的多学科教学教师而

言，其主科教师身份在其职称评定中具有重要作用。由此可见，多学科教学教师在职称评定方面并未占有优势。

（三）农村学校多学科教学教师的隐性工作量明显少于城市学校

本研究主要是从教师的周课时数、周备课量、周课后批改辅导量三个方面来衡量教师的周工作量。其中教师的周备课量和周课后批改辅导量被统称为教师的隐性工作量。在不同层级学校之间，农村学校多学科教学教师的周课时数多于城市学校同一类型教师的周课时数，尤其是村屯学校多学科教学教师的平均周课时数明显多于中部地区城市教师的总体情况，但在平均周备课量以及平均周课后批改辅导量方面，农村学校尤其是村屯学校多学科教学教师所花费的时间却明显少于城市学校同一类型教师的总体情况。农村学校多学科教学教师周课后批改辅导花费的时间少，有以下几点原因：一是农村学校尤其是村小学、教学点班额较小，每班的学生数量相对于县城和城市学校要少很多，所以相对来说，教师批改作业的份数也会较少，因此在批改作业方面花费的时间就会相应地少于城市学校同类教师。二是教师多学科教学的学科组合主要是主科＋副科的形式，在农村学校由于教师自身专业素质或是学校教学条件的限制，一些副科课程无法开足、开齐，如科学、美术、音乐等。因此，许多多学科教学教师实际上主要就是在从事某一门学科的教学，因而教师承担的课后批改辅导的任务就会少很多。而城市和县城学校由于其教师素质相对较高，学校教学条件较好，所以教师在多学科教学的情况下能够保证国家课程开足、开齐，同时教师也承担着更多的辅导学生的任务，例如，一位教师同时任教数学和科学，那他需要辅导学生参加计算比赛、数学奥赛，同时还得指导学生参加科学课的实验创新大赛等，而这些工作都是要占用教师除正常教学以外的其他时间，属于教师的隐性工作量。

（与城里教师相比）我们（农村）虽然一个老师可能要教多个（学科），但班额就小一点（较小）。城里的班额大一些啊，城里一般都六七十人一个班（用手势画了一个大圆），我们全校班级大一点有三十几个（学生），小一点的只有十几个、二十几个（学生），而且我

们不像城里参加这个赛那个赛,这样压力相对于小一点,好管一些。(H2省M村小学C老师)

(城里)老师一般教两个班,老师的课时基本都差不多,一般都是教一个年级。除了教课,还有其他的工作,参加比赛、组织活动什么的。(H2省S县中学A老师)

在备课方面,正常来说应该是教师所教学科越多其备课任务就越重,相应花费的时间就会多一些,在农村学校却出现教师所教课程门数和课时数比城市的多学科教学教师多,但是其花费的备课时间却没有城市学校的多学科教学教师多的情况。出现这种情况可能有以下几种原因:一是部分农村学校尤其是村小学和教学点,学校对教师的教学监管不严,只要教师能把知识点给学生讲对即可,学校的要求低,自然会使教师滋生一种懒惰的心理,对备课重视程度不足。二是多学科教学的学科组合形式主要是主科+副科,而在农村学校很多教师都会把副科课的时间用来上主科课,而学校对此也没有严格的规定,只是要求教师必须写所教学科的所有教案,因此教师根本不需要所教的所有学科都备课。三是部分农村学校存在教师老龄化的情况,也就是说年轻教师较少,老教师有着丰富的教学经验,所以在备课方面就会轻松很多,花费的时间相对来说就会少一些。

(四)教师多学科教学以主科+副科的形式为主

中部地区小学多学科教学教师的学科组合形式少于全国的情况,主要是"数学或语文+多门副科"的形式,其次是"数学或语文+1门副科"的形式。形成此现象的原因有以下两个:一是新课改实施之后学校增加了一些新的课程,例如校本课程、地方课程、综合课程、科学等,然而由于教师编制中语文、数学教师占主要部分,所以很难再引进新教师来教授这些新开设的课程,在副科教师不足的情况下,主科教师不得不兼带一门或几门副科。二是在小学尤其是规模较小的学校,平行班较少,主科教师即语文、数学教师不教平行班,而是一名语文教师和一名数学教师共同教一个班,或是由一名教师进行语数包班,但在中部地区语数包班的现象较少。主科教师不带平行班就会导致课时不足,为了保证教师间课时数相近,补足主科教师的课时,主科教师也要兼带一门或几门副科。并且主老师兼上副科这种情况在低年级比较普遍，高年级可能会略少。

> 我们这儿（农村）学校没有什么单学科（教学）的。学校是这样（安排）的，用总课时量除以总人数，有平均的工作值，比如 14 节课或是 13 节课，然后把每个人的工作量套进去。比如 W 老师是教数学的，如果数学本学期就 4 个课时，她的工作量是不满的，还要将其他的课填充进去，加个科学啥的，因为每个人（只有）达到一定的课时量你才能完成学校的任务。（H2 省 L 村小学 F 老师）

在教学安排上，学校领导通常需要考虑学科的相关性和教师个体所拥有的特长。在学科相关性方面，语文老师会兼上品德课、地方课程和劳技课等；数学老师兼上计算机信息课和体育课的情况比较普遍。在教师个体所拥有的特长方面，如果语文、数学老师在音乐、美术方面有特长的话，也会兼上此类课程。

第八章
西部地区农村教师多学科教学现状

本研究的省级样本，主要采用分层抽样的方法在全国范围内进行样本选择，主要选择与教育极其相关的三个因素。人口因素确定人口数、城镇人口比重两项基本指标，经济因素确定人均生产总值、城镇单位就业人员平均工资两项基本指标，地理因素确定区域类型、地貌特征和气候类型三项基本指标。问卷调查西部 G2 自治区、C 市、G3 省、Y 省、G4 省 5 个省份，有效问卷 772 份，占全国有效问卷的 41.24%。访谈调查选择 C 市和 Y 省共 7 位教师和校长等学校管理者开展，以期对问题产生原因进行全面展示和深度解读。[①]

一 西部地区从事多学科教学的教师群体情况研究

（一）多学科教学教师的城乡分布

通过对所选样本学校教师的人数情况进行统计与分析发现，西部地区从事单学科教学的教师和多学科教学的教师分别占教师总人数的 42.59% 和 57.41%（如图 8-1 所示），多学科教学教师比单学科教学教师多 14.82 个百分点。由此可见，相对于全国来说，西部地区单学科教学的教师和多

---

① 本研究数据来源于 2015 年东北师范大学中国农村教育发展研究院的调研活动，回收有效教师调查问卷 1872 份，其中城市 476 份，县城 415 份，乡镇 655 份，村屯 326 份。访谈调查共 7 位教师和校长等学校管理者，其中校长 1 人，教学点负责人 1 人，教师 5 人。

学科教学的教师人数差距较大,从事多学科教学的教师要多于单学科教学的教师。通过多学科教学教师的城乡分布结构来看,城市、县城、乡镇、村屯学校的多学科教学教师占同一区域层级内教师总人数的比例分别为 59.70%、39.75%、60.18%、57.41%。城市多学科教学教师和单学科教学教师数量差距较大,多学科教学教师明显多于单学科教学教师,差距达到 19.40 个百分点;县城单学科教学教师的数量多于多学科教学教师,多学科教学教师占县城教师总数的 39.75%。但在乡镇和村屯学校中,多学科教学教师的数量与单学科教学教师差距明显,乡镇多学科教学教师占该区域层级教师总数的 60.18%,而村屯学校多学科教学教师的人数比例为 57.41%。由此可看出,以乡镇中心校、村小学和教学点为主体的农村小学教师多学科教学现象十分普遍(如图 8-2 所示)。

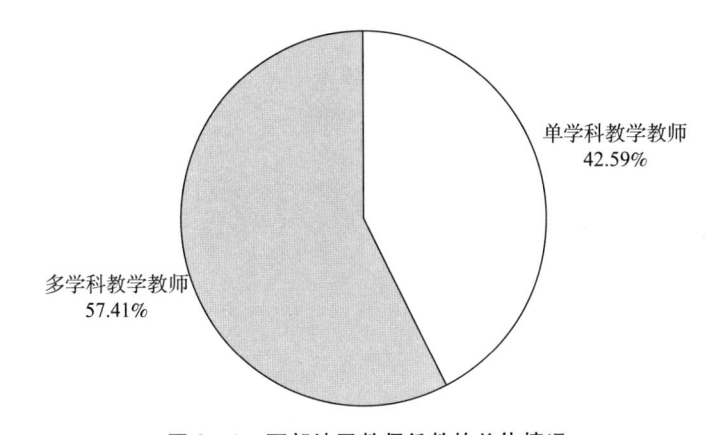

图 8-1 西部地区教师任教的总体情况

说明:N=749,有效百分比=97.02%,缺失值=23。

(二)多学科教学教师的年龄分布

通过对西部地区教师的年龄分布情况进行统计与分析发现,在单学科教学教师群体内部,教师的年龄主要集中在 31~50 岁,其中 31~40 岁的教师占 43.81%,41~50 岁的教师占 35.79%。多学科教学教师群体的年龄分布与单学科教学教师的情况大致相同,主要集中在 31~50 岁的范围内,其中 31~40 岁的教师占 45.45%,41~50 岁的教师占 30.38%。从整体上看,在各个年龄阶段,单学科教学教师与多学科教学的教师人数差距不大,且单学科教学教师与多学科教学教师的年龄主要集中在 31~50 岁,

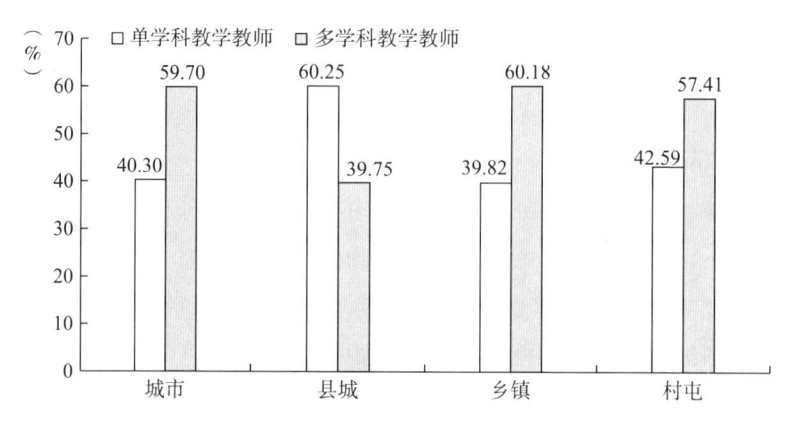

图 8-2 西部地区教师任教状况的城乡分布

说明：N=749，有效百分比=97.02%，缺失值=23。

其次为30岁及以下的年龄段，50岁以上的人数占总体人数的比例较小（如图8-3所示）。

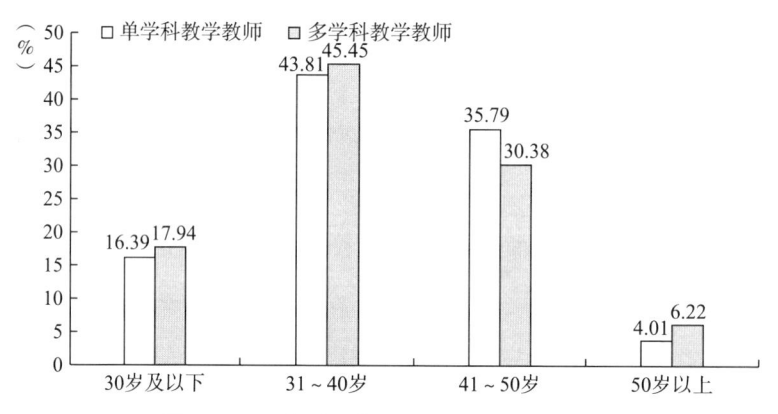

图 8-3 西部地区教师任教状况的年龄分布

说明：N=717，有效百分比=92.88%，缺失值=55。

（三）多学科教学教师的性别分布

通过对调查数据的统计与分析发现，在单学科教学教师群体内部，男教师占31.65%，女教师占68.35。在多学科教学教师群体内部，男教师占27.93%，女教师占72.07%（如图8-4所示）。学校在多学科与单学科教学安排上有明显的差异，单学科教学教师和多学科教学教师的性别比例差距较大。总体来看，西部地区从事教学的教师仍以女教师为主，这一点与一直以来小学教师男女比例失衡,女多男少的情况有直接关系,且从事多学科教学的女教师比从事单学科教学的女教师多3.72个百分点。

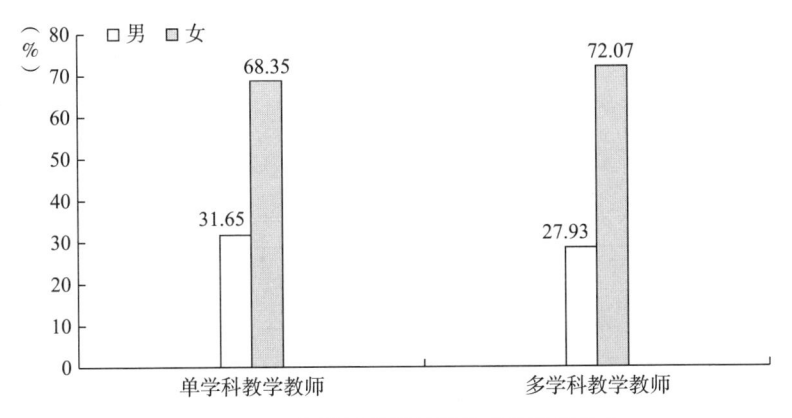

图 8-4 西部地区教师任教状况的性别分布

说明:N=742,有效百分比=96.11%,缺失值=30。

(四)多学科教学教师的身份情况

通过对所选取样本教师的身份情况进行统计与分析发现,无论是单学科教学教师还是多学科教学教师,都以本校在编教师为主。在单学科教学教师群体中,本校在编教师占93.40%,在多学科教学教师群体中,本校在编教师占91.84%,无论是单学科教学教师还是多学科教学教师,其中代课教师、特岗教师、交流(轮岗)教师、支教教师所占比例都很小,所占比例都在3%以下,低于全国的平均水平。在代课教师、特岗教师和支教教师队伍中,从事多学科教学的教师比例比从事单学科教学教师的比例要高。这种情况可能是因为特岗教师、代课教师和支教教师多是在农村学校任教,而农村学校多学科教学现象比较普遍,所以支教教师、特岗教师和代课教师队伍从事多学科教学的教师相对于从事单学科教学的教师要多一些(如表8-1所示)。从总体情况来看,单学科教学教师与多学科教学教师的身份无明显差异,所占比例较为接近,由此可看出学校没有以教师身份来分配教学任务,更多的是根据学校的实际情况来分配教学任务。

表 8-1 西部地区教师任教状况的身份分布

单位：%

教师身份	单学科教学教师	多学科教学教师
本校在编教师	93.40	91.84
代课教师	2.20	2.33
特岗教师	2.52	2.80
交流（轮岗）教师	1.57	0.93
支教教师	0.31	2.10

注：N=747，有效百分比=96.76%，缺失值=25。

（五）多学科教学教师的职称分布

通过对调查数据的统计与分析发现，所调查的总体教师的职称分布情况主要集中在小学高级和小学一级，而具有小学三级和中学三级职称的教师所占比例最小。其中，47.17%的单学科教学教师具有小学高级职称，36.79%的单学科教学教师具有小学一级职称。在多学科教学教师群体中，具有小学高级职称的教师所占比例最大，为49.65%，比单学科教学中具有小学高级职称的教师所占比例多2.48个百分点。同时，多学科教学教师中具有小学一级职称的教师所占比例却比单学科教学教师中具有小学一级职称的教师所占比例少3.69个百分点（如表8-2所示）。可见，多学科教学教师在职称评定方面并未表现出明显优势，其职称情况与单学科教学教师的职称情况基本一致，略有差异但并不明显。教师未评职称的人数所占比例居于第三位，且远小于具有小学一级和小学高级职称的人数所占比例，具有其他职称的教师占各自群体的比例均在4%以下，所占比例很小，且单学科教学教师与多学科教学教师未评职称的人数占比仅相差0.65个百分点。

表 8-2 西部地区教师任教状况的职称分布

单位：%

教师职称	单学科教学教师	多学科教学教师
中学高级	2.83	0.70
中学一级	2.52	3.50
中学二级	1.57	3.73
中学三级	0	0.23

续表

教师职称	单学科教学教师	多学科教学教师
小学高级	47.17	49.65
小学一级	36.79	33.10
小学二级	3.77	2.33
小学三级	0	0.70
未评职称	5.35	6.0

注：N=747，有效百分比=96.76%，缺失值=25。

（六）多学科教学教师所教学科与所学专业的一致情况

通过对调查数据的统计与分析发现，单学科教学教师第一学历所学专业、最高学历所学专业与其所教学科一致的比例分别为69.26%和52.61%，而多学科教学教师第一学历所学专业、最高学历所学专业与其所教学科一致的比例分别为73.32%和65.15%（如图8-5所示）。总体来看，无论是单学科教学教师还是多学科教学教师，第一学历所学专业与所教学科一致的比例均高于最高学历所学专业与所教学科一致的比例。同时无论是第一学历所学专业还是最高学历所学专业，多学科教学教师的教学一致比例均高于单学科教学教师的一致比例。本研究中将教师所教学科中任意一门与所学专业一致称为教学一致，所以多学科教学教师由于其所教课程门数多，其教学一致的比例升高。通过对教师所学专业具体情况的统计发现，按专业种类进行排序，多学科教学教师第一学历所学专业排名前三位的依次是师范全科培养、其他（非师范专业、幼师、高中毕业、小学教育专业）和汉语言文学，分别占总体的43.99%、11.78%和10.82%。而多学科教学教师最高学历所学专业主要是汉语言文学，占总体的51.04%，其次是教育学和其他（科学、小学教育、教育管理、学前教育、非师范专业），各占总体的比例为9.90%（如表8-3所示）。通过对多学科教学教师所学专业的统计可以看出，师范全科培养的教师在多学科教学中具有重要作用，他们从事多学科教学的人数比例明显高于其他分科培养的教师人数比例。从总体来看，学习汉语言文学和其他（非师范专业、幼师、高中毕业、小学教育专业）的人数所占比重较大。

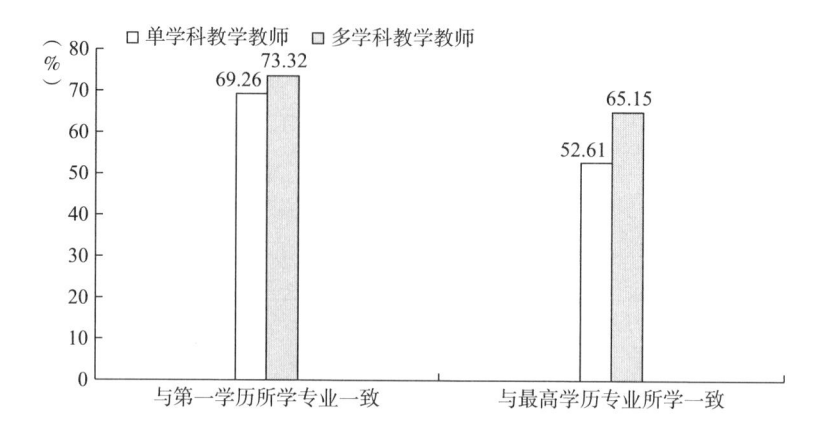

```
         (%)  □ 单学科教学教师    □ 多学科教学教师
         80
                    73.32
         70   69.26
                                              65.15
         60
                                       52.61
         50
         40
         30
         20
         10
          0
              与第一学历所学专业一致        与最高学历专业所学一致
```

图 8-5 西部地区教师所教学科与所学专业一致情况

说明：N1 = 725，有效百分比 = 93.91%，缺失值 = 47；N2 = 651，有效百分比 = 84.33%，缺失值 = 121；N1 为提供第一学历信息的人数，N2 为提供最高学历信息的人数。

表 8-3 西部地区多学科教学教师所学专业

单位：人，%

专业	第一学历所学专业		最高学历所学专业	
	人数	百分比	人数	百分比
汉语言文学	45	10.82	196	51.04
数学	29	6.97	18	4.69
外语	22	5.29	27	7.03
历史	12	2.88	6	1.56
地理	2	0.48	3	0.78
物理	2	0.48	0	0.00
化学	4	0.96	4	1.04
政治	2	0.48	6	1.56
生物	3	0.72	2	0.52
音乐	12	2.88	1	0.26
美术	7	1.68	4	1.04
体育	9	2.16	4	1.04
教育学	20	4.81	38	9.90
心理学	2	0.48	9	2.34
计算机	13	3.13	8	2.08
师范全科培养	183	43.99	20	5.21

续表

专业	第一学历所学专业		最高学历所学专业	
	人数	百分比	人数	百分比
其他	49	11.78	38	9.90
合计	416	100.00	384	100.00

注：N1=416，有效百分比=94.55%，缺失值=24；N2=384，有效百分比=89.30%，缺失值=46；N1为提供第一学历信息的人数，N2为提供最高学历信息的人数。

（七）多学科教学教师的工资情况

西部地区教师的月工资主要集中在2001~4000元，在单学科教学教师群体内部，月工资在2001~4000元的教师人数占84.70%，在多学科教学教师群体中有77.57%的教师月工资在2001~4000元。在月工资2001~3000元的范围内，单学科教学教师比多学科教学教师所占比重多13.13个百分点，总体上看差距较大。而在月工资3001~4000元的范围内，多学科教学教师比单学科教学教师人数所占比例多6.00个百分点，两者差距并不显著。通过对西部地区教师平均月工资水平的调查与分析发现，月工资在1000元及以下和5000元以上的教师所占比例很小，月工资在5000元以上的教师所占比例在2%以下，而不存在工资在1000元及以下的教师。总体来看，相同工资水平上，多学科教学教师和单学科教学教师的人数比例有一定差距，相差0~13.13个百分点（如图8-6所示）。

通过对城乡多学科教学教师与单学科教学教师平均月工资水平的统计与分析发现，同一区域层级学校内，多学科教学教师与单学科教学教师的平均月工资差距较小（如表8-4所示）。在城市学校、乡镇学校和村屯学校内部，单学科教学教师的平均月工资均高于多学科教学教师，而县城多学科教学教师平均月工资要高于单学科教学教师。从区域层级来看，城市、县城、乡镇和村屯学校教师平均月工资差距较小。城市多学科教学教师的月工资主要集中在2001~3000元和3001~4000元的范围内，且月工资在3001~4000元范围内的教师人数最多，所占比例最大，为54.79%，比该层级的单学科教学教师人数所占比例多12.57个百分点。在2001~3000元的工资范围内，多学科教学教师所占比例为34.25%，比单学科教学教师人数所占比例少12.42个百分点。总体上看，城市学校中，在多学科教学教师

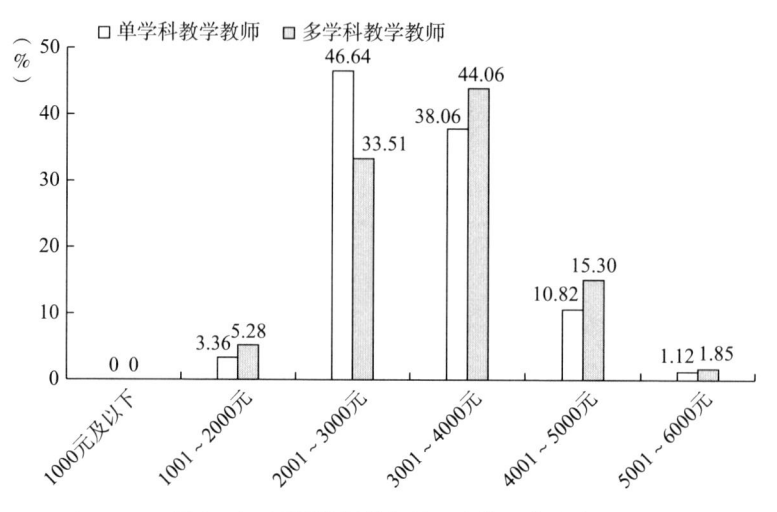

图 8-6 西部地区教师月工资的总体分布

说明：N=647，有效百分比=83.81%，缺失值=125。

群体内部有89.04%的教师月工资在2001~4000元。除此之外的其他月工资水平上，单学科教学教师和多学科教学教师的人数比例相差不多。县城多学科教学教师的月工资主要集中在3001~4000元，且所占比例为40.51%，要比单学科教学教师人数所占比例多3.67个百分点，差距较小；在2001~3000元的工资范围内多学科教学教师人数所占比例为29.11%，与单学科教学教师人数所占比例差距较大，其单学科教学教师比多学学科教学教师人数所占比例多20.89个百分点；在4001~5000元的工资范围内，多学科教学教师人数所占比例为24.05%，比单学科教学教师人数所占比例多13.52个百分点；在5000元以上的工资范围内，多学科教学教师人数所占比例比单学科教学教师多3.31个百分点。乡镇多学科教学教师工资主要集中在2001~4000元，月工资在2001~3000元的多学科教学教师所占比例比单学科教学教师少8.44个百分点，月工资在3001~4000元的多学科教学教师所占比例比单学科教学教师多10.20个百分点，其他月工资水平上二者的差距不明显。在村屯学校中，教师的工资集中在2001~4000元，在多学科教学教师内部，月工资在2001~4000元的教师所占比例为69.90%；在单学科教学教师内部，月工资在2001~4000元的教师人数所占比例为81.48%。在4001~5000元的工资范围内，多学科教学教师所占比例比单学科教学教师多10.07个百分点，在5000元以上的工资范围内，多学科教学教师所占比例为0.97%，然而在此工资范围内不存在单学科教学教师（如表8-5所示）。

表8-4 西部地区教师平均月工资的城乡分布

单位：元

学校所在地	单学科教学教师	多学科教学教师
城市	3329.07	3325.99
县城	3340.62	3341.67
乡镇	3339.45	3336.67
村屯	3341.80	3340.62

注：N=647，有效百分比=83.81%，缺失值=125。

表8-5 西部地区不同任教类型教师月工资的城乡分布

单位：%

学校所在地及任教类型		2000及元以下	2001~3000元	3001~4000元	4001~5000元	5001~6000元
城市	单学科教学教师	2.22	46.67	42.22	8.89	0.00
	多学科教学教师	1.37	34.25	54.79	6.85	2.74
县城	单学科教学教师	0.88	50.00	36.84	10.53	1.75
	多学科教学教师	1.27	29.11	40.51	24.05	5.06
乡镇	单学科教学教师	4.88	46.34	34.15	13.41	1.22
	多学科教学教师	4.84	37.90	44.35	12.90	0.00
村屯	单学科教学教师	11.11	33.33	48.15	7.41	0.00
	多学科教学教师	11.65	31.07	38.83	17.48	0.97

注：N=647，有效百分比=83.81%，缺失值=125。

二 多学科教学实施情况研究

（一）教师任教课程门数情况

从我国西部地区城乡小学教师平均任课门数来看，城市小学教师平均任课门数为2.73门，县城小学教师平均任课门数比城市教师略少，为2.52门，乡镇和村屯小学教师的平均任课门数分别为2.65门和2.59门。从整体上看城市任课平均门数在四个层级中最多，但与县城、乡镇和村屯差距不大，差距为0.08~0.21门。除县城教师平均任课门数少于总体水平外，其他三个区域层级的学校教师平均任课门数均多于总体水平（如表 8-6 所示）。

表 8-6 西部地区教师平均任课门数

单位：门

学校所在地	任课门数均值	标准差
城市	2.73	2.00
县城	2.52	1.96
乡镇	2.65	2.00
村屯	2.59	1.99
总体状况	2.57	1.94

注：N=749，有效百分比=97.02%，缺失值=23。

从教师具体承担的课程门数来看，承担一门课的教师最多，其中县城学校的教师比例最高，达 60.25%；其次是乡镇学校和城市学校，分别为 39.82% 和 39.55%。而村屯学校任教一门学科的教师人数比例急剧下降，远低于其他三个区域层级学校，其比重仅为 19.31%。通过数据统计与分析可以看出，在教师承担多门学科的比例上，村屯教师比例明显高于其他区域层级的教师比例，村屯教师承担两门及以上课程的比例为 80.69%，城市为 60.45%、县城为 39.75%、乡镇为 60.18%。在任教门数为 6 门及以上的数据中，村屯学校所占比例最大，达 27.59%，远高于其他三个区域层级的比例（如表 8-7 所示）。

表 8-7 西部地区不同任教类型教师任教门数的城乡分布

单位：人，%

任教门数	城市		县城		乡镇		村屯		总计	
	人数	百分比	人数	百分比	人数	百分比	人数	百分比	人数	百分比
1门	53	39.55	147	60.25	90	39.82	28	19.31	318	42.46
2门	41	30.60	31	12.70	60	26.55	16	11.03	148	19.76
3门	23	17.16	20	8.20	20	8.85	14	9.66	77	10.28
4门	7	5.22	27	11.07	23	10.18	23	15.86	80	10.68
5门	8	5.97	11	4.51	22	9.73	24	16.55	65	8.68
6门及以上	2	1.49	8	3.28	11	4.87	40	27.59	61	8.14
合计	134	100.00	244	100.00	226	100.00	145	100.0	749	100.00

注：N=749，有效百分比=97.02%，缺失值=23。

(二)教师多学科教学的学科组合情况

通过对我国西部地区的调查数据的统计与分析,从整体上看四个区域层级中,"数学或语文+多门副科"在教师任教课程类型中所占比例最大。在"数学或语文+多门副科"中县城所占比例最大,为67.01%,其次是村屯和乡镇,分别占59.83%和52.94%,城市所占比例最小,为46.25%,和全国的情况基本一致。各区域层级学校中,都存在"数学或语文+1门副科"的课程组合形式,该课程组合形式在城市所占比例最大,为48.75%,比"数学或语文+多门副科"的课程组合形式所占比例多2.50个百分点,而在其他三个区域层级中,"数学或语文+1门副科"的课程形式所占比例远小于"数学或语文+多门副科"的课程组合形式。在村屯学校中两类课程组合形式差距最大,"数学或语文+1门副科"的课程组合形式所占比例仅为7.69%,要比"数学或语文+多门副科"的课程组合形式少52.14个百分点。在县城学校中"数学或语文+1门副科"的课程组合形式比"数学或语文+多门副科"的课程组合形式少39.17个百分点,在乡镇学校中差距为16.18个百分点。"数学+语文"的课程组合形式仅存在于乡镇和村屯学校中,所占比例分别为2.21%和3.42%。同样"数学+语文+1门副科"的课程类型仅存在于村屯和乡镇学校中,且所占比例均在2%以下。在城市学校中不存在"数学+语文+多门副科"的课程组合形式,然而在村屯学校中该课程形式所占比例为18.80%,远高于其他三个区域层级学校中的比例。在四个区域层级中都存在"多门副科"的课程组合形式,且在村屯所占比例最大,为6.84%,在县城学校所占比例最小,为4.12%,总体上说该课程组合形式在四个区域层级所占比例差距不大(如图8-7所示)。

(三)教师多学科教学的周工作量情况

通过对我国西部地区多学科教学教师样本的统计分析发现:在四个区域层级学校中,多学科教学教师平均周课时数、平均周备课量和平均周课后批改辅导量均多于单学科教学教师,多学科教学教师承担教学科目数量多、任务量较大,其课时数必然要多于单学科教学教师,同样较

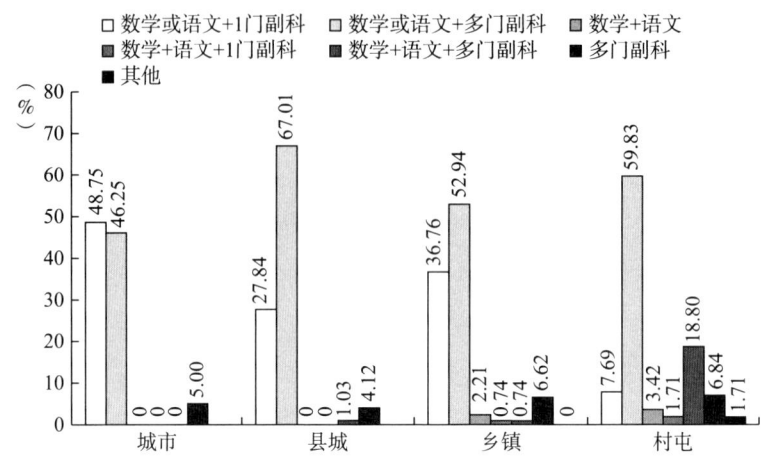

图 8-7　西部地区多学科教学教师任教学科组合

说明：N=430，有效百分比为 55.70%，缺失值为 342。

多的任课门数需要更多的备课时间和课后批改辅导时间。在多学科教学教师中，村屯学校教师每平均周课时数最多，为 18.35 节，然后依次为乡镇、城市和县城，分别为 14.12 节、13.34 节和 13.20 节。在单学科教学教师中，教师平均周课时数依然是村屯最多，为 15.37 节，其次是乡镇、县城和城市，分别为 13.46 节、12.64 节和 11.88 节。各区域层级多学科教学教师的平均周课时数要比单学科教学教师多 0.56~2.62 节。由此可看出农村地区教师工作任务量较大、负担重，农村地区教师不仅要适应地区恶劣的教学环境，又要承担起较为困难的工作任务。在多学科教学教师群体内部，城市教师每周平均备课量最大，为 9.38 小时，其次为村屯、乡镇和县城，分别为 8.95 小时、8.42 小时和 8.25 小时。在单学科教学教师群体内部，城市和县城的教师每周平均备课量最多为 7.63 小时，其次为村屯和乡镇，分别为 6.95 小时和 6.69 小时，总体上说差距不大，四个区域层级中多学科教学教师的每周平均备课量均多于单学科教学教师的。在多学科教学教师群体内部，城市教师每周课后批改辅导量最大，为 9.07 小时，其次是县城、村屯和乡镇，分别为 8.27 小时、7.89 小时和 7.71 小时，比单学科教学教师每周平均备课量多 0.07~3.14 小时。多学科教学教师所教科目数量多，从而导致各环节工作任务量的增加，与全国的基本情况大致相同（如表 8-8 所示）。

表8-8 西部地区教师平均周工作量

学校所在地及任教类型		平均周课时数（节）	平均周备课量（时）	平均周课后批改辅导量（时）
城市	单学科教学教师	11.88	7.63	7.65
	多学科教学教师	13.34	9.38	9.07
县城	单学科教学教师	12.64	7.63	8.20
	多学科教学教师	13.20	8.25	8.27
乡镇	单学科教学教师	13.46	6.69	6.96
	多学科教学教师	14.12	8.42	7.71
村屯	单学科教学教师	15.73	6.95	4.75
	多学科教学教师	18.35	8.95	7.89

注：N1=622，有效百分比=80.57%，缺失值=150；N2=450，有效百分比=58.29%，缺失值=322；N3=415，有效百分比=53.76%，缺失值=357；N1为教师提供周课时数信息的人数，N2为教师提供周备课量信息的人数，N3为教师提供课后批改辅导量信息的人数。

西部地区教师的周课时数要集中在11~15节，在多学科教学教师群体内部每周课时数在11~15节的教师占50.53%，比单学科教学教师人数所占比例多2.55个百分点。在周课时数为16~20的范围内，多学科教学教师所占比例为27.54%，单学科教学教师所占比例为21.77%。在周课时数为6~10节的范围内，单学科教学教师与多学科教学教师差距明显，单学科教学教师所占人数比多学科教学教师多12.68个百分点。在周课时数为1~5节的范围内，单学科教学教师人数比例比多学科教学教师多3.78个百分点。而在周课时数为21节及以上的范围内，多学科教学教师人数比例均多于单学科教学教师人数比例。单学科教学教师因其所任学科单一，即使所任教科目为数学或语文科目，每周课时数在21节及以上的教师人数也不会太多，且单学科教学教师所占人数比例也不会多于多学科教学教师比例。通过对西部地区教师每周任课时数的调查与分析发现，每周课时数在26节及以上的单学科及多学科教学教师人数所占比例均在3%以下，比例很小（如图8-8所示）。

西部地区教师的每周备课量主要集中在10小时及以下，在多学科教学教师群体内部，教师每周备课量在5小时及以下的人数所占比例为38.64%，比单学科教学教师人数所占比例少14.59个百分点，单学科教学教师的每周备课量主要集中在5小时及以下的范围内。在周备课量为6~10小时的范围内，多学科教学教师所占比例为34.09%，单学科教学教师

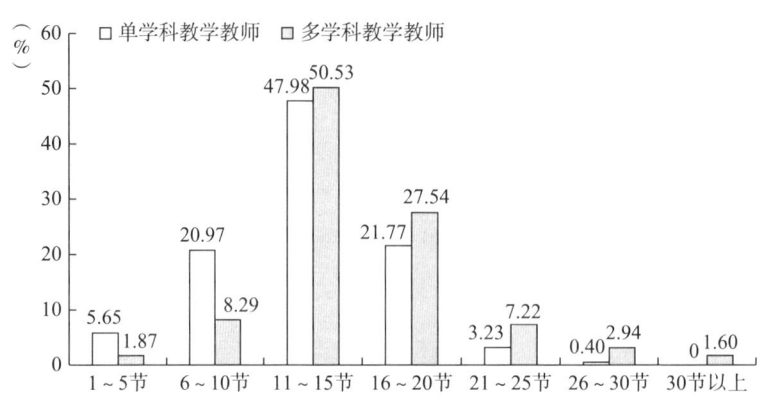

图 8-8　西部地区教师周课时数分布

说明：N = 622，有效百分比 = 80.57%，缺失值 = 150。

所占比例为 26.88%，略低于多学科教学教师比例。在每周备课量在 11~15 小时的范围内，多学科教学教师所占比例比单学科教学教师所占比例多 6.83 个百分点。每周备课量在 16 小时及以上的范围内，单学科教学教师与多学科教学教师人数所占比例差距很小，均少于 1 个百分点，每周备课量在 21 小时及以上的范围内，单学科教学教师与多学科教学教师人数所占比例均在 2% 以下，即教师备课量在 21 小时及以上的人数很少，原因大多为教师工作繁重，没有大量的时间来做课前准备工作。从整体上看，随着周备课量的增多，单学科教学教师与多学科教学教师人数所占比例均呈逐级递减的趋势（如图 8-9 所示）。

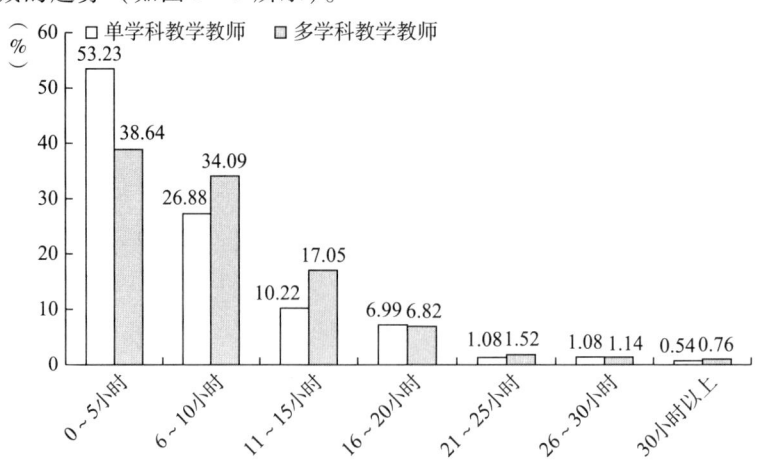

图 8-9　西部地区教师周备课量分布

说明：N = 450，有效百分比 = 58.29%，缺失值 = 322。

西部地区教师的周课后批改辅导量集中在5小时及以下，其中在多学科教学教师群体内部，每周课后批改辅导量在0~5小时的范围当中的教师人数所占比例为42.86%，比单学科教学教师人数所占比例少11.13个百分点。而周课后批改辅导量在6~10小时的范围当中，多学科教学教师人数所占比例为36.11%，比单学科教学教师人数所占比例多12.80个百分点。周课后批改辅导量在16~20小时、21~25小时及26~30小时的教师人数所占比例均小于6%，教师人数所占比例极小（如图8-10所示）。

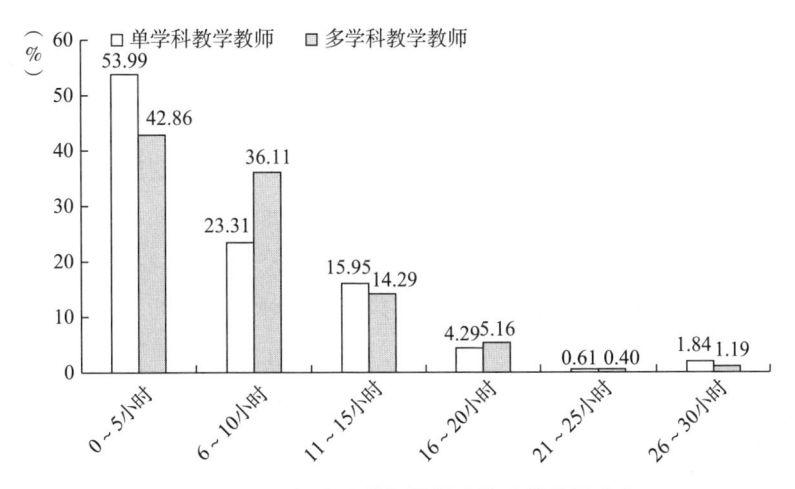

图8-10 西部地区教师周课后批改辅导量分布

说明：N=415，有效百分比=53.76%，缺失值=357。

（四）教师多学科教学的培训困难情况

通过对我国西部地区多学科教学教师样本分析研究发现，城市多学科教学教师培训所遇到的最大困难是"学校无法给足时间参加所有学科培训"，遇此困难的教师人数所占比例为36.75%；"培训任务太重"是城市多学科教学教师遇到的第二大困难，所占比例为17.09%；认为"不知道选择哪一门学科去培训"的，人数占城市多学科教学教师总人数的14.53%；遇到"无权选择所要培训的学科"困难的教师人数所占比例为12.82%；而因"学校缺少教师难以参加培训"的教师比例为11.11%。城市学校教学环境良好，待遇优厚，教师相对充足，所以因"学校缺少教师难以参加培训"的教师人数较少。县城多学科教学教师培训所遇到的困难主要是"学校无法给足时间参加所有学科培训"以及"无权选择所要培训的学科"，其所占比例分别为

26.97%和26.32%；认为"培训任务太重"的教师在县城多学科教学教师群体内部所占比例为21.17%，"培训任务太重"同样成为教师培训所遇到的主要困难之一；"学校缺少教师难以参加培训"和"不知道选择哪一门学科去培训"的教师人数所占比例均为10.53%，所占比例较小。乡镇多学科教学教师培训所存在的显著困难同样为"学校无法给足时间参加所有学科培训"，认为存在此困难的教师人数所占比重为36.61%，由此可看出教师工作负担重、时间紧的特点，教师很难有时间进行职后培训；"学校缺少教师难以参加培训"是乡镇教师职后培训的次要困难，乡镇学校缺少教师是一个普遍存在的问题，以此也不难推测出教师职后培训可能出现这一问题；"培训任务太重"及"无权选择所要培训的学科"的乡镇多学科教学教师所占比例分别为15.63%和14.73%；"不知道选择哪一门学科去培训"的教师人数所占比例为8.04%，人数较少，说明该地区学校教师有明确的专业倾向，能够果断地选择出自己所要培训的学科来不断充实自己的专业知识，不断提高自身教学技能。村屯教师多学科教学教师群体内部，教师职后培训所遇到的显著困难则是"学校缺少教师难以参加培训"，认为存在此困难的教师人数所占比例为32.67%，农村地区师资匮乏，教师短缺是农村地区学校面临的重大困难之一，所以教师因学校缺少教师难以参加培训是教师职后培训存在的最大困难。"学校无法给足时间参加所有学科培训"的教师人数所占比例为27.72%，农村地区学校教师数量少，且大部分教师为多学科教学教师，其教学科目多，每周课时数及所需备课时间以及课后批改辅导时间相对较长，繁重的教学任务使教师没有充足时间参加培训。"无权选择所要培训的学科"的教师人数所占比例为16.34%，而"不知道选择哪一门学科去培训"和认为"培训任务太重"的教师人数所占比例分别为8.42%和9.41%，遇到这两种困难的教师人数相对较少（如表8-9和图8-11所示）。

表8-9 西部地区教师教学中的培训困难

单位：%

学校所在地及任教类型		不知道选择哪一门学科去培训	学校无法给足时间参加所有学科培训	培训任务太重	无权选择所要培训的学科	学校缺少教师难以参加培训	其他
城市	单学科教学教师	22.97	25.68	17.57	14.86	8.11	10.81
	多学科教学教师	14.53	36.75	17.09	12.82	11.11	7.69

续表

学校所在地及任教类型		不知道选择哪一门学科去培训	学校无法给足时间参加所有学科培训	培训任务太重	无权选择所要培训的学科	学校缺少教师难以参加培训	其他
县城	单学科教学教师	10.27	29.46	19.20	18.30	12.95	9.82
	多学科教学教师	10.53	26.97	21.71	26.32	10.53	3.95
乡镇	单学科教学教师	9.40	32.89	17.45	22.82	14.77	2.68
	多学科教学教师	8.04	36.61	15.63	14.73	19.20	5.80
村屯	单学科教学教师	12.77	31.91	12.77	19.15	21.28	2.13
	多学科教学教师	8.42	27.72	9.41	16.34	32.67	5.45

注：N=732，有效百分比=94.82%，缺失值=40。

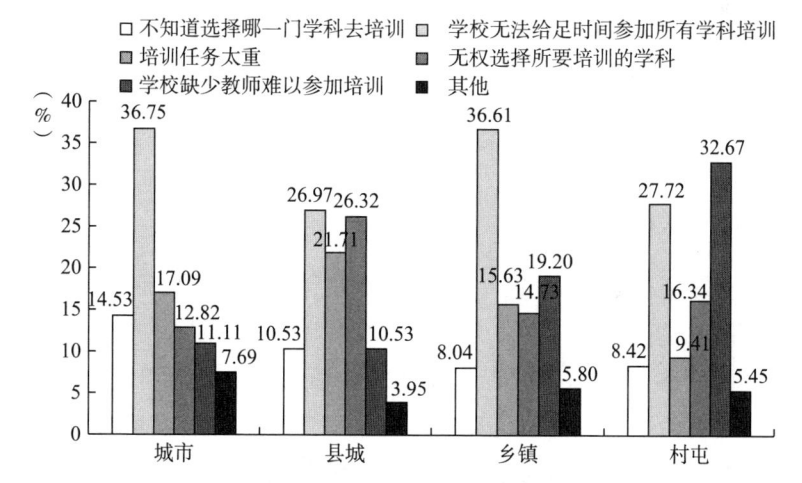

图 8-11 西部地区教师多学科教学的培训困难分布

说明：N=421，有效百分比=97.91%，缺失值=9。

三 原因分析

（一）多学科教学教师人数及城乡分布

通过上述研究分析可得，西部地区多学科教学教师要多于单学科教学教师，且乡镇多学科教学教师所占比例最大。产生此类现象的最主要原因是西部地区师资匮乏，教师人数较少，具体原因可能为以下几种。

西部地区处于我国边远地区，自然环境恶劣，经济发展相对落后，经济的落后直接会影响教育事业的发展，其突出问题表现为师资匮乏，落后的经济无法为教师提供良好的工资待遇，同时气候环境的不适宜加大了西部地区学校吸引优秀师资的困难。教师数量的有限导致西部地区学校中教师的任务较重，每位教师只承担一门学科的情况显然较少，多学科教学教师必然多于单学科教学教师。且此类现象在城市、乡镇和村屯学校中较为常见。

> 我们这儿都是全科老师，基本上没有专业的（单学科教学教师），就是（只教）音乐、美术啊这些。我们都是从我们这儿的（本地）师范学校出来（毕业）的。我们学的时候（培养方向）就是全科（教师），但是全科（意味着）很多方面都不太专业，（但是教师少）还必须得上（任教）。我教四个科目，教语文、音乐、美术和地方课程。我们学校12个老师，每个人都这样，每个人都有三四个科目。（C市D村小学M老师）

城市多学科教学教师多于单学科教学教师的原因可能是，在当今科技及信息高度发达的社会，许多大中城市对教师职业发展十分重视，教师的专业发展趋于多样性和创造性，教师的教学技能提升，不断向全面化迈进，教师有能力同时担任两门及以上学科。而乡镇和村屯地区多学科教学教师多于单学科教学教师的主要原因是农村学校发展空间狭窄，师资补充来源单一，教师紧缺，从而导致教师工作量的增大，在教学工作量相对固定的情况下，教师人数越少，每位教师的工作量便会越大，多学科教学是解决此类问题较为直接的方法。

（二）多学科教学教师年龄分布

多学科教学教师年龄主要集中在31岁到50岁，而30岁及以下的青年教师人数较少，产生此类现象的主要原因大致有以下几个。西部学校薪金及津贴过低，难以吸引优秀青年教师来西部地区学校任教。31岁到50岁的多学科教学教师人数所占比例较大的原因主要是西部地区吸引青年师资较为困难，西部地区师资队伍缺少新鲜血液，教师队伍逐渐趋于老龄化，年龄较大的教师由于家庭、身体等更加倾向于留在本地学校教学。

> 我们这老师稀缺的一个原因是这太偏僻了，虽然都有编制，但好多老师最后都离开了，来的像特岗、年轻的教师就想办法往别的地方调了，很少有交流的（教师），留下来的都是我们这些（年龄较大的教师）……（C市J教学点G老师）

中年教师更加倾向于稳定的工作，一旦选择工作岗位后不会轻易更换，从而使教师岗位的流转周期长且流转缓慢。

（三）多学科教学教师的身份情况

通过对西部地区学校多学科教学教师身份情况的调查可以看出，学校在编教师占据大部分，学校中大部分多学科教学教师属于正式教师，除此之外代课、交流（轮岗）、特岗和支教教师人数很少。

西部地区学校中主要为在编教师的主要原因可能是国家对西部地区教育事业的重视，并在政策上倾斜。近年来，西部地区学校面临提高基础教育质量，接受"普通九年义务制教育"实施情况的检验。教师紧缺是西部地区需要解决的首要问题，而增加教师编制则成为解决该问题的关键措施之一。由于社会的关注与重视，西部地区教师编制成为热点问题，教育部对来自各界的观点和建议进行整合，制定出一系列措施来解决教师编制问题。西部教师编制制度的不断完善，对于教师编制的增加起到推动的作用。而代课教师及支教教师较少的原因主要是西部地区待遇和教学环境不如东部地区，大部分教师在没有编制的情况下，一般不会到西部地区学校任教。

> 我是参加了小书包公益支教来的，服务期满后走了的话会还有人来接替（我们支教老师）的，走之前会交接工作的。每一个人的（一生）可能只能某一（段）时间在这儿服务，一辈子在这儿干也不行，一段时间肯定可以，但是一辈子的话（我）没有心理准备也没有这样想（过）。（C市J教学点X老师）

特岗教师主要是针对边远贫困地区学校设立的，工作三年之后本地区帮助解决编制问题，特岗教师一般为青年教师，获得编制后会尽力改变自己的工作地点，所以该地区特岗教师较少。而交流（轮岗）教师少的原因可能是，西部地区学校教师交流（轮岗）制度尚未建立和完善，且教师本身可能对交流（轮岗）制度较为排斥，不愿意参加学校间的交流（轮岗），所以该地区交流（轮岗）教师较少。

（四）多学科教学教师职称情况

通过对多学科教学教师职称情况的分析可以得出，多学科教学教师职称主要集中在小学高级及小学一级，具有其他职称的人数较少。产生此现象的主要原因可能有，小学教师评定职称，其条件相对宽松，西部地区教师通过自己的努力能够达到小学一级和小学高级职称的要求。

> 今年职称有个好的条件，就是小教高级，只要符合条件的都可以进。现在的职称（评定），（国家考虑到）乡下的生活、工作环境相对城市较差、艰苦，所以给了一些优惠政策，只要（培训）学分、年龄到了，年限到了，就可以申请。高级职称原来很紧张的，名额很少，要看成绩，要看表现，也有相关的细则。考核小组、民主测评，还有近五年、近三年的教学成绩等，只要你符合，就可以评小教高级了。（Y省M村小学X校长）

且教师职称的评定与教师自身的职位晋升以及工资的涨幅紧密相关，不少教师为改变自己的生活及工作现状积极申报教师职称。但由于名额的限制，职称晋升机会会随着级别的提高而变小。

（五）多学科教学教师的工资情况

通过对西部地区多学科教学教师的工资情况的调查研究可知，多学科教学教师月工资主要集中在2001~4000元，总体工资不高，这在西部地区学校比较常见。

> 教师工资是一般是2000多元一个月，还有绩效（工资），每个人都有一点绩效，按学生人数算；还有班主任费，有的多一点，有的少一点，我们在农村，人家给多少就多少，班主任费是全乡领导班子开大会一起商量制定的，各乡镇不同，是乡镇领导班子和教师代表一起制定的。（Y省L教学点Y负责人）

学校教师的工资与当地地区发展有着密切的联系，教育经费缺少，教师工资依靠当地财政开支，当地经济欠发达，只能靠国家统一拨发的工资，教师工资水平必然会受到影响。

（六）教师多学科教学的平均周工作量情况

从教师多学科教学的平均周工作量情况的分析研究中可以看出，多学科教学教师每周的平均课时数、平均备课量以及平均课后批改辅导量均大于单学科教学教师，与其他三个区域层级相比，村屯教师的平均周课时数最多。

> 各科都能开齐，只是英语没有开，包括乡镇中心学校都没开。一个年级一个人教，像一、二年级，每个年级一个人包干了，除了体育之外。教师一般一周上28节课吧，只能占用晚上时间备课。（Y省L教学点Y负责人）

产生上述两种现象的原因大致有以下几个。多学科教学教师本身比单学科教学教师任教科目数量多，任教科目的增多会使教师的课时数增加，多学科教学教师的平均周课时数必然会多于单学科教学教师的。任教科目数量也直接影响着教师周备课量，任教科目多的教师需要更多的时间进行备课，来保证教学工作的顺利完成。

> 我目前除了负责校园安全、当一年级班主任等工作，我还要教授美术、音乐科目，因为以前我在美术方面比较擅长，在学校选修学的是美术和美学，（工作后）美术课教学生素描。这些科目都要准备，一般都回家备课，都是一晚上一晚上的，都得（需要）几个小时，有

时会更久。(C 市 J 村小学 A 老师)

而平均周课后批改辅导量与教师的平均周课时数和平均周备课量情况相似，多学科教学教师的任教科目多，教师布置两科及以上的课后作业，教师的平均周课后批改辅导时间会多于单学科教学教师所用时间。而村屯学校的平均周课时数多于其他三个区域层级学校的原因是西部地区学校面临着师资匮乏的问题。

（七）城乡教师任教课程门数的分布情况

通过对城乡教师任教课程门数的分布情况的分析发现，村屯学校中任教两门及以上学科的教师在四个区域层级中所占比例最大。在任教门数为 6 门及以上的数据中，村屯教师所占比例最大且远高于其他三个区域层级教师所占比例，由此可见村屯多学科教学现象最为普遍，且每个教师所任教的学科门数较多。

> 我们都是一个班两个人负责，就是一个（老师）教语文，一个（老师）教数学，然后附加其他的音乐、美术、体育等课程，我们老师都是多带一些课程的，丰富一些也挺好。(C 市 J 村小学 W 老师)

村屯学校教师任教门数多的主要原因是村屯学校中教师人数较少，不能维持日常教学工作，教师需要同时任教多门学科来完成国家基本课程的开设要求。

（八）教师多学科教学学科组合的城乡差异

通过对教师多学科教学学科组合的研究分析发现，从整体上看，四个区域层级学校中，"数学或语文＋多门副科"在教师任教课程组合形式中所占比例较大。从宏观角度来说，产生该现象与西部地区师资匮乏有着重要的关系，正是因为缺少足够的教师，所以在教师数量有限的情况下，每个教师所要教授的科目必然会增加。在城市学校中，多学科教学教师的学科组合类型所占比例最大的是"数学或语文＋1 门副科"，该现象产生的原因是相对于其他区域层级学校,城市教师数量相对较多,人员较为充足,一部分教师在承担主科教学工作的同时,只需要教授一门副科就可以保证整个教学工作的顺利进行。而在其他三个区域层级学校中,多学科教学教师的学科组合形式所占比例最大的是"数学或语文+多门副科",县城、乡镇和村屯学校,缺少教师的现象并不少见,在副科教师方面表现得尤为突出。在这三个区域层级学校中,专门的音乐、体育和美术教师较少,一般是由任教一门主科的教师同时教授多门副科,但由于教师相关专业知识的缺乏,或是学校硬件设施的不足,一般来说,这些副科的教学效果有待提升。从调查结果中还可以看出,两门主科、两门主科加一门或多门副科的学科组合形式所占比例都很小,原因可能是教师在同时教授两门主科时,教学工作的任务量和难度会加大,教师在较大的工作压力下很可能会影响自己的教学质量,所以学校在分配教师具体工作时,尽量避免教师同时教两门主科或是两门主科加一门或多门副科的情况。从教师多学科教学学科组合的城乡差异的调查结果中可以看出,在四个区域层级学校中都存在多门副科的学科组合形式,虽然所占比例较小,但在四个区域层级学校中都存在。可见西部地区学校在学生副科学习方面所做的努力,虽然是同时担任多门副科,但学校能够保证音、体、美课程的开设。

(九)教师多学科教学的培训困难情况

通过对教师多学科教学的培训困难情况的研究分析可知,在西部地区的城市、县城和乡镇学校中教师培训面临的主要困难是"学校无法给足时间参加所有学科培训"。城市、县城和乡镇学校不能给足教师时间参加所有学科培训的主要原因是学校日常教学工作繁重,教师培训一般安排在学生寒暑假期间,有的则安排在周末,教师需要利用自己的课余时间来参加学科培训。教师参加学科培训后会被评定分数,且评分依据是日常考勤、听课备课记录、培训总结的撰写及参加汇报课活动等,教师在参加培训的同时要花费大量时间来进行培训前的准备及处理培训中的相关事宜,培训任务繁重,很显然利用教师的课余时间是远远不够的。而村屯多学科教学教师遇到的培训困难主要是"学校缺少教师难以参加培训"。

音乐、美术那些（课），我们不知道咋教，没参加过这样的培训，也不知道该用什么样的教具，怎么去教，但是像我们去参加培训学语文的时间就多一点，因为在小学阶段，语文可能在大家心目中比较重要，培训机会就多一些，但是（培训）太占用时间了，（培训内容）大部分都用不到（没有针对性）。如果说每一科目（每次培训）都派出去老师的话，本来教师就少，只有十几个，派出三四个，我们学校就基本上没法上课了。你看今天本来也有一个教研活动，但是我们学校都没派人去，因为学校教师太少了，派出去后剩下的老师就得上一整天（课），确实上起课来太累了。（C市D村小学M老师）

因此，西部地区的学校，难以吸引教师来任教，尤其是在条件极为艰苦的村屯任教，从而导致西部地区农村学校多学科教学教师因学校缺少教师难以参加培训。

四　对策及建议

（一）加强教师教育，优化教师队伍

教师是实施教育的操作者，这就要求教师应具有良好的思想道德素质、健康的心理素质和较高的专业知识水平和合理的相关知识结构。教师的质量提升会直接提高教育质量，因此，要加强西部教师教育，提高教育质量，首先要树立科学的教育观。同时，提高教师待遇势在必行，应当由各级财政统筹，中央财政发挥支柱作用，建立和完善一套长效机制来保证教育经费的足额、按时发放，从而保证学校的各项支出，改善学校的硬件设施，优化教师的工作环境，通过提高收入可以激发教师从业的积极性，提高西部地区教师的待遇。同时要扩大教育经费的来源，增加西部教育投入。目前，教师实行绩效工资改革，义务教育阶段的教师工资按当地公务员工资水平发放。这些措施将很好地提高西部地区教师的工资待遇，缩小东西部地区教师待遇差距。而对于偏远地区的教师，则应该在原有的基础上进一步合理地提高待遇，提升教师社会地位，以更好地吸引优秀教师到偏远地区任教。并且要采取措施增加西部地区师资，鼓励和吸引外来的、符合条件的大学生去西部贫困地区工作。要调剂城乡教师余缺或者实行轮岗制度，要求教师轮流到县域内其他学校任教，实现教师资源在系统内合理流动与调配。

（二）加强教育管理，提升培训实效性

在西部地区学校中要加强教育管理，特别是要实现西部小学教育教学管理的科学化和规范化。相关部门需要进行认真调研，加强对西部小学教育教学的管理力度，从根本上消除令教师队伍人心不稳的因素。同时，学校领导应加强对教师培训的重视程度，将教师培训作为日常管理中的重要工作来抓，引领全体教师树立终身教育理念，尽量通过各种途径不断提高自身的素质和专业技能，以适应新时期教育发展需求。坚持以人为本，重视教师需求信息的收集与分析工作。教师培训机构则要注重实践操作和组织管理，从教师的发展需求出发，量体裁衣，使每个教师都有符合个人实际需求的专业成长计划，尽可能地使每个教师的潜能得到最大限度的发掘。让教师培训能真正在提高教师自身素质以及教育教学工作中发挥出应有的作用。

（三）加强对教育的重视

对欠发达地区来讲，教育的发展需要政府的积极推动，政府的推动包括在大力普及义务教育的基础上，进一步减免各项教育收费，并对家庭贫困的学生给予相应的生活救助。政府要加大对教育基础设施的投入，让西部地区的学生接受现代化的教育。只有这样才能对解决西部发展问题产生有益的影响，才能推动西部地区教育的发展。转变教育观念，加强对教育的重视，改善基础教育环境，扩大师资队伍，提高教师素质等，都是迫在眉睫的事。政府应建立激励机制，加大支持力度，积极鼓励东、中部地区的各种组织以各种形式支持西部教育，鼓励社会各界向西部地区进行捐赠。制定西部边远贫困地区津贴和补贴政策，积极引导和鼓励教师及具备教师资格的人员到西部地区任教。

第九章
全国农村教师多学科教学现状

本研究的省级样本，主要采用分层抽样的方法在全国范围内进行样本选择，主要选择与教育极其相关的三个因素。人口因素确定人口数、城镇人口比重两项基本指标，经济因素确定人均生产总值、城镇单位就业人员平均工资两项基本指标，地理因素确定区域类型、地貌特征和气候类型三项基本指标。综合考虑并最终确定对13个省份26个县（区）的246所学校进行问卷调查。[①]

一 全国多学科教学群体情况研究

（一）多学科教学教师的人数情况

通过对所选样本学校教师的人数情况进行统计与分析发现，从事单学科教学的教师和多学科教学的教师分别占教师总数的46.61%和53.39%（如图9-1所示），两类教师人数比例相当，多学科教学教师比单学科教学教师多6.78个百分点。可以看出，超过一半的小学教师都在从事多学科教学，说明我国小学教师从事多学科教学并不是个别的现象。通过多学科教学教师的城乡分布结构来看，城市、县城、乡镇、村屯学校的多学科教学教师占同一区域层级学校内教师总人数的比例分别为49.89%、39.41%、54.63%和73.82%。城市多学科教学教师和单学科教学教师数

[①] 本研究数据来源于2015年东北师范大学中国农村教育发展研究院的调研活动，回收有效教师调查问卷1872份，其中城市476份，县城415份，乡镇655份，村屯326份。

量基本持平,但单学科教学教师比多学科教学教师多 0.22 个百分点。县城单学科教学教师明显多于多学科教学教师,多学科教学教师占教师总数的 39.41%。但在乡镇和村屯学校中,多学科教学教师却多于单学科教学教师,乡镇多学科教学教师占该区域层级教师总数的 54.63%,而村屯学校多学科教学教师的人数比例却在 70% 以上(如图 9-2 所示)。由此可见,以乡镇中心校、村小学和教学点为主体的农村小学教师从事多学科教学现象十分明显,尤其是村小学和教学点更为普遍。

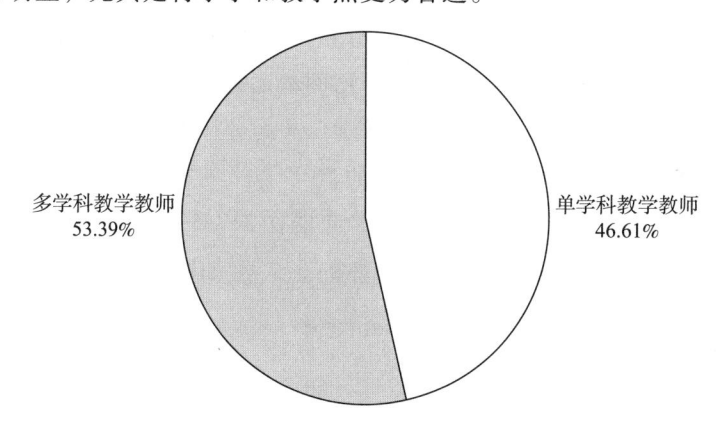

图 9-1 全国教师任教的总体情况

说明:N = 1798,有效百分比 = 96.05%,缺失值 = 74。

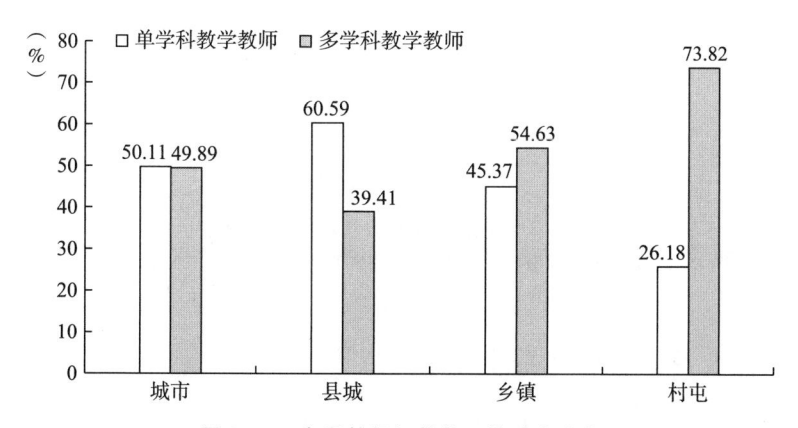

图 9-2 全国教师任教状况的城乡分布

说明:N = 1798,有效百分比 = 96.05%,缺失值 = 74。

(二)多学科教学教师的年龄结构

通过对全国小学教师的年龄情况进行统计与分析发现,全体调查对象的年龄分布较为均衡。在单学科教学教师群体内部，教师的年龄主要集中在 31~50 岁，其中 31~40 岁的教师占 38.47%，41~50 岁的教师占 33.08%。多学科教学教师群体的年龄分布与单学科教学教师的情况有所不同，在多学科教学教师群体内部，教师年龄主要集中在 31~40 岁，约占 40%，其次是 41~50 岁、30 岁及以下的教师，分别占该群体教师总数的 27.04% 和 24.00%。在从事多学科教学的教师中，30 岁及以下、31~40 岁和 50 岁以上教师占该群体教师总数的比例却比同一年龄段的单学科教学教师所占的比例分别多出 1.57 个百分点、1.38 个百分点和 3.10 个百分点，然而 41~50 岁的多学科教学教师比例却比同一年龄段的单学科教学教师的人数比例少 6.04 个百分点。在教学任务的分配上并未表现出对年龄偏大教师的特殊照顾，从事多学科教学的 50 岁以上的教师反而比同一年龄段从事单学科教学的教师多。总体来看，年龄在 31~50 岁的教师是多学科教学的主力军，约占多学科教学教师总体的 67%（如图 9-3 所示）。

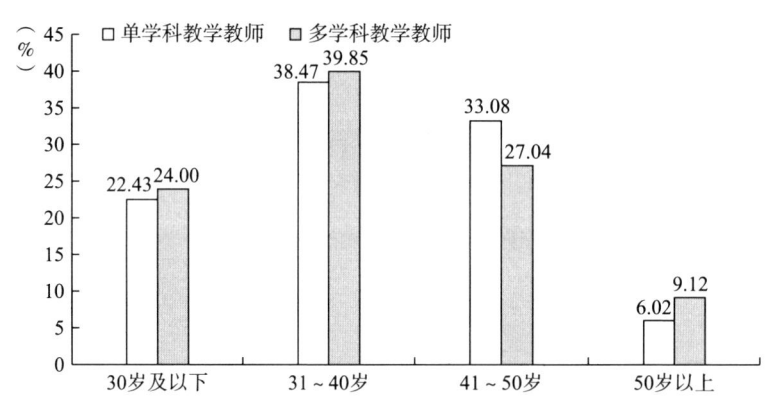

图 9-3　全国教师任教状况的年龄分布

说明：N = 1719，有效百分比 = 91.83%，缺失值 = 153。

（三）多学科教学教师的性别结构

通过对调查数据的统计与分析发现，在单学科教学教师群体内部，男教师占 24.25%，75.75% 的是女教师。在多学科教学教师群体内部，男教师占 23.92%，比单学科教学教师中男性教师所占比例略少 0.33 个百分点，76.08% 的是女教师（如图 9-4 所示）。学校在多学科教学安排上并没有体现出明显的性别差异，单学科教学教师和多学科教学教师的性别比例相当。总体来看,从事多学科教学的教师仍以女教师为主,这一现象与一直以来小学教师性别比例不均衡有直接关系。

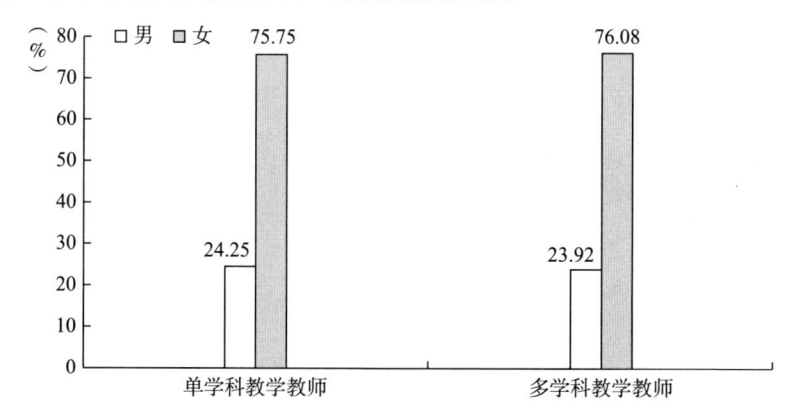

图 9-4 全国教师任教状况的性别分布

说明:N=1782,有效百分比=95.19%,缺失值=90。

(四)多学科教学教师的身份状况

通过对所选取样本教师的身份情况进行统计与分析发现,无论是单学科教学教师还是多学科教学教师,都以本校在编教师为主。在单学科教学教师群体中,本校在编教师占89.18%;在多学科教学教师群体中,本校在编教师占89.98%。无论是单学科教学教师还是多学科教学教师,其中代课教师、特岗教师、交流(轮岗)教师、支教教师所占比例都很小,但是在特岗教师和支教教师队伍中,从事多学科教学的教师比例比从事单学科教学教师的比例要高(如表9-1所示)。出现这种情况可能是因为特岗教师和支教教师多是在村小学和教学点任教,而村小学和教学点多是小规模学校,教师数量较少,为了保证开齐、开足国家规定的课程,教师不得不进行多学科教学,所以支教教师和特岗教师中从事多学科教学的教师相对于从事单学科教学的教师要多一些。从总体情况来看,单学科教学教师与多学科教学教师的身份无明显差异,没有以教师身份来分配教学任务,更多的是根据学校的实际情况。

表 9-1 全国教师任教状况的身份分布

单位:%

教师身份	单学科教学教师	多学科教学教师
本校在编教师	89.18	89.98

续表

教师身份	单学科教学教师	多学科教学教师
代课教师	7.33	4.59
特岗教师	1.92	3.34
交流（轮岗）教师	1.08	0.94
支教教师	0.48	1.15

注：N＝1790，有效百分比＝95.62%，缺失值＝82。

（五）多学科教学教师的职称结构

通过对调查数据的统计与分析发现，所调查的总体教师的职称分布情况主要集中在小学高级和小学一级，而具有小学三级和中学三级职称的教师所占比例最小。其中，43.44%的单学科教学教师具有小学高级职称，34.66%的单学科教学教师具有小学一级职称。在多学科教学教师群体中，具有小学高级职称的教师所占比例最大，为47.32%，比单学科教学教师群体中具有小学高级职称的教师所占比例多3.88个百分点。同时，多学科教学教师中具有小学一级职称的教师所占比例却比单学科教学教师所占比例少4.96个百分点（如表9-2所示）。可见，多学科教学教师在职称评定方面并未表现出明显优势，其职称情况与单学科教学教师的职称情况基本一致。

表9-2　全国教师任教状况的职称分布

单位：%

教师职称	单学科教学教师	多学科教学教师
中学高级	2.89	1.57
中学一级	4.09	3.25
中学二级	3.37	3.67
中学三级	0	0.10
小学高级	43.44	47.32
小学一级	34.66	29.70
小学二级	3.25	3.36
小学三级	0	0.42
未评职称	8.30	10.60

注：N＝1784，有效百分比＝95.30%，缺失值＝88。

（六）多学科教学教师的教学一致情况

通过对调查数据的统计与分析发现，单学科教学教师第一学历所学专业、最高学历所学专业与其所教学科的一致的比例分别为 68.57% 和 60.22%，而多学科教学教师第一学历所学专业、最高学历所学专业与其所教学科的一致的比例分别为 72.75% 和 64.96%（如图 9-5 所示）。总体来看，无论是单学科教学教师还是多学科教学教师，教师第一学历所学专业与所教学科的相符程度均高于最高学历所学专业与所教学科的相符程度。同时由于本研究中界定教师所教学科中任意一门与所学专业一致就称为教学一致，多学科教学教师由于其所教课程门数的增多，其教学一致的比例升高。所以，无论是第一学历所学专业还是最高学历所学专业，多学科教学教师的教学一致比例均高于单学科教学教师。

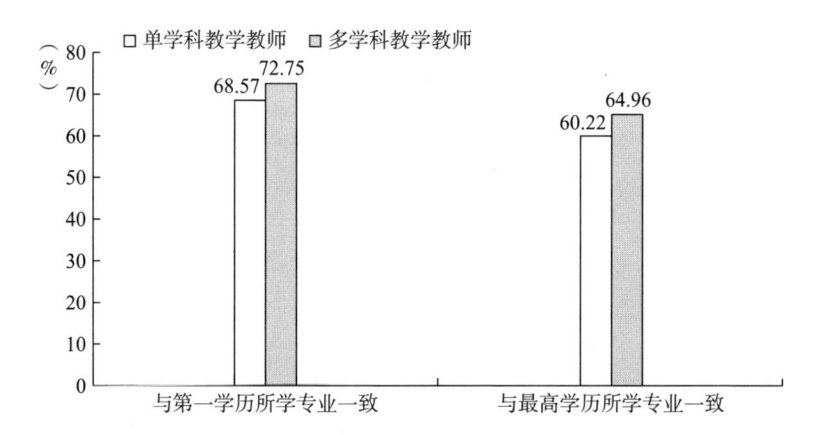

图 9-5　全国教师所教学科与所学专业的一致情况

说明：N1 = 1726，有效百分比 = 92.20%，缺失值 = 146；N2 = 1583，有效百分比 = 84.56%，缺失值 = 289；N1 为教师所教学科与第一学历所学专业对口情况的总人数，N2 为教师所教学科与最高学历所学专业对口情况的总人数。

通过对多学科教学教师所学专业具体情况的统计发现，多学科教学教师第一学历所学专业排名前三位的依次是师范全科培养、汉语言文学、其他（非师范专业、幼师、高中毕业、小学教育专业），分别占总体的 39.48%、13.34% 和 11.39%。而多学科教学教师最高学历所学专业主要是汉语言文学，占总体的 44.06%，其次是教育学和其他（科学、小学教育、教育管理、学前教育、非师范专业），分别占总体的 12.47% 和 10.37%（如表 9-3 所示）。通过对多学科教学教师所学专业的统计可以看出，目前中师毕业（师范全科培养）的教师在多学科教学中具有重要作用，他们从事多学科教学的人数比例明显高于其他分科培养的教师人数比例。

表9-3 全国多学科教学教师所学专业

单位：人，%

专业类别	第一学历所学专业		最高学历所学专业	
	人数	百分比	人数	百分比
汉语言文学	123	13.34	378	44.06
数学	66	7.16	47	5.48
外语	68	7.38	70	8.16
历史	28	3.04	9	1.05
地理	4	0.43	4	0.47
物理	6	0.65	3	0.35
化学	7	0.76	7	0.82
政治	6	0.65	11	1.28
生物	3	0.33	2	0.23
音乐	31	3.36	18	2.10
美术	24	2.60	19	2.21
体育	23	2.49	14	1.63
教育学	36	3.90	107	12.47
心理学	3	0.33	12	1.40
计算机	25	2.71	13	1.52
师范全科培养	364	39.48	55	6.41
其他	105	11.39	89	10.37
合计	922	100.00	858	100.00

说明：N1=922，有效百分比=96.04%，缺失值=38；N2=858，有效百分比=89.38%，缺失值=102；N1为第一学历所学专业人数，N2为最高学历所学专业人数。

（七）多学科教学教师的平均月工资情况

全国教师的月工资主要集中在2001~4000元，在单学科教学教师群体内部月工资在2001~4000元的教师占62.93%，在多学科教学教师群体中共有63.06%的教师月工资在2001~4000元。通过对全国教师月工资的调查与分析发现，月工资在1000元及以下和6000元以上的教师所占比例很小，并且在同一月工资水平上，多学科教学教师和单学科教学教师的人数比例差距不大，相差0.06~5.31个百分点（如图9-6所示）。

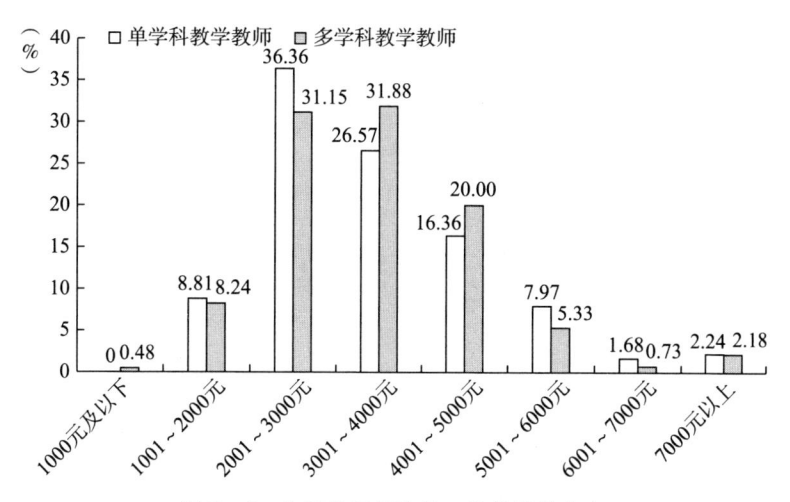

图9-6 全国教师平均月工资的总体分布

说明：N=1540，有效百分比=82.26%，缺失值=332。

通过对城乡多学科教学教师与单学科教学教师平均月工资的统计与分析发现，同一层级学校内，多学科教学教师与单学科教学教师的平均月工资大概相差47元~187元。在城市学校、县城学校和村屯学校内部，多学科教学教师的平均月工资均高于单学科教学教师，其中城市学校相差最多，每月平均相差186元；而在乡镇学校内部，多学科教学教师的平均月工资却比单学科教学教师少大概165元（如表9-4所示）。

表9-4 全国教师平均月工资的城乡分布

单位：元/月

学校所在地	单学科教学教师	多学科教学教师
城市	3791.64	3977.70
县城	3401.54	3449.44
乡镇	3795.34	3630.79
村屯	3266.00	3386.76

注：N=1540，有效百分比=82.26%，缺失值=332。

城市多学科教学教师的月工资主要集中在2001~3000元和3001~

4000元，在多学科教学教师群体内部有60%以上的教师月工资在2001～4000元。除此之外的其他工资水平上，单学科教学教师和多学科教学教师的人数比例相差不大。县城单学科教学教师与多学科教学教师的月工资分布情况差异不大，同一个工资水平上，单学科教学教师与多学科教学教师的人数比例差距在0.4～6.6个百分点。在乡镇学校，月工资在3001～4000元的多学科教学教师所占比例比单学科教学教师多7.11个百分点，其他月工资水平上二者的差距不明显。村屯教师的月工资没有6000元以上的，多数教师的工资集中在3001～4000元，其次是2001～3000元，同时，月工资在3001～4000元的多学科教学教师所占比例比单学科教学教师所占比例少10.15个百分点（如表9-5所示）。

表9-5 全国不同任教类型教师月工资的城乡分布

单位：%

学校所在地及任教类型		1000元及以下	1001～2000元	2001～3000元	3001～4000元	4001～5000元	5001～6000元	6001～7000元	7000元以上	合计
城市	单学科教学教师	0.00	7.81	40.63	19.79	14.58	9.38	3.13	4.69	100.00
	多学科教学教师	0.00	4.62	31.28	32.31	16.41	8.72	1.03	5.64	100.00
县城	单学科教学教师	0.00	8.87	41.87	28.57	14.78	5.42	0.00	0.49	100.00
	多学科教学教师	0.76	3.05	40.46	29.01	21.37	3.82	1.53	0.00	100.00
乡镇	单学科教学教师	0.00	7.35	31.84	25.31	20.41	10.20	2.45	2.45	100.00
	多学科教学教师	0.00	10.92	29.01	32.42	19.45	5.12	0.68	2.39	100.00
村屯	单学科教学教师	0.00	16.00	25.33	42.67	12.00	4.00	0.00	0.00	100.00
	多学科教学教师	1.46	11.17	28.16	32.52	23.30	3.40	0.00	0.00	100.00

注：N=1540，有效百分比=82.26%，缺失值=332。

总体来看，单学科教学教师和多学科教学教师月工资的集中趋势基本一致，都大体集中在2001～5000元，但是在此工资范围的内部细化中，各个不同工资段的单学科教学教师人数和多学科教学教师人数所占比例有一定差距。总体来看,同一区域层级学校内部,多学科教学教师的月工资普遍不低于单学科教学教师。

二 全国多学科教学实施情况研究

(一)教师任教课程门数情况

从城乡小学教师平均任课门数来看,城市小学教师平均任课门数为1.94门,县城小学教师平均任课门数比城市小学教师略少一些,为1.88门,而乡镇和村屯小学教师的平均任课门数均超过了两门,其中乡镇小学教师的平均任课门数为2.14门,而村屯小学教师的平均任课门数多达3.36门,远多于全国小学教师总体的平均任课门数,且标准差达到2.28,表明多数村屯小学教师的任课门数与其平均任课门数之间差距较大(如表9-6所示)。可见,以乡镇中心校、村小学和教学点为主体的农村小学教师多学科教学现象十分普遍,且村屯小学教师负担重。

表9-6 全国小学教师平均任课门数

单位:门

学校所在地	任课门数均值	标准差
城市	1.94	1.21
县城	1.88	1.38
乡镇	2.14	1.40
村屯	3.36	2.28
总体状况	2.24	1.63

从教师具体承担的课程门数来看,同一区域层级学校内,承担1门课的教师人数最多,其中县城学校承担1门课的教师比例最高,达60.59%,其次是城市学校,为50.11%,但是到了乡镇和村屯学校,这一比例急剧下降,分别为45.37%和26.18%。通过数据统计与分析可以看出,在教师承担多门课程的比例上,村屯学校教师比例明显高于其他区域层级学校,承担两门及以上课程的教师所占比例,村屯学校为73.82%,城市学校为49.89%,县城学校为39.41%,乡镇学校为54.63%(如表9-7所示)。

表9-7　全国不同任教类型教师任教门数的城乡分布

单位：人，%

学校所在地		1门	2门	3门	4门	5门	6门及以上
城市	人数	225	109	62	31	15	7
	百分比	50.11	24.28	13.81	6.90	3.34	1.56
县城	人数	246	64	35	37	14	10
	百分比	60.59	15.76	8.62	9.11	3.45	2.46
乡镇	人数	284	151	86	56	37	12
	百分比	45.37	24.12	13.74	8.95	5.91	1.92
村屯	人数	83	64	39	37	38	56
	百分比	26.18	20.19	12.30	11.67	11.99	17.68
合计	人数	838	388	222	161	104	85
	百分比	46.61	21.58	12.35	8.95	5.78	4.73

注：N=1798，有效百分比=96.05%，缺失值=74。

（二）教师多学科教学的学科组合情况

全国小学教师多学科教学的学科组合主要是"数学或语文+多门副科"，其次是"数学或语文+1门副科"的形式。其中县城小学多学科教学教师同时任教"数学或语文+多门副科"的情况最为突出，达到58.75%，其次是村屯小学，为52.14%，乡镇和城市小学分别为50.58%和47.77%；城市小学多学科教学教师同时任教"数学或语文+1门副科"的有41.07%，在县城、乡镇和村屯小学内部分别为34.38%、34.50%、20.09%。在城市、县城和乡镇小学中，多学科教学教师任教的学科组合主要是"数学或语文+副科"，其中在县城小学中，这种多学科教学的学科组合形式所占比例高达93.13%，城市小学和乡镇小学分别为88.84%和85.08%；村屯小学多学科教学教师同时任教"数学或语文+副科"的比例为72.23%，明显低于城市、县城以及乡镇小学。在村屯小学中有13.25%的多学科教学教师同时任教"数学+语文+多门副科"，这种多学科教学形式在城市小学存在比例较低，在县城和乡镇小学也鲜有存在。教师同时任教多门副科的形式普遍存在，但是这种情况所占比例都比较小（如图9-7所示）。通过对全国小学多学科教学教师任教的学科组合情况进行统计与分析发现，多学科教学教师的学科组合主要是 1 门主科（数学或语文）+副科的形式，其次是任教多门副科的形式，所占比例很小的是同时任教两门主科（数学和语文）和"两门主科+1 门副科"的形式，其中村屯小学多学科教学教师任教的学科组合情况最为复杂，且多学科教学教师同时任教两门主科+多门副科的比例明显高于城市、县城和乡镇小学。

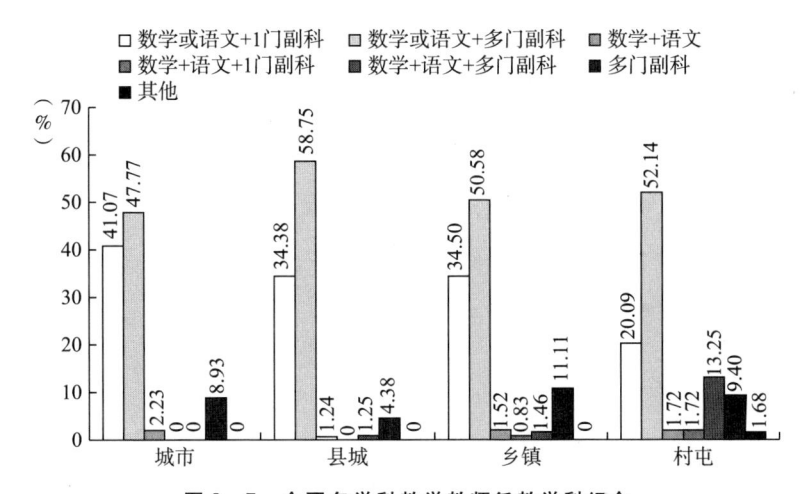

图 9-7　全国多学科教学教师任教学科组合

说明：N=960，有效百分比=51.28%，缺失值=912。

（三）教师多学科教学的周工作量情况

本研究主要是从教师的周课时数、周备课时间、周课后批改辅导时间三个方面来衡量教师的周工作量。通过对多学科教学教师与单学科教学教师周课时数分布情况的对比可以看出，单学科教学教师和多学科教学教师的周课时数都主要集中在 11~15 节，各占 51.78%，周课时数在 10 节及以下的多学科教学教师所占比例低于单学科教学教师，周课时数在 16 节及以上的多学科教学教师所占比例高于单学科教学教师，周课时数在 21 节及以上的多学科教学教师和单学科教学教师的比例都较小（如图 9-8 所示）。通过对多学科教学教师与单学科教学教师周备课时间分布情况的对比可以看出，周备课时间在 0~5 小时范围内，单学科教学教师所占比例明显高于多学科教学教师，单学科教学教师和多学科教学教师所占比例分别为 52.66% 和 38.38%，周备课时间在 6~25 小时及 30 小时以上的各个备课时间分段上，多学科教学教师所占比例普遍高于单学科教学教师，周备课时间在 21 小时及以上的多学科教学教师和单学科教学教师所占比例都很小（如图 9-9 所示）。通过对多学科教学教师与单学科教学教师周课后批改辅导时间分布情况的对比可以看出，单学科教学教师和多学科教学教师的周课后批改辅导时间都主要集中在 0~5 小时，分别占 49.87% 和 41.21%，此时间段内，单学科教学教师所占比例高于多学科教学教师，周课后批改辅导时间在 6~25 小时范围内的多学科教学教师所占比例均高于单学科教学教师，周课后批改辅导时间在 26~30 小时范围内的多学科教学教师所占比例略低于单学科教学教师，仅相差 0.74 个百分点，周课后批改辅导时间在 21~30 小时的多学科教学教师和单学科教学教师所占比例都非常小（如图 9-10 所示）。

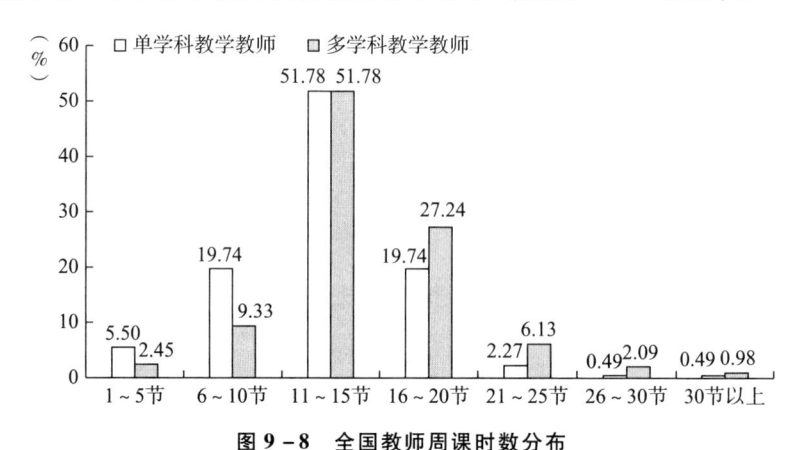

图 9-8 全国教师周课时数分布

说明：N=1433，有效百分比=76.55%，缺失值=439。

从单学科教学教师与多学科教学教师平均周课时数、平均周备课量、平均周课后批改辅导量的总体情况来看，多学科教学教师在这三个方面所付出的时间都多于单学科教学教师，其中多学科教学教师每周比单学科教学教师平均多上 1.86 节课，多花费 1.49 小时备课，多付出 0.90 小时来进行课后批改辅导。从多学科教学教师平均周课时数、平均周备课量、平均周课后批改辅导时间的城乡差异来看，村屯小学多学科教学教师的平均周课时数比全国多学科教学教师多 3.46 节，而城市、县城和乡镇小学的多学科教学教师的平均周课时数均少于全国总体情况；城市小

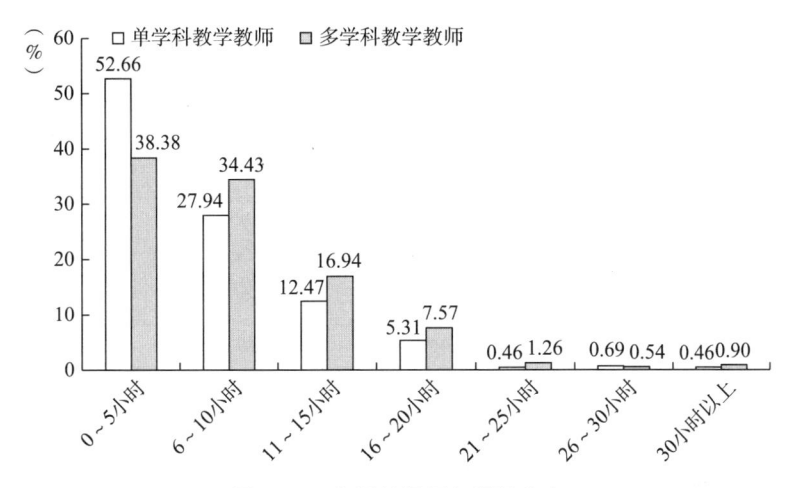

图 9-9 全国教师周备课量分布

说明：N=988，有效百分比=52.78%，缺失值=884。

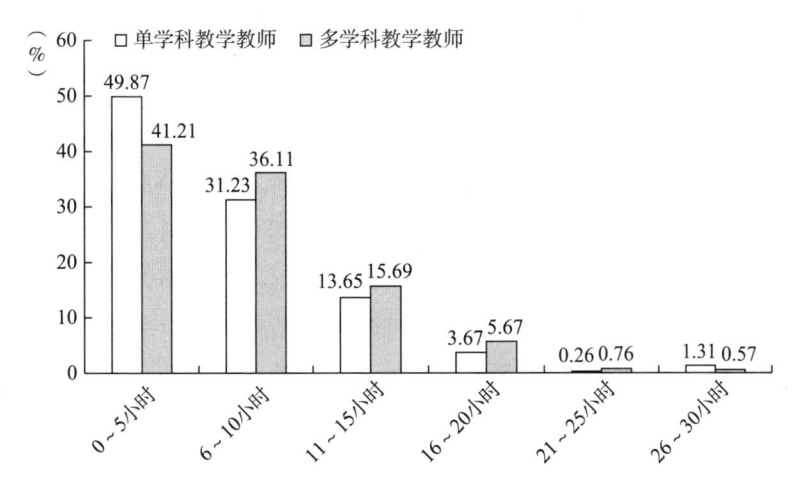

图 9-10 全国教师周课后批改辅导量分布

说明：N=910，有效百分比=48.61%，缺失值=962。

学和村屯小学多学科教学教师的平均周备课量比全国多学科教学教师分别多 0.64 和 0.21 小时，而县城和乡镇小学多学科教学教师的平均周备课量均少于全国的总体情况；城市小学和县城小学多学科教学教师的平均周课后批改辅导量比全国多学科教学教师分别多 0.90 小时和 0.10 小时，而乡镇和村屯小学同一类型教师的平均周课后批改辅导量均少于全国的总体情况（如表 9-8 所示）。

表9-8 全国教师平均周工作量

学校所在地及任教类型		平均周课时数（节）	平均周备课量（时）	平均周课后批改辅导量（时）
城市	单学科教学教师	11.88	7.63	7.65
	多学科教学教师	13.34	9.38	9.07
县城	单学科教学教师	12.64	7.63	8.20
	多学科教学教师	13.20	8.25	8.27
乡镇	单学科教学教师	13.46	6.69	6.96
	多学科教学教师	14.12	8.42	7.71
村屯	单学科教学教师	15.73	6.95	4.75
	多学科教学教师	18.35	8.95	7.89
总体	单学科教学教师	13.03	7.25	7.27
	多学科教学教师	14.89	8.74	8.17

注：N1=1433，有效百分比=76.55%，缺失值=439；N2=988，有效百分比=52.78%，缺失值=884；N3=910，有效百分比=48.61%，缺失值=962；N1是"平均周课时数"的问卷数量，N2是"平均周备课量"的问卷数量，N3是"平均周课后批改辅导量"的问卷数量。

通过对数据的统计与分析可以看出，多学科教学教师的周工作量普遍高于单学科教学教师，但不同区域层级学校之间，多学科教学教师的周工作量有一定差距，其中村屯学校多学科教学教师的平均周课时数明显高于全国多学科教学教师的总体情况，但在平均周备课量以及平均周课后批改辅导量方面，村屯学校多学科教学教师所花费的时间却与全国多学科教学教师的总体情况相差不多。

（四）教师多学科教学的培训困难情况

通过对数据的统计与分析发现，教师普遍认为多学科教学的职后培训困难主要是"学校无法给足时间参加所有学科培训"，其次是"培训任务太重"，所占比例分别为29.50%和21.19%。具体来看，城市、县城和乡镇学校教师多学科教学的培训困难与总体情况相一致，然而村屯学校教师多学科教学的培训困难首先是"学校无法给足时间参加所有学科培训"，其次是"学校缺少教师难以参加培训"，所占比例分别为27.24%和24.25%（见表9-9）。综合来看，由于多学科教学教师所教学科的增多，相应的培训任务也会增加,但是教师普遍反映学校无法给足时间让多学科教学教师参加所有学科的培训。

表9-9 全国教师多学科教学中的培训困难

单位:%

学校所在地	不知道选择哪一门学科去培训	学校无法给足时间参加所有学科培训	培训任务太重	无权选择所要培训的学科	学校缺少教师难以参加培训	其他	合计
城市	11.82	28.95	25.70	14.18	11.08	8.27	100.00
县城	9.78	28.69	21.56	19.57	12.44	7.96	100.00
乡镇	8.89	31.50	20.39	16.52	16.52	6.18	100.00
村屯	10.07	27.24	16.60	15.67	24.25	6.16	100.00
总体	10.00	29.50	21.19	16.45	15.82	7.05	100.00

注:N=1794,有效百分比=95.83%,缺失值=78。

三 东部、中部、西部区域间比较分析

我国东部、中部、西部多学科教学的基本情况总的来说与全国多学科教学的情况大体一致。总体看来,表现出以下的相似或相同之处。

第一,多学科教学教师数量多。我国东、中、西部多学科教学教师数量比单学科教学教师数量都多一些,尤其是村屯学校的多学科教学教师数量远多于单学科教学教师数量。

第二,东、中、西部多学科教学教师的性别分布上无明显差异。东、中、西部学校在多学科与单学科教学安排上没有明显的性别差异,总的来说,在教师男女比例上,全国各地基本情况是女性教师比男性教师多。在多学科教学教师的人员安排上仍然是女性教师居多。

第三,在多学科教学教师的身份状况上以本校在编教师为主。东部、中部、西部,无论是单学科教学教师还是多学科教学教师,都以本校在编教师为主。代课教师、特岗教师、交流(轮岗)教师、支教教师所占比例较小。

第四,职称结构相似。东部、中部、西部的单、多学科教学教师在职称评定上并无明显的差异,教师并未因任教科目与班级的多少而在职称评

定上有差异。

第五，在教学一致情况上，多学科教学教师比单学科教学教师一致比例高。本研究所讲"教学一致"是指教师所教学科中任意一门与所学专业一致。总体来看，无论是单学科教学教师还是多学科教学教师，教师第一学历所学专业与所教学科一致的比例均高于最高学历所学专业与所教学科一致的比例。同时无论是第一学历所学专业还是最高学历所学专业，多学科教学教师的教学一致比例均高于单学科教学教师的教学一致比例。

第六，从多学科教学教师教学情况来看，在教师任教课程门数上东、中、西部的村屯学校教师任课门数普遍多于乡镇、县城和城市学校教师任课门数。在多学科教学教师的周工作量情况方面，多学科教学教师的周工作量普遍大于单学科教学教师的周工作量。关于教师多学科教学的培训，东部、中部、西部教师普遍面临两大问题，一是学校无法给足时间参加所有学科培训；二是培训任务太重，教师难以合理分配时间参加培训。

通过对所选样本进行分析，发现多学科教学活动呈现出区域差异。

一方面，体现在学科教学群体情况上。第一，在多学科教学教师的人数占比方面，东部区域相对于全国以及中西部区域的多学科教学人数占比不同，其多学科教学人数占比要比单学科教学人数占比小，乡镇多学科教学教师的比例相对于全国样本中的所占比例要低。这与我国东部地区经济发达、教育资源的分配相对均衡等因素相关。第二，多学科教学教师的年龄分布方面，中部地区的多学科教学教师群体30岁及以下比例与全国以及其他区域相比更高一些，但是50岁以上的多学科教学教师占比也比全国以及其他区域比例要高。第三，多学科教学教师的身份状况方面，东部地区代课教师和交流（轮岗）教师这两类教师队伍中，从事单学科教学的教师比例比从事多学科教学教师的比例均要略高。第四，多学科教学教师的工资情况方面，东部教师整体高于全国以及中西部区域，这与东部地区经济发展水平较高有关，但是东部区域的多学科教学教师工资也并未见明显优势。

另一方面，体现在多学科教学实施情况上。第一，在教师任教课程门数方面，西部地区的教师任课门数均值高于东部以及中部地区。这与西部教师相比于东部与中部更加匮乏有关，所以教师承担的课程门数均值要高于东部和中部区域。第二，学科组合情况方面，西部城市地区的学科组合情况中，"数学或语文+1门副科"占比要高于"数学或语文+多门副科"占比，这与东部与中部城市地区的学科组合占比最高的组合情况不同。第三，多学科教学的培训困难情况方面，西部村屯多学科教学教师职后培训所遇到的主要困难是"学校缺少教师难以参加培训"，这是与东部与中部的不同之处，其主要原因是西部农村地区师资匮乏，而东部和中部村屯地区多学科教学教师主要培训困难是"学校无法给足时间参加所有学科培训"。

四 全国农村教师多学科教学存在的问题

（一）村屯学校教师多学科教学现象非常普遍

小学教师多学科教学现象在城市、县城、乡镇和村屯学校均存在，但村屯学校从事多学科教学的教师所占比例在70%以上。受到城镇化带来的农村劳动力向城流动的影响，我国农村地区学生数量呈现减少趋势，在总人口中所占的比例也在持续降低，居住在村屯的学生向乡镇和县城甚至城市学校转移，位于村屯的村小学和教学点因生源不足被大量撤并，保留下来的村小学和教学点也都呈现小班化教学的趋势，但这种小班化教学形式并不是为了提升教育质量而采取的主动行为，而是为了应对学生数量减少的被动无奈之举。由于目前师资配备是以师生比作为主要的衡量标准，村小学和教学点由于其生源少，教师数量少，但是为了能够开足、开齐国家规定课程，教师不得不进行多学科教学。所以综合来看，村屯学校教师普遍从事多学科教学的现象不可能在短时间内消失。

（二）教师的多学科教学安排与其自然条件关系不大

从事多学科教学的教师与从事单学科教学的教师在性别、年龄以及教师身份方面的差异不显著，也就是说，学校在给教师安排所教学科时并没有综合考虑教师的性别、年龄和教师身份情况。原因一是受到学校教师总体情况的影响。在基础教育阶段，教师的性别比例严重失衡，呈现出女多男少的情况。基于这一现实状况，多学科教学教师仍然以女教师为主。在教师的年龄分布方面，全国的多学科教学教师的主力军是31~50岁的教师，占多学科教学教师总数的66.89%，而单学科教学教师中年龄在31~50岁的教师占71.55%。这也说明在全国教师中，年龄在31~50岁的教师所占比例最大，这一年龄段的教师是教学的主力军，可在教师单学科教学和多学科教学的安排上却无明显的区别，这受到学校教师总体情况的影响。原因二是基于学校实际教学需要，从总体情况来看，全体调查对象中近90%的教师都是本校在编教师，从事单学科教学的教师与从事多学科教学的教师在教师身份方面无明显差异，都是以本校在编教师为主，没有以教师身份来分配教学任务，多学科教学也是以本校在编教师为主，这也说明在教学安排上更多的是根据学校的实际教学需求，并没有教师身份的特殊考虑。

（三）多学科教学教师在物质收益方面没有明显优势

此次调查的全体小学教师中，教师的职称情况主要集中在小学高级和小学一级，在小学一级职称以下的各级职称中，多学科教学教师所占比例均略高于单学科教学教师所占比例。但在小学一级、中学一级、中学高级职称中，单学科教学教师所占比例却略高于多学科教学教师比例。总体来看，多学科教学教师在职称评定方面并未表现出明显的优势。现有的中小学教师职称评定标准并没有因为教师的工作量而有所倾斜，而更多的是依据教师的教学效果，即学生的学习成绩，同时把是否为优秀班主任作为职称评定的硬性标准，这在一定程度上使职称评定向主科教师和班主任教师倾斜，而将学校的副科教师置于学校职称评定的边缘地位。如果教师是从事多副科教学工作，那么在职称评定方面会处于劣势地位，但如果一位教师是从事一门主科和副科的教学，那他会因为其所教的主科而在职称评定中处于优势地位，但这种评定标准并没有考虑到教师所教课程门数增加给教师带来的工作量和工作负担的加重，这种职称评定方式会在一定程度上降低教师的教学积极性以及造成多学科教学教师对其所教的学科有所侧重，在日常的教学中表现出重主轻副，副科课程形同虚设等情况。

在教师的工资待遇方面，总体来看，单学科教学教师和多学科教学教师的月工资水平趋于一致，在同一区域层级学校内部，多学科教学教师的月工资普遍不低于单学科教学教师。教师的职称影响其工资水平，因此，在单学科教学教师和多学科教学教师职称无明显差异的情况下，其工资差距必然不会太大。部分学校在课时量计算的时候会对多学科教学教师有所倾斜，而有的学校在绩效工资的分配方面采取的是平均分配的原则，不会根据教师的课时量或是工作强度而有所倾斜。

（四）多学科教学主要是主科教师兼带副科

多学科教学教师的学科组合主要是一门主科（数学或语文）+副科的形式，其次是多门副科的形式。新课程改革之后，小学增加了许多新的课程，现有的师资配备标准难以保证每门课程都有专门的教师任教，但是为了保证开足、开齐国家规定课程，教师不得不兼带其他课程。由于我国的小学存在明显的教师结构性缺编，音体美教师短缺，而语数等主科教师充足，所以一个学校的音体美教师常常是跨年级教学，教学任务已经很重，很难再有时间教授课改之后新开设的课程，所以一些新设课程的教学任务主要就落到了主科教师身上。这种主科教师兼带一门或是几门副科的情况在农村学校更是普遍存在。

（五）教师多学科教学的职后培训效果不佳

现有的教师培训按培训对象可分为新教师、学校骨干教师以及校长培训，按照培训内容可分为具体的学科、现代教育技术、管理理论和教育学心理学等培训。现有的教师职后培训除了学习通用性知识技能以外，多是以分科培训为主。基于此现实的培训状况，多学科教学教师必然会因为其所教学科数量多而要参加更多的学科培训，尤其是那些年轻教师或是从事多主科教学的教师会因为其身份和所教学科的重要性而成为参加培训的主力军。这种学科叠加式的培训必然会给教师带来很大的负担，教师普遍认为多学科教学的培训任务太重，同时学校也无法给教师足够的时间去参加所有学科的培训，甚至有些教师即使有机会参加培训也不想去，其原因一是培训未必会满足教师多学科教学的需求，二是培训会占用教师大量的寒暑假时间或是休息时间，即使培训时间安排在正常工作日，教师在培训后也通常需要利用其他时间补课。同时，村屯学校还存在因为学校缺少教师无法参加培训的情况。总之，基于教师主观参加培训的积极性、学校的客观现状以及培训内容的适切，教师参加培训的效果都会在一定程度上有所折扣。

第三部分
农村教师多学科教学实践

第十章
农村教师"教非所学"现状

教师作为学校的第一人力资本,决定着学校的前景与发展,而教师的教学专业性直接影响着教育教学的质量,教师教学专业性处于重要地位。而现实情况中,我国小学教师存在着所教学科与所学专业(以下简称"所教与所学")不一致的情况。本研究将这种不一致定义为"教非所学",并规定本研究中所提到的"一致"为"广义一致",即在多学科教学中,教师所学专业与任意一门所教学科相一致;将"所教与所学一致"定义为教师不论是第一学历所学还是最高学历所学专业与所教任意学科相一致。基于此定义,本研究将分析目前我国小学多学科教学教师的所教与所学一致性的现状,探析教师"教非所学"的成因,并提出教师教学专业水平提升的策略,以促进教育教学质量的提高和教师专业水平的发展。

一 教师多学科教学所教与所学一致性的现实表现

(一)教师所教与所学一致性的群体差异

通过对小学教师教学一致性情况的统计与分析发现,当前我国小学教师专业对口教学的比例远远高于非专业对口教学的比例,即教师所教学科与第一学历所学专业一致、与最高学历所学一致、与所学专业总体一致的比例均远远高于相对应的不一致的比例。其中,教师所教与所学一致的比例达79.57%,教师所教学科与第一学历所学专业(以下简称"所教与第一学历所学")一致的比例高于所教学科与最高学历所学专业(以下简称

"所教与最高学历所学")一致的比例,高出 8.01 个百分点(如表 10-1 所示)。这种差距也说明教师在正式入职后,从教学科与教师第一学历所学专业保持一致的可能性更大。

表 10-1 我国教师教学一致性状况

单位:人,%

	所教与第一学历所学		所教与最高学历所学		所教与所学	
	人数	有效百分比	人数	有效百分比	人数	有效百分比
一致	1222	70.80	994	62.79	1402	79.57
不一致	504	29.20	589	37.21	360	20.43
合计	1726	100.00	1583	100.00	1762	100.00

注:N1=1726,缺失值=146;N2=1583,缺失值=289;N3=1762,缺失值=110;N1 代表所教与第一学历所学一致性的有效数值,N2 代表所教与最高学历所学一致性的有效数值,N3 代表所教与所学一致性的有效数值。

通过对多学科教学教师群体内部所教与所学一致性情况的调查与统计,将表 10-2 与表 10-1 进行对比,可以发现,在教学一致性方面,多学科教学教师群体内部与教师总体的分布趋势相同,但所教学科与第一学历所学专业一致的比例为 72.75%,所教学科与最高学历所学专业一致的比例为 64.96%,所教与所学一致的比例为 81.34%,均高于教师的总体水平约 2 个百分点(如表 10-2 所示)。

表 10-2 多学科教学教师群体内部教学一致性状况

单位:人,%

	所教与第一学历所学		所教与最高学历所学		所教与所学	
	人数	有效百分比	人数	有效百分比	人数	有效百分比
一致	670	72.75	558	64.96	767	81.34
不一致	251	27.25	301	35.04	176	18.66
合计	921	100.00	859	100.00	943	100.00

注:N1=921,缺失值=39;N2=859,缺失值=101;N3=943,缺失值=17;N1 代表所教与第一学历所学一致性的有效数值,N2 代表所教与最高学历所学一致性的有效数值,N3 代表所教与所学一致性的有效数值。

通过对教师所教与所学一致性的群体分布进行分析,笔者发现,不论是单学科教学还是多学科教学，教师所教与所学的一致比例均高于其不一致的比例，且教师在多学科教学中所教与所学一致的比例高达81.34%，比单学科教学的77.53%高出约4个百分点（如图10-1所示）。由此可见，小学教师的多学科教学在专业性上要强于单学科教学。这是因为相较于单学科教学而言，在多学科教学中教师所教学科更多，与自己所学专业一致的概率也随之增加。

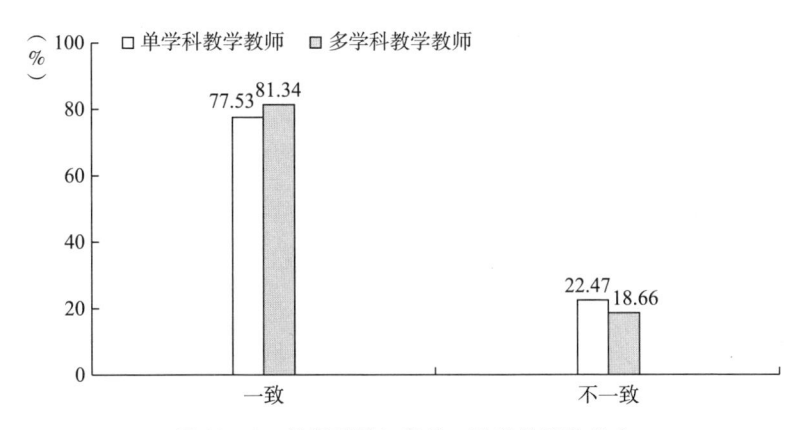

图 10-1 教师所教与所学一致性的群体分布

说明：N=1762，有效百分比=94.12%，缺失值=110。

在所教学科与第一学历所学专业的一致上，单学科群体占68.57%，多学科群体占72.75%；在所教学科与最高学历所学专业的一致上，单学科群体占60.22%，多学科群体占64.96%。把教师所教学科与相应学历所学专业一致性进行群体对比后，我们发现，保持群体统一，在所获学历的层面上，教师所教学科与第一学历所学专业一致比例要高于所教学科与最高学历所学专业一致比例；保持学历层次不变，教师多学科教学所教学科与相应学历所学专业的一致比例要高于教师单学科教学一致比例（如表10-3所示）。

表 10-3 教师教学一致性的群体分布

单位：人，%

任教类型	所教与第一学历所学一致		所教与最高学历所学一致	
	人数	百分比	人数	百分比
单学科教学教师	552	68.57	436	60.22

续表

任教类型	所教与第一学历所学一致		所教与最高学历所学一致	
	人数	百分比	人数	百分比
多学科教学教师	670	72.75	558	64.96

注：N1＝1583，有效百分比＝84.56%，缺失值＝289；N2＝1789，有效百分比＝96.03%，缺失值＝74；其中，N1代表所教与第一学历所学一致性的有效数值，N2代表所教与最高学历所学一致性的有效数值。

（二）多学科教学教师所教与所学一致性的城乡分布

在教师所教学科与所学专业一致性的城乡分布上，不论处于哪个层级，教师所教与所学的一致比例都在80.00%左右，教师的教学专业性相对较强。其中，城市小学教师所教与所学一致的比例最高，达83.78%，其次是县城，为80.05%，村屯与县城相差不大，为79.67%，而乡镇最低，为76.14%（如图10-2所示）。城市与县城教师的教学专业性较强，原因包括以下几个。其一，这些学校对教师的准入门槛控制较严，尤其是城市教师专业匹配度高在招募过程中便得到有效控制；其二，城市与县城的师资相对充裕，教师对教授本专业学科的选择权更有保障，这些学校也更重视教师的专业发展。而作为城乡接合部的乡镇，不论是在教师的准入要求、专业发展的重视程度还是师资配置上都有所不足。与乡镇有所区别的是，村屯中教师多学科教学更为普遍，教授学科更多，在所教与所学的广义一致的界定下，客观上提升了其所教与所学的一致比例。

通过对多学科教学教师群体内部教师所教与所学一致性的城乡分布情况的调查与分析发现，在教师所教学科与所学专业一致性的城乡分布上，不论处于哪个层级，教师所教与所学的一致比例均远远高于不一致比例。其中，城市小学多学科教学教师所教与所学的一致比例最高，达86.49%，随后村屯、县城和乡镇分别为82.10%、80.50%和77.78%，呈递减趋势（如图10-3所示）。通过对多学科教学教师群体内部的调查，与整体相比，村屯教师的教学一致比例明显提高。原因有两个：一是农村师资不足，多学科教学在以村小学和教学点为主的村屯学校更为普遍；二是多学科教学教授学科多，在所教与所学的广义一致的定义下，客观上提升了其所教与所学的一致比例。

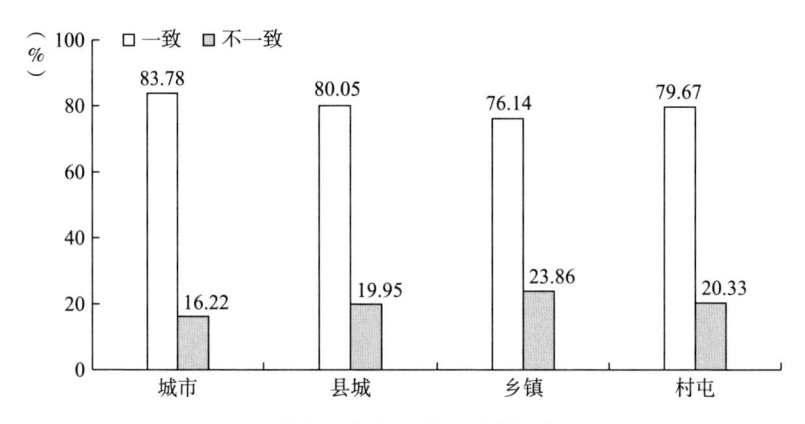

图 10-2 教师所教与所学一致性的城乡分布

说明：N=1762，有效百分比=94.12%，缺失值=110。

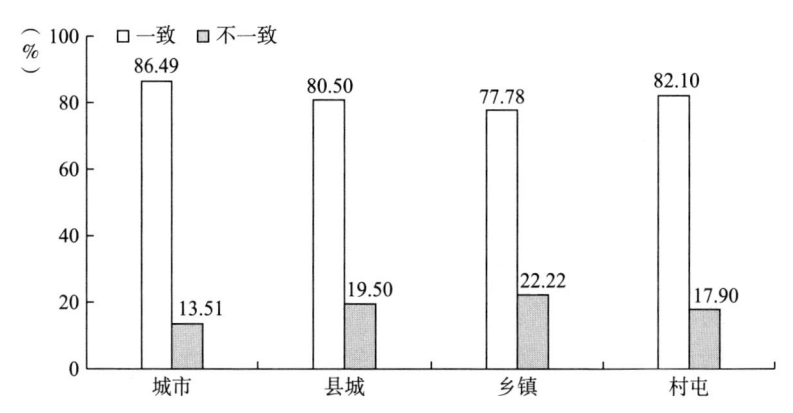

图 10-3 多学科教学教师群体内部教师所教与所学一致性的城乡分布

说明：N=943，有效百分比=98.23%，缺失值=17。

通过对多学科教学教师群体内部所教学科与第一学历所学专业一致性、与最高学历所学专业一致性的城乡分布对比可以看出，当小学多学科教学教师所教学科与第一学历所学专业一致时，其城乡分布为城市、村屯、乡镇、县城，呈递减趋势；当小学多学科教学教师所教与最高学历所学一致时，其城乡分布趋势为村屯、城市、乡镇、县城，呈递减趋势。同时，在城市、县城、乡镇的层次上，小学多学科教学教师所教与第一学历所学一致比例要高于所教与最高学历所学一致比例，而在村屯中则相反，但并不明显（如表10-4所示）。

表 10-4 多学科教学教师群体内部教师所教与相应学历所学一致性的城乡分布

单位：人，%

学校所在地	所教与第一学历所学一致		所教与最高学历所学一致	
	人数	百分比	人数	百分比
城市	177	80.82	140	67.96
县城	106	68.39	84	57.93
乡镇	225	69.23	185	60.66
村屯	162	72.97	149	73.40

注：N1=921，有效百分比=95.94%，缺失值=39；N2=859，有效百分比=89.48%，缺失值=101；其中，N1代表所教与第一学历所学一致性的有效数值，N2代表所教与最高学历所学一致性的有效数值。

（三）多学科教学教师所教与所学一致性的专业分布

通过对数据的统计与分析发现，在多学科教学教师群体内部，师范专业的教师所教与所学的一致比例较高，达84.93%；而非师范专业的教师，其所教与所学一致比例较低，仅占48.96%，低于所教与所学的不一致比例约2个百分点。且师范专业教师所教与所学的一致比例高出非师范专业教师所教与所学一致比例35.97个百分点（如图10-4所示）。由此可见，师范专业教师的教学专业性要远强于非师范专业的教师。

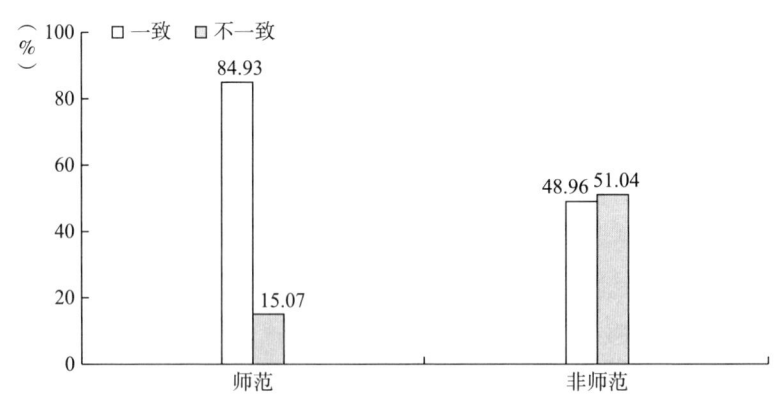

图 10-4 多学科教学教师群体内部教学一致性与是否为师范毕业

说明：N=939，有效百分比=97.81%，缺失值=21。

通过对多学科教学教师是否为师范专业对其所教与第一学历所学一致性的影响和多学科教学教师进行对比，笔者发现，在小学多学科教学教师所教与第一学历所学一致时，师范专业要远高于非师范专业，相差约47.00个百分点；而在所教与最高学历所学的一致时，师范专业仅高出非师范专业16.36个百分点。同时，在师范专业内部，教师所教与第一学历所学的一致比例高于教师所教与最高学历所学一致比例11个百分点；而在非师范专业内部，教师所教与第一学历所学一致比例要低于教师所教与最高学历所学一致比例约20个百分点（如表10-5所示）。

表10-5 多学科教学教师群体内部教学一致性与是否为师范毕业

单位：人，%

教师所学专业类型	所教与第一学历所学一致		所教与最高学历所学一致	
	人数	百分比	人数	百分比
师范	639	77.36	513	66.36
非师范	28	30.43	41	50.00

注：N1=918，有效百分比=95.63%，缺失值=42；N2=855，有效百分比=89.06%，缺失值=105；其中，N1代表所教与第一学历所学一致性的有效数值，N2代表所教与最高学历所学一致性的有效数值。

通过对数据的统计与分析，在教师所教与第一学历所学专业一致性的具体专业分布状况上，我们发现，"师范，全科培养"专业的人数最多，占36.70%；其次是"汉语言文学"专业，占比13.07%；"其他"专业所占比例也较高，占比10.98%；然后是"外语"专业占8.48%、"数学"专业占6.68%。在所有实际教学中对应知识性副科教学的专业中，"历史"专业占2.44%，"政治""地理""物理""化学""生物"所占比例均不足1.00%，其中"地理"最低，仅占0.29%。在发展性较强的学科中，"音乐"所占比例最高，占比4.41%；其次是"体育"的3.77%和"美术"的3.43%，二者相差甚微；"计算机"专业占2.96%。在教育基础性、理论性较强的学科中，"教育学"专业占比为3.48%，心理学仅占0.29%（如表10-6所示）。由此可见，在小学实际教学中，学校对"师范，全科培养"的教师需求是最大的，其次是"汉语言文学"的教师，数学、英语等主科教师的需求量也较大，而对英、体、美教师的需求量大于历史等副科教师。

表 10 - 6　教师所教学科与第一学历所学专业一致性状况

单位：人，%

教师所学专业	一致		不一致		合计	
	人数	百分比	人数	百分比	人数	百分比
汉语言文学	165	13.52	60	11.95	225	13.07
数学	94	7.70	21	4.18	115	6.68
外语	95	7.79	51	10.16	146	8.48
历史	1	0.08	41	8.17	42	2.44
地理	0	0.00	5	1.00	5	0.29
物理	1	0.08	9	1.79	10	0.58
化学	5	0.41	10	1.99	15	0.87
政治	7	0.57	9	1.79	16	0.93
生物	4	0.33	7	1.39	11	0.64
音乐	44	3.61	32	6.37	76	4.41
美术	42	3.44	17	3.39	59	3.43
体育	50	4.10	15	2.99	65	3.77
教育学	60	4.92	0	0.00	60	3.48
心理学	0	0.00	5	1.00	5	0.29
计算机	9	0.74	42	8.37	51	2.96
师范，全科培养	632	51.80	0	0.00	632	36.70
其他	11	0.90	178	35.46	189	10.98
合计	1220	100.00	502	100.00	1722	100.00

注：N = 1722，有效百分比 = 91.99%，缺失值 = 150。

在教师所教学科与最高学历所学专业一致性的具体专业分布状况上，笔者发现，"汉语言文学"专业的人数最多，占40.28%；其次是"教育学"专业，占13.55%；"其他"专业所占比例也较高，占10.01%；然后是"外语"专业占8.49%、"师范，全科培养"占5.83%、"数学"占5.70%。在所有实际教学中对应知识性副科教学的专业中，"政治"专业占1.52%，"历史""地理""物理""化学""生物"所占比例均不足1.00%，其中"物理"最低，仅占0.25%。在发展性较强的学科中，"体育"所占比例最高，占3.23%；其次是"音乐"的2.79%、"美术"的2.72%；"计算机"专业占2.15%（如表10-7所示）。由此可见，当教师在提升自己的学历时，往往会选择"汉语言文学"这类专业性限制少的专业以及"教育学"这类教育基础性强、教学辅助性强的专业。而"师范，全科培养"专业在更高学历的选择上被选概率大大下降。小学所需教师的专业比例同第一学历所学专业的趋势基本一致。

表10-7 教师最高学历所学专业与所教学科一致性状况

单位：人，%

教师所学专业	一致		不一致		合计	
	人数	百分比	人数	百分比	人数	百分比
汉语言文学	392	39.52	244	41.57	636	40.28
数学	74	7.46	16	2.73	90	5.70
外语	72	7.26	62	10.56	134	8.49
历史	2	0.20	10	1.70	12	0.76
地理	0	0.00	5	0.85	5	0.32
物理	3	0.30	1	0.17	4	0.25
化学	4	0.40	10	1.70	14	0.89
政治	6	0.60	18	3.07	24	1.52
生物	4	0.40	4	0.68	8	0.51
音乐	28	2.82	16	2.73	44	2.79
美术	30	3.02	13	2.21	43	2.72
体育	40	4.03	11	1.87	51	3.23
教育学	214	21.57	0	0.00	214	13.55
心理学	0	0.00	16	2.73	16	1.01
计算机	7	0.71	27	4.60	34	2.15
师范，全科培养	92	9.27	0	0.00	92	5.83
其他	24	2.42	134	22.83	158	10.01
合计	992	100.00	587	100.00	1579	100.00

注：N=1579，有效百分比=84.35%，缺失值=293。

通过对多学科教学教师群体内部，教师所教与所学一致时，第一学历所学专业分布情况与最高学历所学专业分布情况的对比研究发现，在第一学历所学专业的分布情况上，"师范，全科培养"所占比例最大，高达48.47%；其余的专业所占比例不大。在最高学历所学专业的分布情况上，"汉语言文学"所占比例最大，高达46.56%；其余的专业所占比例不大

（如表 10-8 所示）。

"汉语言文学"、"教育学"和"师范，全科培养"这三个专业在不同的学历分布上，所教与所学一致比例变化较大。其中，"汉语言文学"专业在最高学历上所教与所学一致比例较其在第一学历的分布上高出 33.38 个百分点，"教育学"专业在最高学历上所教与所学一致比例较其在第一学历的分布上高出 10.22 个百分点，"师范，全科培养"专业在最高学历上所教与所学一致比例较其在第一学历的分布上低 40.76 个百分点（如表 10-8 所示）。其余的专业在不同的学历层次上分布也有所变化，但变化不大。

表 10-8 多学科教学教师群体内部教师所教与相应学历所学一致性的专业分布

单位：人，%

教师所学专业	所教与所学一致的第一学历专业		所教与所学一致的最高学历专业	
	人数	百分比	人数	百分比
汉语言文学	99	13.18	332	46.56
数学	56	7.46	40	5.61
外语	50	6.66	47	6.59
历史	11	1.46	3	0.42
地理	1	0.13	2	0.28
物理	3	0.40	2	0.28
化学	3	0.40	3	0.42
政治	5	0.67	8	1.12
生物	2	0.27	2	0.28
音乐	23	3.06	12	1.68
美术	20	2.66	16	2.24
体育	19	2.53	11	1.54
教育学	36	4.79	107	15.01
心理学	2	0.27	9	1.26
计算机	12	1.60	4	0.56
师范，全科培养	364	48.47	55	7.71
其他	45	5.99	60	8.42
合计	751	100.00	713	100.00

注：N1=921，有效百分比=95.94%，缺失值=39；N2=858，有效百分比=89.38%，缺失值=102；其中，N1 代表所教与第一学历所学一致性的有效数值，N2 代表所教与最高学历所学一致性的有效数值。

(四)"教非所学"的教师身份分布

教师身份在教师所学与所教一致性的分布上表现出巨大的差异性。不论是单学科教学教师群体还是多学科教学教师群体,在任何教师身份上,教师所教与所学的一致比例均高于不一致比例。而且,多学科教学教师的所教与所学一致比例要高于单学科教学教师所教与所学一致比例。在多学科教学教师群体内部,交流(轮岗)教师所教与所学一致比例最高,达87.50%,本校在编教师、支教教师、特岗教师、代课教师的所教与所学一致比例呈递减趋势(如图10-5所示)。

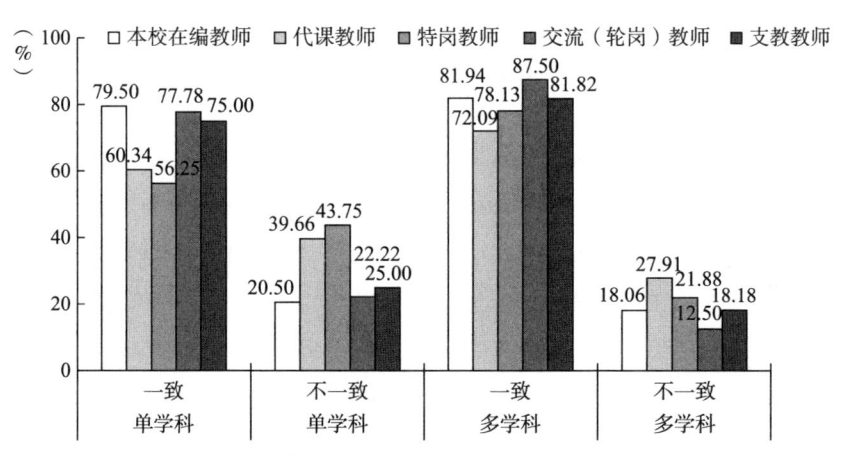

图10-5 教师所教与所学一致性与教师身份情况

说明:N=1755,有效百分比=93.75%,缺失值=117。

(五)教师所教与所学一致性对职称的影响

当教师所教学科与所学专业一致时,教师的职称大多集中在"小学高级"与"小学一级"两个职称上,在整个职称体系中占79.13%的比重。其中,在所教与所学一致性的内部,"小学高级"的职称占47.92%,接近一半的比重;具有"小学一级"职称的教师占31.21%,位列第二;而"未评职称"在整个职称体系中占7.89%,位列第三;"中学一级""中学二级""小学二级""中学高级"这四种职称所占比例不大,均在3.00%左右,并呈递减趋势;不论是"小学三级"还是"中学三级"所占比例均很小,均不足0.20%(如图10-6所示)。这说明,在教师所教与所学一致的职称分布上,拥有"小学高级"和"小学一级"职称的教师所教与所学一致性更高。

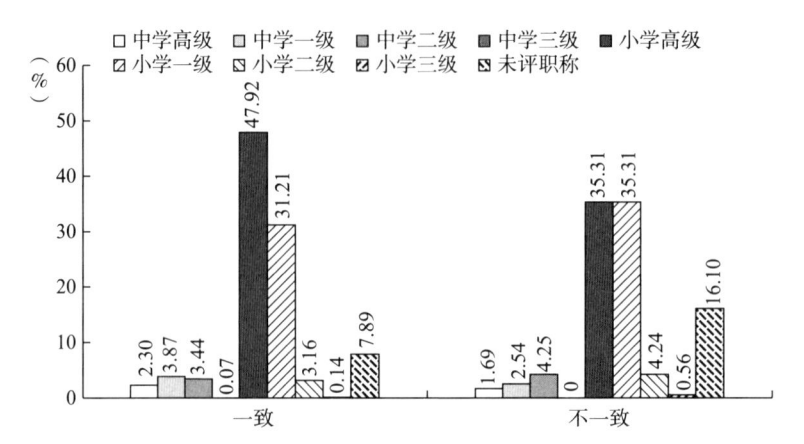

图 10-6 教师所教与所学一致性的职称情况

说明：N=1748，有效百分比=93.38%，缺失值=124。

通过对多学科教学教师群体内部教师所教与所学一致性的职称分布的分析，我们可以发现，在多学科教学教师群体内部，教师的职称同样大多集中在"小学高级"与"小学一级"两个职称上，在整个职称体系中占 78.24% 的比重。其中，在所教学科与所学专业一致性的内部，"小学高级"的职称占 48.23%，接近一半的比重，"小学一级"的教师占 30.01%，位列第二；而"未评职称"在整个职称体系中占 8.78%，位列第三；"中学二级""小学二级""中学一级""中学高级"这四种职称所占比例不大，分别为 4.06%、3.41%、3.28%、1.83%，并呈递减趋势；而不论是"小学三级"还是"中学三级"所占比例均极小，均不足 0.30%（如图 10-7 所示）。由此可见，在多学科教学教师所教与所学一致的职称分布上，拥有"小学高级"和"小学一级"职称的多学科教学教师所教与所学一致比例更高。

通过对多学科教学教师群体内部教师所教学科与第一学历所学专业相一致和最高学历一致的职称分布情况进行对比，研究发现，多学科教学教师任教学科与所学相一致方面，多学科教学教师的职称仍主要集中在"小学高级"、"小学一级"和"未评职称"上，尤其是"小学高级"与"小学一级"。其中，"小学高级"在所教与第一学历所学一致上占 47.90%，比该职称在所教与最高学历所学一致上所占的 42.96% 高出约 5 个百分点，"小学一级"职称两个学历层次的一致性上相差仅 0.9 个百分点，基本一致（如表 10-9 所示）。

第十章 农村教师"教非所学"现状

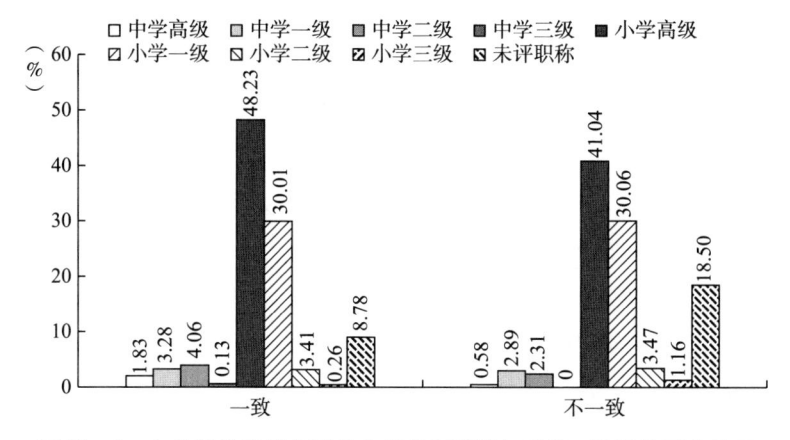

```
图表：多学科教学教师群体内部教师所教与所学一致性的职称情况
图例：中学高级、中学一级、中学二级、中学三级、小学高级、
      小学一级、小学二级、小学三级、未评职称

一致：1.83、3.28、4.06、0.13、48.23、30.01、3.41、0.26、8.78
不一致：0.58、2.89、2.31、0、41.04、30.06、3.47、1.16、18.50
```

图 10-7　多学科教学教师群体内部教师所教与所学一致性的职称情况

说明：N=936，有效百分比=97.50%，缺失值=24。

表 10-9　多学科教学教师群体内部教师所教与相应学历所学一致性的职称情况

单位：人，%

教师职称	所教与第一学历所学一致		所教与最高学历所学一致	
	人数	百分比	人数	百分比
中学高级	11	1.65	10	1.81
中学一级	21	3.15	22	3.97
中学二级	25	3.75	30	5.42
中学三级	1	0.15	1	0.18
小学高级	319	47.90	238	42.96
小学一级	202	30.33	173	31.23
小学二级	22	3.30	24	4.33
小学三级	1	0.15	2	0.36
未评职称	64	9.61	54	9.75
合计	666	100.00	554	100.00

注：N1=914，有效百分比=95.21%，缺失值=46；N2=853，有效百分比=88.85%，缺失值=107；其中，N1代表所教与第一学历所学一致性的有效数值，N2代表所教与最高学历所学一致性的有效数值。

通过对数据的统计与分析，研究发现，在单学科教学教师内部，所教学科与所学专业一致的教师有47.67%的人认为所教与所学一致在评职称时不存在优劣差异，有26.00%的人认为所教与所学一致在评职称时有劣势，有16.21%的人表示不知道，只有10.11%的人认为所教与所学一致对评职称有优势。而在多学科教学教师群体内部，所教与所学一致的教师内部，有更多的人认为所教与所学一致在评职称时并不产生明显影响，该比重已经超过一半，高达57.82%，而认为有劣势的教师比重则减少，占17.87%，不知道是否有优劣的教师占16.43%，认为有优势的教师仅占7.88%（如图10-8所示）。由此可见，在教师所教与所学一致性对评职称的优劣势影响上，不论是单学科教学教师还是多学科教学教师，大部分教师都认为所教学科与所学专业的一致性情况对自己评职称没有太大的影响。

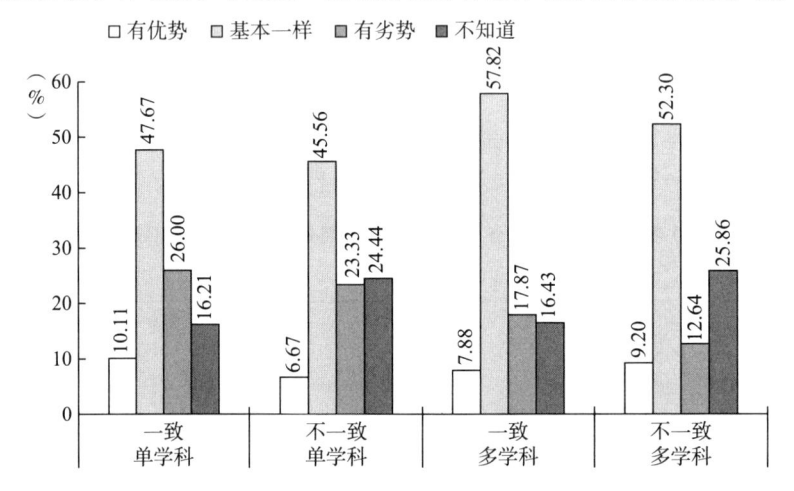

图10-8 教师所教与所学一致性与评职称的优劣关系

说明：N=1738，有效百分比=92.84%，缺失值=134。

（六）"教非所学"教师非专业知识的获取

通过对多学科教学教师数据的统计与分析，研究发现，多学科教学教师的所教学科与所学专业不一致时，在获得非专业知识的渠道上，最主要通过两种方式：一是"自己琢磨这门学科的内容与特点"；二是"向教这门学科的骨干教师请教"。这两种方式被选频次最高，二者所占比重分别为68.60%和68.02%。其次是通过"参加这门学科的相关培训然后再教"来获取非专业知识，该途径所占比重为26.74%。"拒绝教这门学科"、"按教参内容照本宣科"和"其他"，这三者所占比例不大，并呈逐级递减趋势（如图10-9所示）。由此可见，在教师所学与所教不一致时，即教师进行非专业教学时，骨干教师的作用是非常大的，同时教师自主学习与研究的意义是极为重要的。

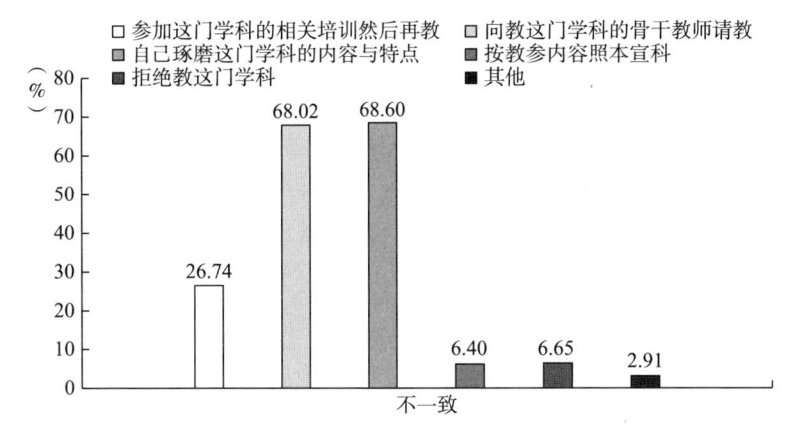

图 10-9 多学科教学教师非专业教学时非专业知识的获取途径
说明：N=932，有效百分比=97.10%，缺失值=28。

（七）教师非专业教学转教其他学科的意愿情况

通过对教师转教其他学科的意愿的统计与分析发现，不论是在单学科教学教师群体内部还是在多学科教学教师群体内部，不论是所教与所学一致的教师还是不一致的教师，在转教其他学科的意愿上，"没有"转教意愿的占大多数，其次是"有"转教意愿的，最后是"犹豫中"，三者呈递减趋势。在多学科教学教师群体内部，所教与所学不一致的教师，没有转教其他学科意愿的教师占61.82%，有转教其他学科意愿的教师占26.01%，正在犹豫要不要转教其他学科的教师占12.16%（如图10-10所示）。

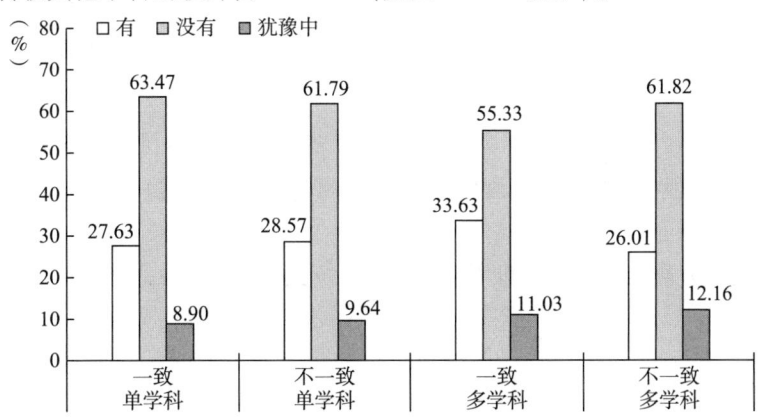

图 10-10 教师转教其他学科的意愿状况
说明：N=1727，有效百分比=92.25%，缺失值=145。

二 "教非所学"现象及其成因

教师所教与所学的一致性问题实际是教师的"教非所学"问题，即教师在职前的教育阶段所学专业与正式入职后所教授的具体学科（或相近学科）不一致。"教非所学"现象给教育质量提升和教师专业发展提出了新的挑战。一方面，"教非所学"教师普遍缺乏专业知识和专业技能，影响教师的教学质量和效率，同时也影响学生对相应学科内容与学习方法的掌握。另一方面，由于我国对教师晋升职称的政策规定以及各地各校对教师评奖评优的制度规定均对教师所教与所学一致性提出明确要求，"教非所学"已经成为影响教师专业发展以及职业生涯进程的一个重要问题。但由于现实状况的影响，此现象并不会在短期内消失。

（一）学校教师结构性缺编是教师"教非所学"的根本原因

"教非所学"的产生归根结底是由于学校教师结构性缺编，正是因为学校没有能够承担本学科的教师，所以会安排其他学科的教师来任教此学科。安排教师任教非本专业学科，是学校的工作安排和岗位需要。本研究发现，部分"副科"专业出身的教师的教学一致的比例较低，这些教学科目存在刚性需求，但实际的师资供给不能满足这种需求，为了确保正常的教学活动秩序，只好让教师"牺牲"专业，听从分派。特别是在部分农村小规模学校，虽然多学科教学教师所教与所学广义一致的比例较高，即教师所教授的所有学科中任意一门学科与教师所学专业相一致。但在实际的教学中，农村多学科教学教师普遍承担着多门不熟悉学科的教学，从严格意义上的专业教学来讲，农村教师的教非所学现象更为普遍。

（二）教育管理上的教师准入及统筹分配不合理

一方面，目前非师范专业人员取得教师资格途径较多，这就扩大了非专业教师的入口，降低了非专业人员进入教育行业和中小学的门槛。另一方面，师范院校相关专业的招生计划和培养计划与学校的现实需求脱轨，导致部分专业的教师供给量超标，而部分专业的教师供给量严重不足，超标的那部分毕业生就被动地成了"教非所学"的教师。况且我国教师教育的职前培养模式多以分科培养为主，对于职后从事多学科教学的教师并不有利。而且，中小学的师资配置也没有兼顾到新课程改革下的学科安排和学校的发展需求，导致学校的教学无法科学安排，部分教师不得不承担起更多学科或非本专业学科的教学。

（三）教师自身的兴趣爱好及能力

教师的兴趣爱好及能力是教师"教非所学"的主观因素。一方面，非师范专业的教师在职前教育阶段所学专业可能与职后所教学科无关，或师范专业教师选择自己喜欢的但不是所学专业相关的学科进行教学。例如管理学专业出身的教师因为对教育事业的热爱，在取得教师资格证后进入中小学从事教育教学工作；或者读汉语言文学出身的教师因为对音乐的热爱入职后做了音乐教师。另一方面，也有部分教师虽然是相关专业出身，但是因为教得不好，被学校调离岗位安排教其他学科。例如部分教师主科教得不好就被学校安排去教副科。这些都在一定程度上造成了教师的"教非所学"。而在兴趣爱好这一角度上，多学科教学教师在多个学科中可选一个与兴趣相关的学科进行提高，而教师在教学积极性上和补充专业知识方面也存在较强动力。

（四）教师的职业选择价值观与专业发展自主性

教师的"教非所学"还与教师自身的职业选择价值观有关。部分教师在职业生涯开始之前的接受教育阶段并未想过从事教师职业，但迫于就业压力以及教师职业稳定、有假期的职业吸引力等，而放弃本专业的职业发展，在取得相应的教师资格证和通过教师招聘考试后从事教师职业，这就出现了一大批未接受过系统训练的非专业的教师。另外，部分教师虽然并非科班出身，但由于专业发展愿望强烈，在入职后，通过各种渠道补足专业知识与提升专业技能，成为一名专业教师；部分"教非所学"教师既没有相关的专业知识，也没有专业发展的自主性，对非专业教学的认同度较低，依旧进行着"非专业"的教学，这种情况对教育教学的质量危害巨大，严重影响了学生的发展与教师自身的发展。

三 提升"教非所学"教师的教学专业性的策略

教师在学历上已经达到国家规定的标准,但是由于是在进行跨学科的教学,部分教师的学科知识与当前的教学要求存在差距。在这种情况下,教师的学科教学会产生很大的问题,同时也成为建设高素质专业化教师队伍的重要制约因素。由于可预见到的其他原因,现在这种教非所学、专业不对口状态的问题不能够在短时间内得到很好解决。所以,这部分教师快速学习教学所需知识、提升技能和学科意识尤其关键。

(一)加强相关学科的教师供给,合理统筹与分配教师资源

首先,在教师的职前教育阶段,加强师范院校与中小学的联系。根据现实需要制定科学合理的培养计划与方案,加强师资短缺学科的人才供给,特别注重农村音、体、美教师以及"副科"教师的定向培养。尽快建立、健全小学多科教学教师或全科教师的培养体系,加大培养力度。其次,教育管理部门应对本地学校的生源与现任教师的数量进行周期性排查,根据师生情况以及学校实际开课情况进行教师的分派与配置,同时,学校要积极配合教育管理部门提早制定及做出合理可行的教学计划与安排。再次,学校在安排教师的教学任务时,在现实条件允许的情况下,应尽量做到人尽其才,让教师发挥其专业优长,调动其工作积极性;同时,要尽量保证教师从教学科的稳定性,这有利于教师进一步学习该学科的专业知识与专业技能,提高教育教学质量与效率。最后,要适当提高教师的入职门槛和福利待遇。在入职前,要对教师进行全方位和多角度的考核,避免只注重其中某一方面的片面筛选,要综合考察,只有不断严格入职标准,才能吸收到高质量人才,才能提升教师的专业性。

(二)改变对多学科教学教师的评价方式,助力教师专业发展

一方面,增加针对多学科教学教师的评价模式。教师的多学科教学有其自身的独特性与不可替代性,如果行之以单科教学的评价方式,对于多学科教学教师来说是不公平的,而且部分从事多学科教学的教师是为了学校教学

的顺利进行而承担起了较多的工作任务，如果不能以一种合理的方式对其进行评价，极易伤害教师情感，打击其教学热情。另一方面，对多学科教学教师评奖评优时，要利用综合性的指标，而且要以教师的实际成果与贡献为主，虽然部分教师显性教学成果不多，但对学校与学生的贡献不可忽视，因此，要综合来看，以保护教师的教学热情，助力其专业发展。

（三）多途径填补"教非所学"教师的专业知识与专业技能

首先，对教师进行专业性培训。一般对于"教非所学"的教师，其相应的专业知识和专业技能与学科要求间存在差距。对于农村多学科教学教师，最好让其在有充足的时间、在没有工作负担的前提下接受深度培训，能收到较好的培训效果。其次，提升自主学习意识，提升教师自我教育的效果。多学科教学教师在任教不熟悉学科时，往往愿意自己钻研，而教师的自我学习效果却是千差万别。为此，学校应尽量为教师提供不同学科的学习方法与学习资源，方便教师自学，为教师的专业发展保驾护航。最后，实时反馈、反思，进行教师行动研究。想要教师学得好、教得好，离不开研得好。要将教师的教、学、研统一起来，进行教师行动研究。这样才能发现自己的优长与不足，实时改进，才能打破"教非所学"教师的专业发展瓶颈，提升专业素养。

（四）杜绝绝对的兴趣主义，提升教师的专业认同感

首先，学校在招聘教师时应主要看教师的专业是否对口，杜绝绝对的兴趣主义。无论何种职业，都应该把专业性放在首位，应该注重学科背景，教授与所学专业完全相符或相近的科目，而不应把兴趣爱好作为教育教学工作的第一选择，要本着为学生负责的态度开展自己的教育工作。其次，教师要正确认识"教非所学"，提升专业认同感。各种知识之间都存在直接或间接的联系，特别是对于多学科教学中的非专业教学，需要教师对不同的学科进行知识整合、逻辑梳理等，这个过程虽然有一定的难度，但是能够提升教师的综合素质，开阔思路，也有利于学科间知识与方法的迁移。再次，教师也要克服教学中的畏难情绪，从多方面自我鼓励，多进行积极的自我暗示，勇于挑战和创新，坚定教育理想与信念，开辟一条切

合实际又符合自身专业发展之路。同时，教师应发挥各自的优势，同时进行互补，形成一个互学互助的学习共同体，使效益最大化。最后，所教与所学一致的教师也要正确看待与评价非专业教学教师，给予工作以及情感上的支持，提升教师非专业教学的专业认同感。

第十一章
教师多学科教学任教现状

教师多学科教学是对其同时任教多门学科的现状描述,而在这种外显任教状态背后还蕴藏着多学科教学而带来的工作量大、工作繁重等现实问题,本章旨在呈现农村教师多学科教学的现实任教状态,对此类教师的真实状况进行客观呈现。

一 我国教师多学科教学的隐性工作量调查

与欧美等发达国家不同,我国小学教师从事多学科教学的情况多出现在农村地区,这与我国农村地区和农村学校吸引力低而导致农村教师资源短缺有直接关系。由于教师资源缺乏,为了满足开齐、开足国家规定课程的硬性要求,我国大部分农村教师从事多学科教学。基于评价方便等原因,对教师工作量进行评价时,通常是以课时量作为重要的显性评价指标,但从事多学科教学的农村教师需要面临不同学科的现实问题,因此需要承担更多的隐性工作量,其中包括由于任教不同学科而带来的备课时间、批改辅导时间和教研时间增加等。根据方便计算的基本原则,本书中涉及的工作量均以周作为统计单位。

(一)教师的周课时量与任课门数

同时任教5门及以下学科的教师,超过一半都要承担11~15节的周课时量,课时量并未因任教门数表现出明显差别。随着任教门数的进一步增加,同时任教6门及以上学科的教师,其周课时量分布情况出现明显变化,周课时量为15节及以下的教师仅占总人数的30.66%，近一半教师的周课时量为16~20节（如表11-1所示）。将教师群体根据任教学科门数划分为单学科教学教师和多学科教学教师两个群体，结果显示，无论是单学科教学教师还是多学科教学教师，其课时量集中在11~15节的教师均超过一半。而对于单学科教学教师来讲，周课时量在6~10节和16~20节所分布的人数基本相当，占总群体人数的近20%。而对于多学科教学教师来讲，周课时量在16~20节的教师数是周课时量为6~10节教师数的近3倍。周课时量不超过10节的人数占总群体人数比例中，单学科教学教师为25.24%，而多学科教学教师仅为11.78%。周课时量超过16节的人数占群体人数比例中，单学科教学教师为22.99%，而多学科教学教师为36.44%（如图11-1所示）。由此可知，单学科教学教师和多学科教学教师的现实区分，不仅是所教学科门数的简单不同，教师从事多学科教学通常意味着要承担更多的课时量。

表11-1 教师的周课时量与任课门数

单位：%

	1门	2门	3门	4门	5门	6门及以上
1~5节	5.50	4.05	0.00	2.13	3.26	1.33
6~10节	19.74	14.33	8.60	5.67	6.52	0.00
11~15节	51.78	52.02	56.45	56.03	53.26	29.33
16~20节	19.74	24.92	27.42	25.53	22.83	45.33
21~25节	2.27	2.80	5.91	8.51	8.70	13.33
26~30节	0.49	1.56	0.54	1.42	5.43	5.33
30节以上	0.49	0.31	1.08	0.71	0.00	5.33

注：N=1433，有效百分比=76.55%，缺失值=439。

（二）教师的备课时间与任课门数

备课是教师能够顺利开展教学的重要准备环节，因此教师的备课工作通常以备课时间作为显性标准进行呈现。周备课时间在0~5小时的教师，其占总群体人数的比例，随着任课门数的增加而明显减少，由任教1门学科的52.66%到任教6门及以上的28.85%。同时任教3门及以下学科的教

第十一章 教师多学科教学任教现状

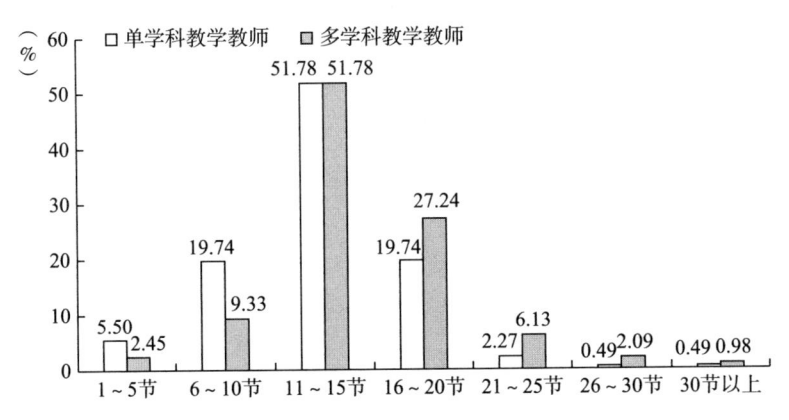

图 11-1 教师任教状况与周课时量

说明：N=1433，有效百分比=76.55%，缺失值=439。

师，周备课时间在 0～5 小时的比例要高于 6～10 小时的。而任教 4 门及以上学科的教师，周备课时间集中在 6～10 小时的人数要多于 0～5 小时的（见表 11-2）。由此可见，随着教师所教学科门数的增加，教师备课时间也呈现增加的态势。将教师群体根据任教学科门数划分为单学科教学教师和多学科教学教师两个群体，结果显示，超过一半的单学科教学教师的周备课时间不超过 5 小时，比多学科教学教师高出 14.17 个百分点。在 6～25 小时及 30 小时以上各个时长划分中，多学科教学教师所占百分比均大于单学科教学教师的比例（如图 11-2 所示）。多学科教学教师备课时间多于单学科教学教师备课时间，教师任教门数越多备课时间越长。

表 11-2 教师的周备课时间与任课门数

单位：%

	1 门	2 门	3 门	4 门	5 门	6 门及以上
0～5 小时	52.66	41.70	44.17	31.18	35.29	28.85
6～10 小时	27.94	34.08	31.67	38.71	36.76	30.77
11～15 小时	12.47	14.80	15.83	21.51	14.71	23.08
16～20 小时	5.31	7.17	4.17	6.45	11.76	13.46
21～25 小时	0.46	0.45	2.50	1.08	1.47	1.92
26～30 小时	0.69	0.90	0.00	1.08	0.00	0.00
30 小时以上	0.46	0.90	1.67	0.00	0.00	1.92

注：N=989，有效百分比=52.83%，缺失值=883。

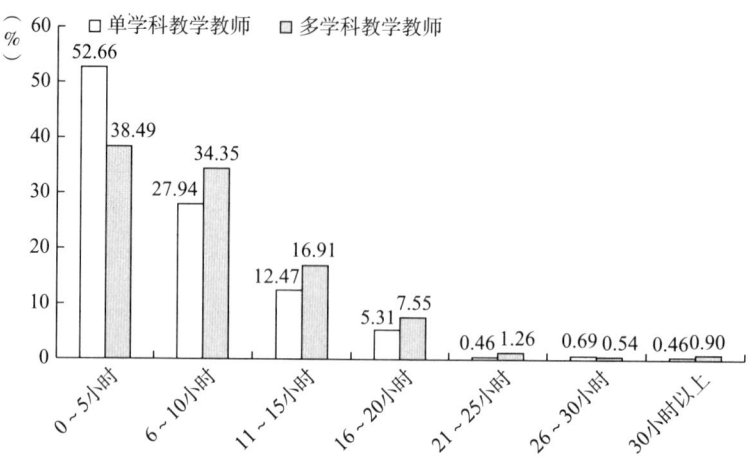

图 11-2　单学科教学教师和多学科教学教师周备课时间

说明：N=989，有效百分比=52.83%，缺失值=883。

（三）教师批改辅导时间与任课门数

无论教师任教多少门学科，平均70%以上教师的批改辅导时间不超过10小时，只有任教6门及以上学科的教师，有65.31%的批改辅导时间不超过10小时（如表11-3所示）。由此可见，在教师所教科目超出一定数量时，教师在完成显性工作任务的同时，还需要花费更多时间完成批改辅导等隐性工作。将教师群体根据任教学科门数划分为单学科教学教师和多学科教学教师两个群体，结果显示，近一半的单学科教学教师的批改辅导时间不超过5小时，而在6~25小时的每个划分阶段，多学科教学教师所占总群体比例都要高于单学科教学教师的比例，多学科教学教师的累计所占比例为58.23%（如图11-3所示）。由此可知，单学科教学教师在批改辅导上所需要花费的时间少于多学科教学教师，多学科教学教师批改辅导需要花费大量时间，这也增加了多学科教学教师的教学压力。

表 11-3　教师的批改辅导时间与任课门数

单位：%

	1门	2门	3门	4门	5门	6门及以上
0~5小时	49.87	39.30	45.38	31.11	51.43	42.86
6~10小时	31.23	37.81	34.45	46.67	30.00	22.45

续表

	1门	2门	3门	4门	5门	6门及以上
11~15小时	13.65	12.94	14.29	18.89	15.71	24.49
16~20小时	3.67	8.96	3.36	1.11	2.86	8.16
21~25小时	0.26	1.00	1.68	1.11	0.00	0.00
26~30小时	0.52	0.00	0.84	1.11	0.00	0.00
30小时以上	0.79	0.00	0.00	0.00	0.00	2.04

注：N=910，有效百分比=48.61%，缺失值=962。

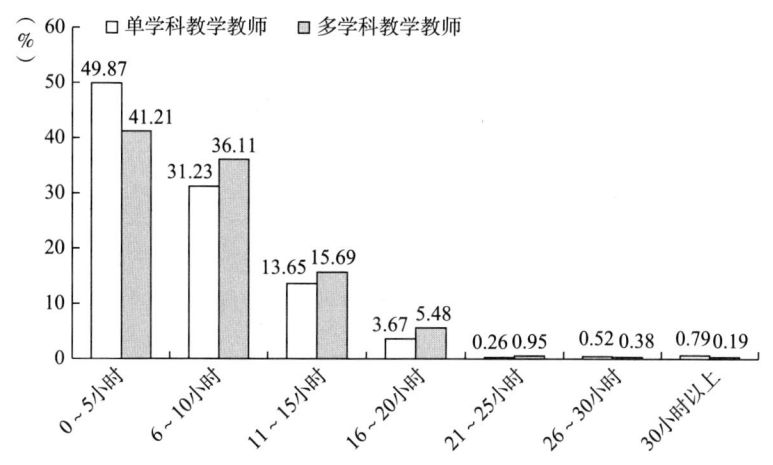

图11-3 单学科教学教师和多学科教学教师批改辅导时间

说明：N=910，有效百分比=48.61%，缺失值=962。

（四）教师教研时间与任课门数

单学科教学教师和多学科教学教师在教研时间方面无明显差异，超过90%教师的教研时间不超过5小时。无论是单学科教学教师还是多学科教学教师，教研时间在6小时及以上的人数占总群体人数的比例较小。教师的教研时间与任课门数并无明显相关性，而单学科教学教师的教研时间要多于多学科教学教师。多学科教学教师与单学科教学教师在同样的工作时间中，其工作分配的占比不同，通过数据我们可以看出多学科教学教师在课时量、备课时间和批改辅导时间上的占比较大，在教研时间上单学科教学教师与多学科教学教师占比大体一致（如图11-4所示）。

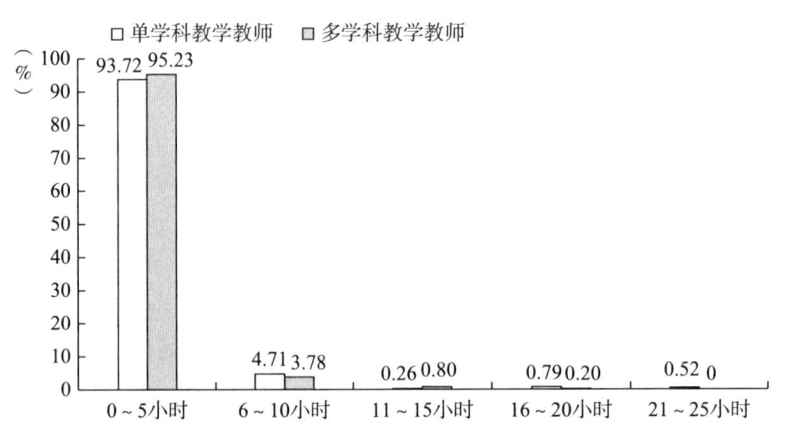

图 11-4　单学科教学教师和多学科教学教师教研时间

说明：N=885，有效百分比=47.28%，缺失值=987。

（五）教师行政会议时间与任课门数的关系

无论是单学科教学教师还是多学科教学教师行政会议时间集中在 0~5 小时，可见单学科教学教师与多学科教学教师在行政会议上的工作量无明显差异（如图 11-5 所示）。

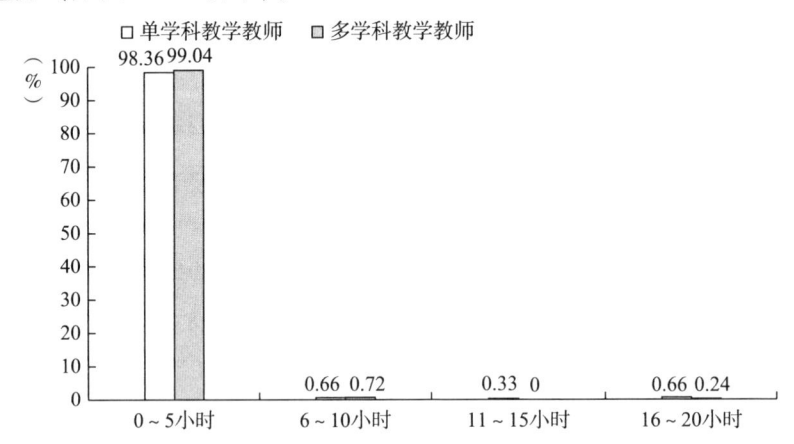

图 11-5　单学科教学教师和多学科教学教师行政会议时间

说明：N=720，有效百分比=38.46%，缺失值=1152。

（六）教师参与学生活动时间与任课门数

无论是单学科教学教师还是多学科教学教师参与学生活动时间主要集

中在 0～5 小时。此外，在 6～10 小时和 11～15 小时区间上，单学科教学教师与多学科教学教师的对比中，多学科教学教师比单学科教学教师所占比例分别高出 1.63 个百分点和 2.15 个百分点。在 0～5 小时区间上，多学科教学教师比例略高于单学科教学教师，16 小时及以上时间段没有明显差距，单学科教学教师与多学科教学教师在参与学生活动用时量上大体一致，可见多学科教学教师参与学生活动的时间与单学科教学教师大体一致（如图 11-6 所示）。

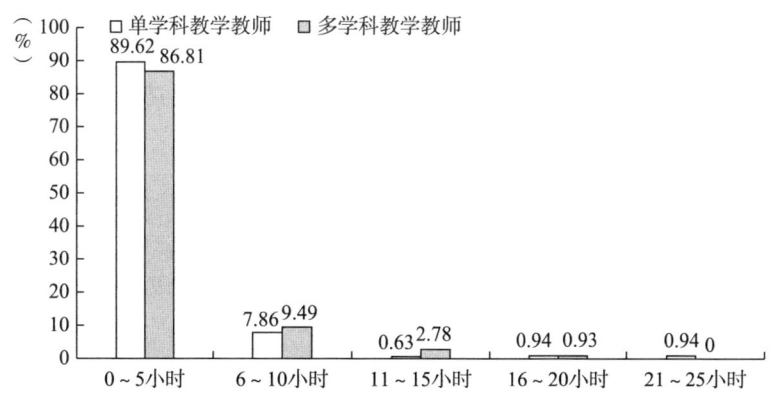

图 11-6　单学科教学教师和多学科教学教师参与学生活动时间
说明：N=750，有效百分比=40.06%，缺失值=1122。

（七）教师上班期间其他时间与任课门数

无论是单学科教学教师还是多学科教学教师在上班期间其他时间方面大部分不超过 5 小时，其他时间段上的比例无明显差距，但在 11～15 小时的时间分段，多学科教学教师比单学科教学教师多 3.36 个百分点，从总体上看多学科教学教师与单学科教学教师的上班期间其他时间安排上差异不大（如图 11-7 所示）。

（八）教师下班后的工作时间与任课门数

无论是单学科教学教师还是多学科教学教师，寄宿管理时间主要集中在 0～5 小时，多学科教学教师在 6～10 小时的百分比为 8.08%，比单学科教学教师所占百分比多出 4.38 个百分点，多学科教学教师在 6 小时及以上时间段占比为 11.11%，单学科教学教师占比为 7.40%，多学科教学教师

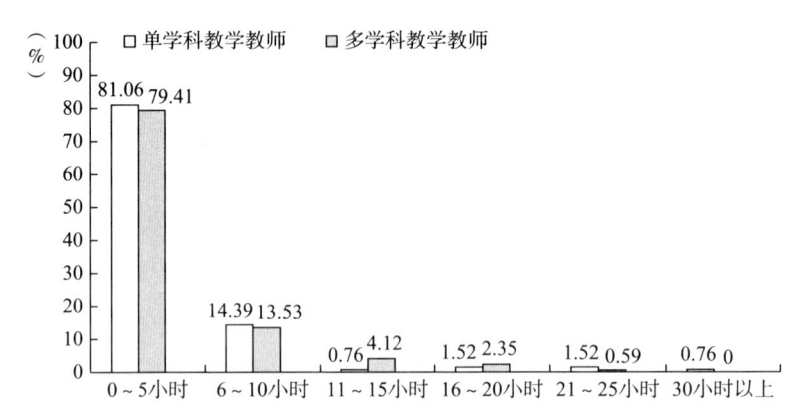

图 11-7 单学科教学教师和多学科教学教师上班期间其他时间

说明：N = 302，有效百分比 = 16.13%，缺失值 = 1570。

比单学科教学教师多出 3.71 个百分点，可见多学科教学教师的寄宿管理时间要略多于单学科教学教师（如图 11-8 所示）。在下班后其他时间方面，单学科教学教师与多学科教学教师所用时间所占比例无明显差异，主要集中在 0~5 小时（如图 11-9 所示）。

从上面的几组数据中，我们可以看出多学科教学教师在课时量、备课时间、课后批改辅导时间、寄宿管理四个方面所用时间要多于单学科教学教师所用时间，而在教研活动中单学科教学教师所用时间多于多学科教学教师，其他对比中行政会议、参与学生活动、上班期间其他时间、下班后的其他时间等方面，单学科教学教师与多学科教学教师无明显差异。可见

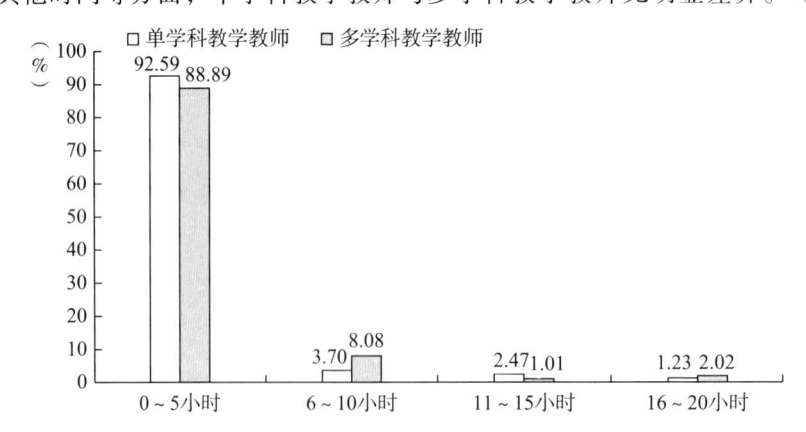

图 11-8 单学科教学教师和多学科教学教师寄宿管理时间

说明：N = 180，有效百分比 = 9.62%，缺失值 = 1692。

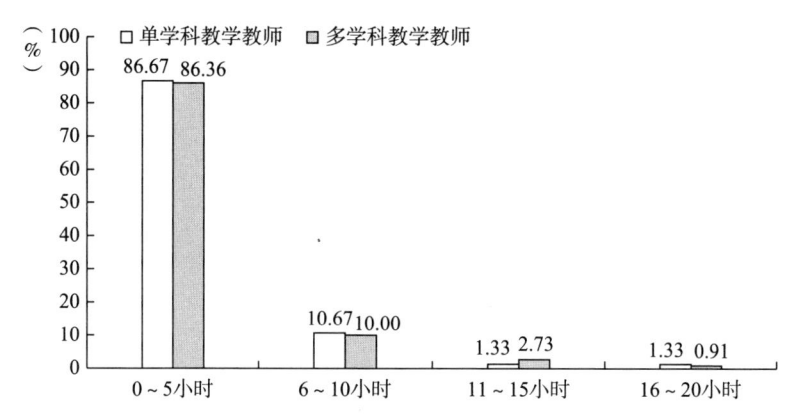

图 11-9　单学科教学教师和多学科教学教师下班后的其他时间

说明：N=185，有效百分比=9.88%，缺失值=1687。

课时量、备课时间、课后批改辅导时间、寄宿管理等非专业提升活动占据多学科教学教师教学工作中的大部分时间，单学科教学教师能够有更多的时间进行教研活动。

二　我国教师多学科教学的繁重程度

教师任教状态直接反映出教师的工作状态以及专业成长阶段，需要客观衡量维度和主观感受维度的双重呈现。工作量是教师任教状态的客观衡量维度，即任教事实的客观统计与呈现。而教师多学科教学的繁重程度是对任教状态的主观呈现，是教师任教状态的必要组成部分。

（一）教师课时量方面的繁重程度

通过对比，可以看出单学科教学教师与多学科教学教师在非常繁重这一选项的选择百分比大体一致，单学科教学教师与多学科教学教师在比较繁重的选择上，多学科教学教师为43.62%，比单学科教学教师高出5.18个百分点，多学科教学教师在非常繁重与比较繁重这两个选项累加百分比为71.81%，单学科教学教师的累加百分比为66.02%，多学科教学教师比单学科教学教师高出5.79个百分点。而多学科教学教师在一般繁重、不太繁重和不繁重的占比中均小于单学科教学教师，其中单学科教学教师在一般繁重的占比为30.07%，多学科教学教师为25.91%，单学科教学教师比多学科教学教师高出4.16个百分点（如图11-10所示）。可见，无论单学科教学教师还是多学科教学教师在课时量上觉得非常繁重和比较繁重的占主要比重，其中多学科教学教师比单学科教学教师比重更高。

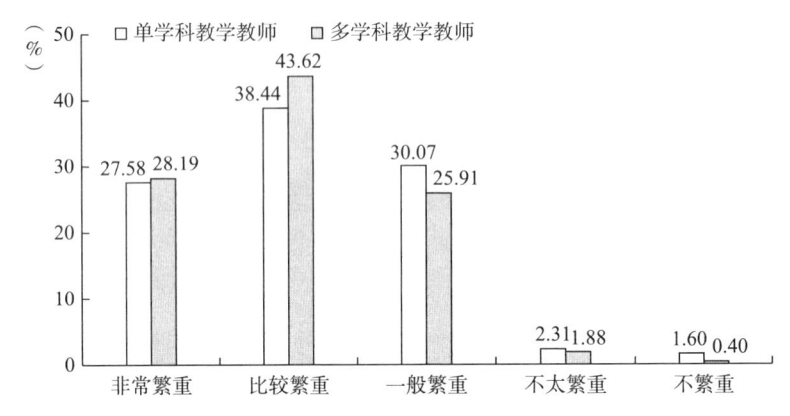

图11-10 单学科教学教师和多学科教学教师课时量方面的繁重程度
说明：N=1307，有效百分比=69.82%，缺失值=565。

（二）教师备课方面的繁重程度

通过对比，可以看出多学科教学教师选择非常繁重与比较繁重的比例为18.87%与46.52%，均多于单学科教学教师比例。其中多学科教学教师比单学科教学教师在非常繁重的占比多1.83个百分点；认为比较繁重的多学科教学教师比单学科教学教师占比高出4.59个百分点；在一般繁重程度上单学科教学教师为36.10%，多学科教学教师为31.62%，单学科教学教师比多学科教学教师高出4.48个百分点（如图11-11所示）。从数据中我们可以看出任教多门学科所用备课时间较长，繁重程度也较大，可见多学科教学教师在备课上的繁重程度要高于单学科教学教师。

（三）教师批改辅导方面的繁重程度

通过对比，可以看出多学科教学教师在非常繁重这一选项中占比为31.57%，单学科教学教师为28.04%，多学科教学教师比单学科教学教师高出3.53个百分点；在比较繁重这一选项中为41.20%，比单学科教学教师高出4.50个百分点；而单学科教学教师在一般繁重程度上占比比多学科

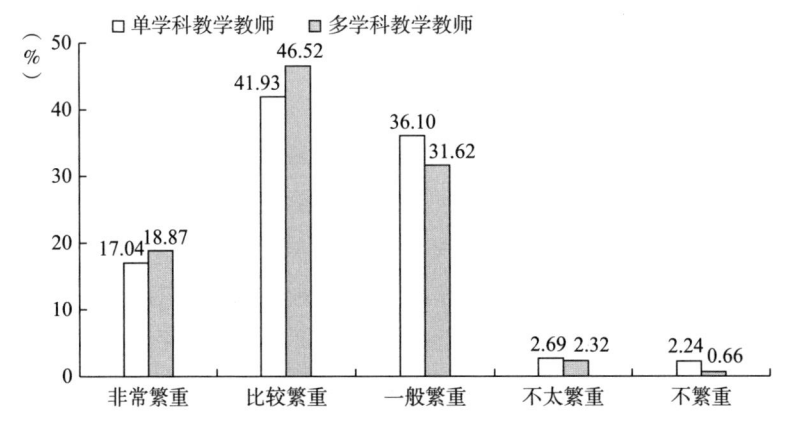

图 11 - 11　单学科教学教师和多学科教学教师备课方面的繁重程度
说明：N=1050，有效百分比=56.09%，缺失值=822。

教学教师高出 6.96 个百分点；单学科教学教师批改辅导方面的繁重程度较低。单学科教学教师选择比较繁重和一般繁重的占比较大，多学科教学教师选择非常繁重和比较繁重占比较大，多学科教学教师在批改辅导方面的繁重程度上比单学科教学教师的程度更高，多学科教学教师不仅要承担多科教学工作，课时量和备课时间多，此外还要面临繁重的批改辅导压力（如图 11 - 12 所示）。

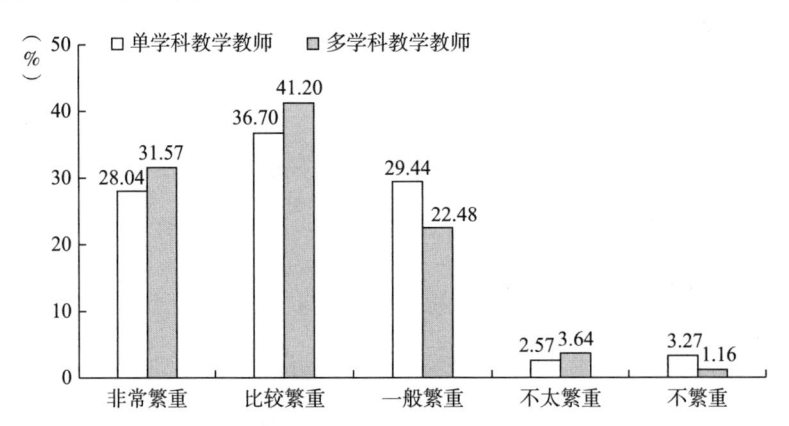

图 11 - 12　单学科教学教师和多学科教学教师课后批改辅导方面的繁重程度
说明：N=1033，有效百分比=55.18%，缺失值=839。

（四）教师教研方面的繁重程度

通过对比，可以看出选择非常繁重和比较繁重的单学科教学教师累计占比 30.90%，多学科教学教师占比 30.60%，多学科教学教师与单学科教学教师比例差距不大；单学科教学教师与多学科教学教师选择一般繁重这一选项比较集中，所占比例都达到一半以上，分别是单学科教学教师为 56.45%，多学科教学教师为 59.61%。单学科教学教师的繁重程度较低，这与多学科教学教师在从事多学科教学中在课时量、备课和课后批改辅导上所占用的时间较多，繁重程度较高，多学科教学教师在教研时间上的繁重程度并不是很高，多学科教学教师教研繁重程度一般与教研时间长短有一定关系，多学科教学教师所花费的教研时间较少，与单学科教学教师无明显差距，多学科教学教师在教学任务上感觉繁重，处于相对初级的发展阶段（如图 11-13 所示）。

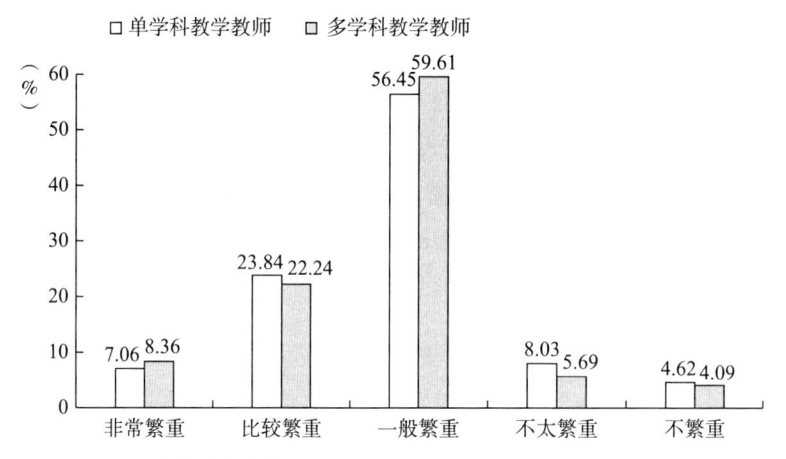

图 11-13　单学科教学教师和多学科教学教师教研活动方面的繁重程度
说明：N=973，有效百分比=51.98%，缺失值=899。

（五）教师行政会议方面的繁重程度

从单学科教学教师与多学科教学教师在行政会议方面的繁重程度来看，单学科教学教师与多学科教学教师的繁重程度主要集中在一般繁重，占比一半以上，其他选项上并无明显差距，可以得出单学科教学教师和多学科教学教师在行政会议上的繁重程度无明显不同的结论，大部分教师认为行政会议的繁重程度一般（如图 11-14 所示）。

```
                □ 单学科教学教师    ■ 多学科教学教师
```

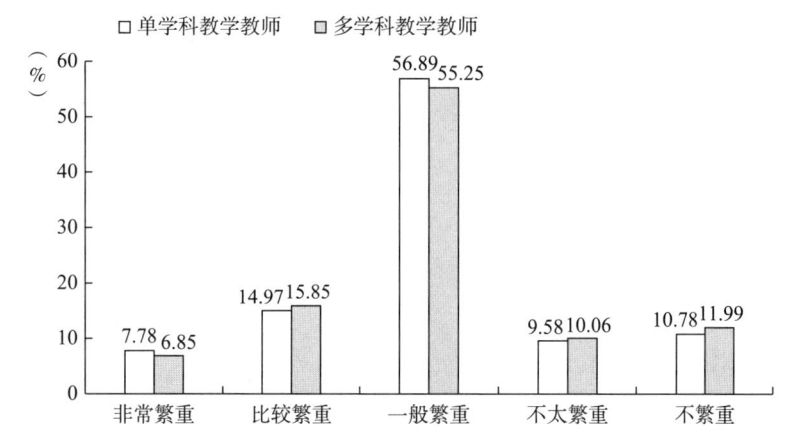

图 11-14 单学科教学教师和多学科教学教师行政会议方面的繁重程度
说明：N=801，有效百分比=42.79%，缺失值=1071。

（六）教师参与学生活动的繁重程度

通过对比单学科教学教师和多学科教学教师参与学生活动的繁重程度，可以看出在学生活动上单学科教学教师和多学科教学教师大都认为繁重程度为一般繁重，分别为47.11%和43.60%。在非常繁重与比较繁重的占比中，多学科教学教师占比略高于单学科教学教师占比，在不太繁重的占比中多学科教学教师高于单学科教学教师，因此单学科教学教师与多学科教学教师参与学生活动的繁重程度主要集中在一般繁重上，单学科和多学科教学教师在参与学生活动的繁重程度上大体一致（如图11-15所示）。

（七）教师上班期间其他时间的繁重程度

通过教师上班期间其他时间的繁重程度对比，可以看出有20.00%的多学科教学教师认为非常繁重，多学科教学教师的繁重程度要明显高于单学科教学教师，其中非常繁重的占比中多学科教学教师比单学科教学教师多5.88个百分点。比较繁重的占比中多学科教学教师比单学科教学教师高出3.02个百分点，而在一般繁重占比中单学科教学教师占比较大，单学科教学教师要比多学科教学教师占比高出8.78个百分点（见图11-16）。可见多学科教学教师在上班的其他时间里工作任务的繁重程度要高于单学科教学教师。

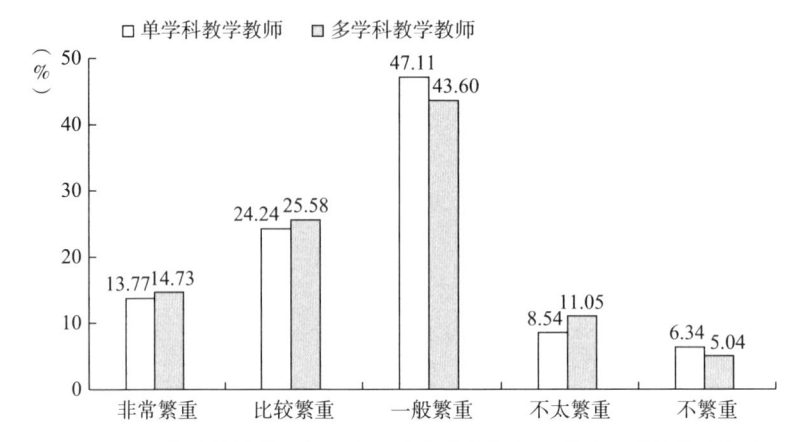

图 11-15　单学科教学教师和多学科教学教师参与学生活动的繁重程度
说明：N=879，有效百分比=46.96%，缺失值=993。

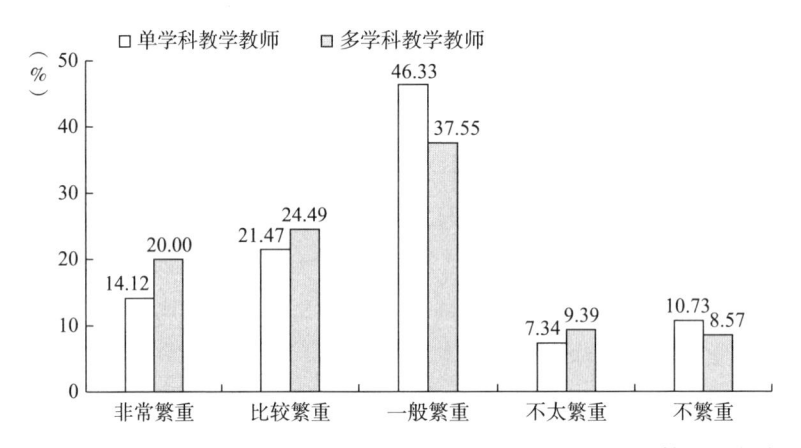

图 11-16　单学科教学教师和多学科教学教师上班期间其他时间繁重程度对比
说明：N=422，有效百分比=22.54%，缺失值=1450。

（八）教师下班后寄宿管理和其他时间安排的繁重程度

通过对单学科教学教师与多学科教学教师在寄宿管理上繁重程度的对比，可以看出单学科教学教师和多学科教学教师认为在寄宿管理上并不是很繁重，其中36.46%的单学科教学教师和36.13%的多学科教学教师认为寄宿管理不繁重，并占据较大比例；认为非常繁重与比较繁重的教师占比较小，但在两项内部多学科教学教师占比高于单学科教学教师占比；在寄宿管理上单学科教学教师与多学科教学教师占比主要集中在不繁重上，但多学科教学教师在非常繁重与比较繁重中占比均高于单学科教学教师占比（如图 11-17 所示）。

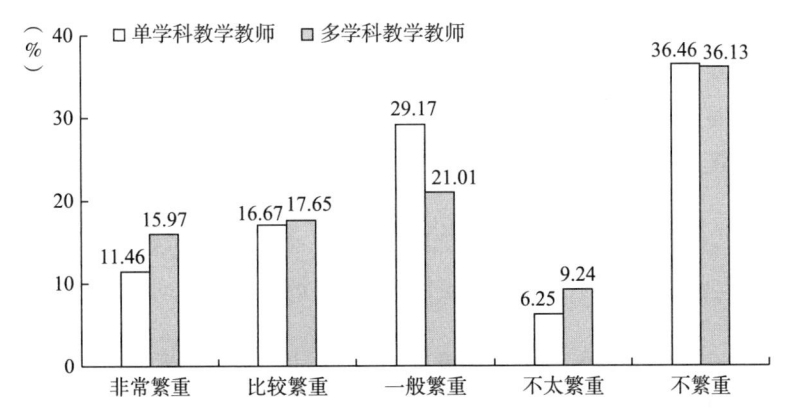

图 11-17　单学科教学教师和多学科教学教师寄宿管理的繁重程度
说明：N=215，有效百分比=11.49%，缺失值=1657。

单学科教学教师与多学科教学教师在下班后其他时间繁重程度大体集中在一般繁重上，非常繁重的对比中多学科教学教师占比高于单学科教学教师占比，而比较繁重的对比中单学科教学教师占比高于多学科教学教师占比。单学科教学教师与多学科教学教师在下班后其他时间的繁重程度主要集中在一般繁重上，没有呈现明显差距，单学科教学教师、多学科教学教师的感受各有不同（如图 11-8 所示）。

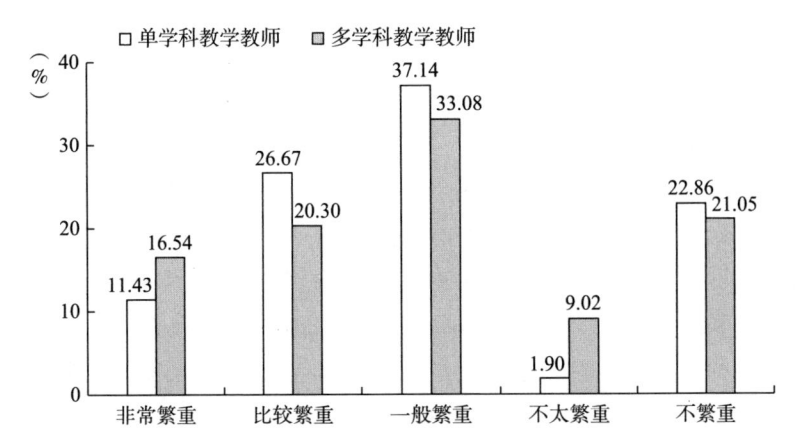

图 11-18　单学科教学教师和多学科教学教师下班后其他时间安排的繁重程度
说明：N=238，有效百分比=12.71%，缺失值=1634。

三 教师多学科教学的压力来源

基于对教师多学科教学工作量的客观呈现和繁重感受的主观呈现，从事多学科教学的教师存在一定的工作压力。工作压力会直接影响教师的教学时间分配，同时会直接影响教学效果的呈现。

（一）备课时间更长、考试成绩压力更大、教学内容更具挑战性是教师多学科教学最主要的压力来源

数据显示，教师压力主要来源于备课时间更长、考试成绩压力更大和教学内容更具挑战性这三个方面（见表11-4）。其中一半以上的教师都认为备课时间更长是教师的主要压力来源，其次是考试成绩压力更大，然后是教学内容更具挑战性。多学科教学教师在备课时间更长的占比高于单学科教学教师。多学科教学教师任教两门及以上学科，教学压力较大并且备课门数较多，所教学科数量较多自然伴随着备课时间的增加，在认为压力来源于备课时间更长方面，多学科教学教师比单学科教学教师所占比例高出4.70个百分点。如图11-2与图11-11所示，可以得出结论：多学科教学教师在备课上花费时间长、繁重程度高和压力大。单学科教学教师与多学科教学教师均需要面对较大的考试成绩压力，认为压力来源是"考试成绩压力更大"的占比分别为13.51%和14.69%，多学科教学教师比单学科教学教师占比略高但相差不大，可以看出，无论单学科教学教师还是多学科教学教师都需要面对考试成绩压力。学校对教师的评价方式单一，将学生成绩作为评价教师的重要标准，这对教师构成了一定的教学压力，而多学科教学教师同时承担多门学科的教学任务，其压力自然更大。最后占比较高的是"教学内容更具挑战性"，其中有11.43%的单学科教学教师和10.89%的多学科教学教师选择，但我们可以发现单学科教学教师要比多学科教学教师的百分比略高一些，在教研时间对比中单学科教学教师和多学科教学教师的教研时间主要集中在0~5小时，而在6~10小时、16~20小时、21~25小时时间段上，单学科教学教师占比更高（如图11-4所示）。

表 11-4　单学科教学教师和多学科教学教师的压力来源

单位：%

压力来源	单学科教学教师	多学科教学教师
备课时间更长	50.37	55.07
教学内容更具挑战性	11.43	10.89
难以对学科进行准确定位	7.13	5.39
多科评价方式不一致	4.42	3.38
考试成绩压力更大	13.51	14.69
培训与需求不统一，专业化难	3.07	2.54
作业批改辅导量更大	5.65	4.12
班级管理更难	1.84	2.11
有更多机会受到学生挑战	0.49	0.32
其他	2.09	1.48

注：N=1760，有效百分比=94.02%，缺失值=112。

（二）任教门数增加带来的备课压力

教师主要的压力来源是备课时间更长、考试成绩压力更大和教学内容更具挑战性。其中备课时间更长占比最大，无论单学科教学教师还是多学科教学教师都认为备课时间更长是他们主要的压力来源，单学科教学教师占比50.37%，多学科教学教师占比55.07%，多学科教学教师比单学科教学教师占比高出4.70个百分点。在备课时间更长项中，任教1门课的教师占比最小，为50.37%，任教1、2、3门课的教师占比差距不大，但任教2门、3门课的教师占比均高于任教1门课的单学科教学教师；任教4门及以上课程的教师占比更大，分别达到了61.39%、58.25%、60.71%。从表11-2备课时间与任课门数的关系中我们可以看出任教1、2、3门课的教师备课时间主要集中在0~5小时，而任教4门及以上的教师备课时间集中在6~10小时，其中任教6门及以上的教师备课时间在11~15小时和16~20小时时间段上的比例高于任教5门及以下的教师所占比例。由此可见，无论单学科还是多学科教学教师的压力来源主要是备课时间更长，其中任教4门、5门、6门及以上的教师占比更大（如表11-5所示）。

表 11-5 教师任教门数与压力来源

单位：%

压力来源	1门	2门	3门	4门	5门	6门及以上
备课时间更长	50.37	52.23	51.82	61.39	58.25	60.71
教学内容更具挑战性	11.43	8.66	14.09	10.76	10.68	13.10
难以对学科进行准确定位	7.13	5.51	8.18	3.80	4.85	1.19
多科评价方式不一致	4.42	3.94	3.18	2.53	3.88	2.38
考试成绩压力更大	13.51	16.80	12.73	12.66	12.62	16.67
培训与需求不统一，专业化难	3.07	3.41	3.18	1.90	0.97	0.00
作业批改辅导量更大	5.65	4.99	3.18	3.80	3.88	3.57
班级管理更难	1.84	1.84	2.73	1.90	2.91	1.19
有更多机会受到学生挑战	0.49	0.52	0.00	0.00	0.00	1.19
其他	2.09	2.10	0.91	1.27	1.94	0.00

注：N = 1760，有效百分比 = 94.02%，缺失值 = 112。

（三）任教门数增加带来的考试成绩压力更大

根据数据我们可以看出，单学科教学教师认为压力来源是"考试成绩压力更大"的占比为13.51%，多学科教学教师占比为14.69%，多学科教学教师比单学科教学教师占比多1.18个百分点，单学科教学教师与多学科教学教师认为压力来自"考试成绩压力更大"的比例差距不大。而从表11-5中可以看出，在此项上，任教1门课的教师占比为13.51%，要高于任教3、4、5门课的教师的占比，而任教2门和任教6门及以上的教师占比较高，分别为16.80%和16.67%，由此可以看出考试成绩压力与任教门数并无必然联系。前面我们分析了与多学科教学教师相比，单学科教学教师在教研方面所用时间更长，单学科教学教师在教研方面所花费的时间更长，可能导致单学科教学教师更加重视考试成绩，也可以看出多学科教学教师主要忙于完成教学任务，对学生成绩的压力感受不明显。

四　结论与建议

我国一部分农村教师仍存在多学科教学的情况，由于职前准备和职后发展方面缺乏必要支撑，从事多学科教学的教师面临着工作压力大、工作任务繁重等现实状况。通过在课时量、备课时间、批改辅导时间、教研时间、学生活动、行政管理和寄宿管理等方面将多学科教学教师与单学科教学教师进行对比，了解多学科教学教师的实际任教状态、压力情况以及压力的主要来源。从前文中的数据可以看出，为了完成教学任务，多学科教学教师的主要时间分配在课时量、备课和批改辅导等与教学直接相关的活动方面，在教研时间上的分配较少，多学科教学教师处于忙于完成基本教学任务的状态，教师个人精力有限、时间紧张，处于忽视自身专业发展的初级发展阶段。针对多学科教学教师的发展状态，我们总结多学科教学教师实际现状，为多学科教学教师能够更好地完成教学任务，提出自身发展的合理建议。

（一）由于工作量大、工作压力大，多学科教学的教师大都处于被动适应状态

通过数据我们可以看到单学科教学教师与多学科教学教师的工作时间分配情况与各项工作的繁重程度。从单学科教学教师与多学科教学教师的对比中我们可以看出，多学科教学教师在课时量、备课时间、课后批改辅导时间、寄宿管理四个方面所用时间要远多于单学科教学教师所用时间，而在教研活动中单学科教学教师所用时间多于多学科教学教师所用时间，其他对比中如行政会议时间、参与学生活动、上班其他时间、下班其他时间，单学科教学教师与多学科教学教师无明显差距。可见上课、备课、课后批改辅导、寄宿管理占据多学科教学教师教学工作中的大部分时间，单学科教学教师能够有更多的时间进行教研活动。多学科教学教师的教学处于精力有限和时间紧张的初级发展阶段，而根据单学科与多学科教学教师认为教学各项任务的繁重程度对比来看，多学科教学教师教学任务繁重，表现为疲于完成教学任务，没有充足的教研时间。

针对多学科教学教师的实际情况，应从多学科教学教师自身入手进行提升。首先，学校要针对多学科教学教师任教多门学科的实际情况，有针对性地对多学科教学教师进行职后培训，提升教师专业能力和教学能力。鼓励教师积极参加省市县组织的教师培训活动，为教师专业能力的发展提供平台。其次，多学科教学教师应自觉努力提升自身专业能力。多学科教学教师应突破自身教学瓶颈，不仅仅只为完成教学任务而进行教学，在完成教学任务的同时保证教学质量是关键。激励教师主动进行教学研究，当然一些多学科教学教师教学任务繁重，学校应对教师的教研时间做出具体规定，为教师每周预留出教研时间，组织教师集体进行教研活动，设定教师考核制度，督促教师进行教学研究。同时，教师也要提高自身学习动力。教师教研能力的提升不仅可以提高教学质量，也可以减轻多学科教学教师教学压力，使多学科教学教师讲得轻松还能讲得好。最后，学校要对多学科教学教师进行工资补助或者在教师测评中给予一定倾斜，使多学科教学教师有一定积极性。农村多学科教学教师大量存在，要提高多学科教学质量，还需要学校、教育部门形成合力，对多学科教学教师进行教学上的帮助和支持。

（二）多学科教学教师的隐性工作量可以进一步量化，而避免仅依据课时量进行衡量而产生的忽视

多学科教学教师不仅课时量多，在备课、批改辅导和寄宿管理上都比单学科教学教师的工作量更大一些。在人们的观念中，多学科教学教师要承担多门学科教学仅仅是在课时量上与单学科教学教师有着细微差距，但通过将单学科教学教师与多学科教学教师的工作量进行对比，我们可以看出多学科教学教师面对的不仅仅是课时量增加，在其他方面多学科教学教师所花费时间更长、任务量更大、工作繁重程度更高。农村多学科教学教师对任教多门学科表示无奈，学校为满足国家课程开齐、开全的需要，要求教师进行多学科教学，部分学校对多学科教学教师按照课时量进行补助，但补助甚少，多学科教学教师进行多门学科教学并不是出于自愿，多学科教学教师的教学意愿并不强烈，导致多学科教学教师的教学只能保量不能保质。而部分学校对多学科教学教师并没有任何特殊奖励制度，学校对多学科教学教师工作的量化仅以课时量来衡量，导致多学科教学教师的

隐性任务量被人们忽视。

要提高多学科教学教师教学积极性，首先，要改变仅依据课时量进行衡量的评价方式，不仅要根据课时量，还要看到多学科教学教师在其他方面的工作量，对隐性工作进行量化，对多学科教学教师工作做综合性的考评。其次，关心多学科教学教师教学压力情况，对多学科教学教师给予最大的帮助与支持。农村学校对多学科教学教师与单学科教学教师在薪金酬劳和绩效考评上区别不大，教学压力大、在其他方面隐性工作量大，导致多学科教学教师教学积极性不高。因此，学校对多学科教学教师应给予一定关注和重视。

（三）评价方式的单一化使得多学科教学教师的特点不能展现出来

学校盲目追求升学率和生源，不注重教学过程只看成绩，学生成绩的好坏不仅成为评价学生学习结果的标准，更是评价教师的重要指标，这影响着教师的教育观念和对待学生的方式。无论学校还是家长，对教师的评价主要聚焦在教师所教班级学生的成绩上，学校为了能有好的生源和声誉，对教师的评价也聚焦于学生的成绩。在升学压力的影响下，多学科教学教师不得不对学生进行施压，这样的评价方式也导致教师无法开展多样化的教学。部分学校为了缩减开支，教师培训流于形式，教师接受不到先进的教育教学理念。在农村学校学习氛围不够浓厚，缺乏良好的学校环境以及教学设施不完备等，多学科教学教师又承担多门学科的教学工作，导致多学科教学教师教学压力大，教师同时兼顾多门学科的考试成绩压力，无法展现出多学科教学教师的特点。

多学科教学从表面上看增加了教师的教学任务，但也正是由于教师多学科教学，教师能够与学生朝夕相处，提升了教师与学生之间的亲密度，有利于对学生进行全面关注。相比于单学科教学，多学科教学使教师更能全面地看待学生，单学科教学的教师往往只关注自己所教学科，并不了解学生其他学科的学习情况，不能与其他学科形成很好的联络网，往往导致学生出现片面发展的现象。而多学科教学教师在教学过程中能准确把握学生的学科长处与短板，利用学生的优势克服不足，聚焦学生发展中的劣势，有针对性地进行指导，激发学生学习兴趣，根据学生学科的强弱有侧重地、差异地布置课后作业。多学科教学教师能够调控干预的强度、保证持续性，促进学生各学科均衡发展以及在德智体美劳等方面全面发展。在农村学校中，学生的学习成绩受到家庭情感的影响，教师能全面关注学生身心的整体发展，调节学生心理状态，确保学生有良好、健康的心理状态，积极向上的心态以提高学习质量和学习效果。

　　从多学科教学教师与单学科教学教师的对比中我们可以看出，多学科教学教师在课时和备课上比单学科教学教师所花费的时间更长，在繁重程度上所承受的压力较大，在其他方面隐性工作量也较大。学校对多学科教学教师的重视程度不高，多学科教学教师教学动力不强，对多学科教学教师评价方式单一，导致多学科教学教师无法利用自身优势。农村多学科教学教师大量存在，因此学校和教育部门应对多学科教学教师在培训、评价和薪资方面给予一定的倾斜，鼓励教师任教多门学科，培养教师多学科教学的能力。

第十二章
教师多学科教学实践与班级管理现状

一 教师多学科教学实践与班级管理现状

（一）多学科教学教师班级管理困难

通过对多学科教学教师班级管理中最困难工作的统计与分析发现，从整体来看，教师在班级日常管理中最困难的工作是"安全教育与管理"，其次则为"学生心理教育"和"学生学习管理"。从"安全教育与管理"、"学生心理教育"和"学生学习管理"这三项工作具体所占比例来看，单学科教学教师与多学科教学教师所占比例差距不大，比例差距在 0.16~2.27 个百分点。具体来看，多学科教学教师认为"安全教育与管理"是最困难工作的人数占 28.89%，略高于单学科教学教师比例，单学科教学教师认为"学生学习管理"和"学生心理教育"是班级管理中最困难的工作的人数所占比例分别为 18.81% 和 19.61%，而多学科教学教师分别占 16.54% 和 18.39%，都低于单学科教学教师占比。认为"家校联系"为班级管理中最困难工作的单学科教学教师人数所占比例比多学科教学教师多 0.41 个百分点，在"安全教育与管理"、"学生宿舍管理"、"卫生教育与管理"、"协助食堂管理"、"参与学生活动"以及"班级纪律管理"这六项困难中，多学科教学教师人数所占比例均大于单学科教学教师占比（如图 12-1 所示）。

通过对城市、县城、乡镇和村屯学校多学科教学教师所认为的班级管理中最困难工作的统计与分析发现，从整体来看，在四个区域层级学校

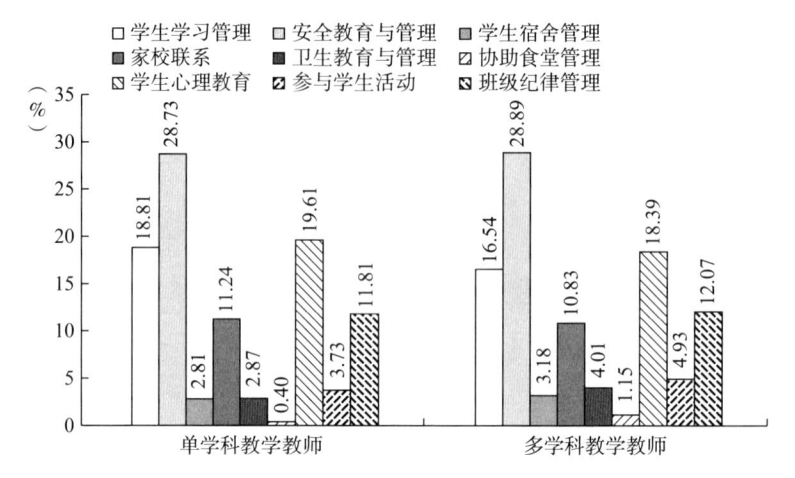

图 12−1　教师任教类型与班级管理困难

说明：N=1680，有效百分比=89.74%，缺失值=192。

中，"安全教育与管理"是多学科教学教师认为的最困难的工作，且在村屯学校中所占比例最大，为30.49%，其次为城市学校，其所占比例为30.18%，最后分别是乡镇学校及县城学校，所占比例分别为27.84%和27.15%。在城市学校中除去"安全教育与管理"外，多学科教学教师认为"学生心理教育"是班级管理中最困难的工作，其所占比例为19.71%，再次为"班级纪律管理"，其所占比例为13.96%，相对于其他三个区域层级学校来说所占比例最大。在城市学校中，有12.94%的多学科教学教师认为"学生学习管理"是班级管理中最困难的工作，有12.73%的多学科教学教师认为"家校联系"是班级管理中最困难的工作，且相对于其他三个区域层级学校所占比例最高。在县城学校中，"学生心理教育"同样是多学科教学教师所认为的班级管理中最为困难的工作之一，且仅次于对学生的"安全教育与管理"，其所占比例为19.89%，且在四个区域层级学校中所占比例最大。在县城学校中"学生学习管理"也是多学科教学教师所认为的最困难的工作之一，所占比例为15.32%，其次为"班级纪律管理"，所占比例为12.90%。在乡镇学校中，认为"学生学习管理"是班级管理中最困难工作的多学科教学教师人数所占比例为18.01%，其次为"学生心理教育"，所占比例为16.86%，相对于其他三个区域层级学校，其所占比例最小。乡镇学校多学科教学教师认为最困难的是"班级纪律管理"及"家校联系"的比例分别为12.13%和11.37%。在村屯学校中，有 18.56% 的多学科教学教师认为"学生学习管理"是班级管理中最困难的工作,且在四个区域层级学校中所占比例最大,其次为"学生心理教育",所占比例为 18.37%,再次为"班级纪律管理"和"家校联系",所占比例分别为 9.66% 和 8.52%,相对于其他三个区域层级学校,所占比例最小(如图 12-2 所示)。

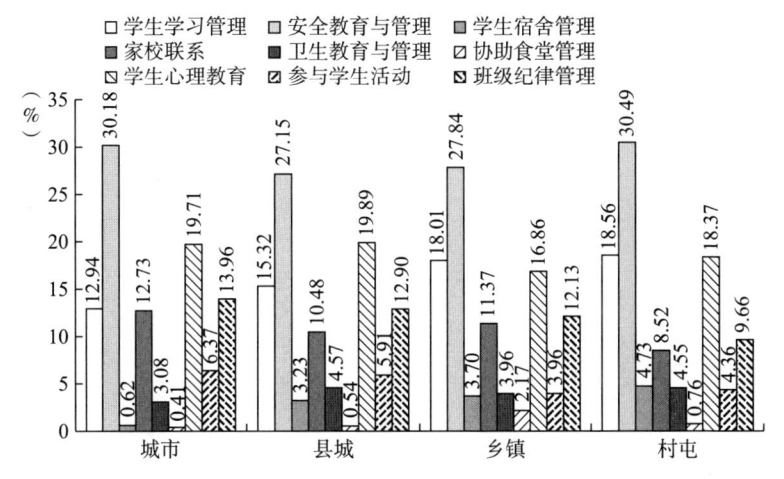

图 12-2 多学科教学教师班级管理困难的城乡状况
说明:N=1678,有效百分比=89.64%,缺失值=194。

通过对不同教龄的多学科教学教师所认为的班级管理中最困难工作的统计与分析发现,总体来看,不论是新手教师、熟手教师还是专家型教师,都认为"安全教育与管理"是班级管理中最困难的工作,其中专家型教师所占比例最大,为 30.85%,在新手教师中,有 25.12% 的教师认为"安全教育与管理"是班级管理中最困难的工作,20.05% 的新手教师认为"学生学习管理"是班级管理中最困难的工作。在新手教师中,认为"学生心理教育"是班级管理中最困难工作的人数所占比例为 15.21%,认为"班级纪律管理"和"家校联系"是最困难工作的教师人数所占比例分别为 13.36% 和 11.06%。在熟手教师中,认为"安全教育与管理"是班级管理中最困难的工作的人数所占比例为 27.48%,所占比例最大,其次为"学生心理教育",所占比例为 20.81%,相对于新手教师和专家型教师来说,熟手教师在该项所占比例最大。同时有 13.98% 的熟手教师认为"学生学习管理"是班级管理中最困难的工作,认为"家校联系"以及"班级纪律管理"是班级管理中最困难工作的人数所占比例均为 12.20%。

在专家型教师中，认为"安全教育与管理"是班级管理中最困难工作的人数所占比例为30.85%，且相对于新手教师和熟手教师来说所占比例最大，其次为"学生心理教育"和"学生学习管理"，所占比例分别为18.61%和16.65%，认为"家校联系"以及"班级纪律管理"是班级管理中最困难工作的人数所占比例分别为10.19%和11.56%（如图12-3所示）。

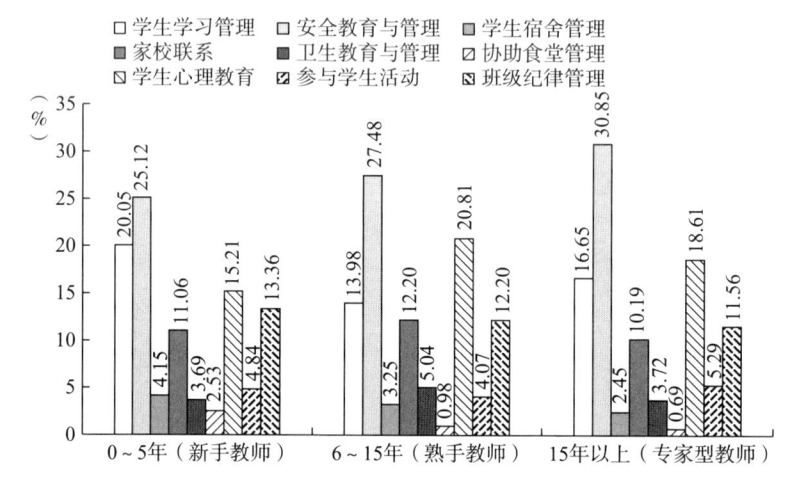

图12-3 多学科教学教师教龄与班级管理困难情况

说明：N=1632，有效百分比=87.18%，缺失值=240。

综合来看，不同区域层级和教龄的多学科教学教师在面对班级管理工作时，首先把学生的安全教育与管理放在了班级管理的首位，认为学生的安全教育与管理处于重中之重的地位。同时较多教师注重学生的心理教育，认为学生心理教育也是班级管理中最为复杂和困难的工作之一，多学科教学教师所做出的选择也体现出了现如今学生心理问题已经引起了教师的关注。从上述统计数据中也可看出多学科教学教师对于家校联系以及班级纪律管理工作的一种态度，部分教师认为上述两种工作是班级管理中最困难的工作，说明在实际教学工作中部分教师在这两项工作中遇到了现实问题和困难。

（二）多学科教学教师实践性知识掌握情况

通过对多学科教学教师实践性知识掌握情况进行统计与分析发现，有53.22%的多学科教学教师对于实践性知识是比较了解的，而对实践性知识非常了解的多学科教学教师人数所占比例为 21.12%，对实践性知识基本了解的多学科教学教师人数所占比例为 18.80%。而对实践性知识不太了解和完全不了解的多学科教学教师人数所占比例分别为 5.81% 和 1.06%（如图 12-4 所示）。总体来说多学科教学教师对于实践性知识掌握情况较好。

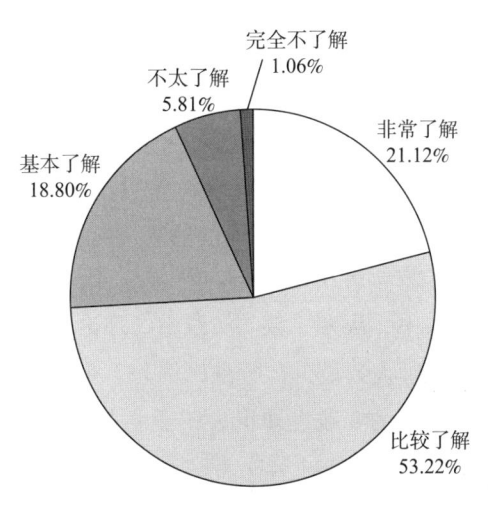

图 12-4　多学科教学教师实践性知识掌握状况

说明：N = 1763，有效百分比 = 97.18%，缺失值 = 109。

通过对不同区域层级多学科教学教师所认为的最重要的实践性知识进行统计与分析发现，城市的多学科教学教师认为最重要的实践性知识为"教师信念的知识"，其人数所占比例为 21.20%，在城市学校中"自我的知识"也是多学科教学教师比较看重的实践性知识，其人数所占比例为 16.80%。对于"学生的知识"，有 15.20% 的多学科教学教师认为是最重要的实践性知识，有 14.00% 的多学科教学教师认为的最重要的实践性知识为"具体教育情景的知识"。在城市学校中，认为"所教学科教学方法知识"是最重要的实践性知识的多学科教学教师人数所占比例为 12.00%，认为"教学实践中的理论知识"和"课程知识"是最重要的实践性知识的多学科教学教师人数所占比例分别为 11.60% 和 9.20%。在县城学校中，"教师信念的知识"同样为大多数多学科教学教师所认为的最重要的实践性知识，其人数所占比例为 22.16%，且相对于其他三个区域层级学校来说所占比例最大。"学生的知识"也是县城多学科教学教师比较重视的实践性知识，其人数所占比例为 16.77%，而认为是"自我的知识"及"教学实践中的理论知识"的人数所占比例相同，均为14.97%。有13.77%的多学科教学教师认为的最重要的实践性知识为"具体教育情景的知识"，有11.38%的多学科教学教师认为的最重要的实践性知识为"所教学科教学方法知识"，认为"课程知识"是最重要实践性知识的多学科教学教师人数所占比例相较于其他三个区域层级学校占比最低，为5.99%。在乡镇学校中，多学科教学教师认为最重要的实践性知识为"学生的知识"，人数所占比例为21.00%，认为是"教师信念的知识"，其人数所占比例为20.21%，认为"自我的知识"是最重要实践性知识的多学科教学教师人数所占比例为17.32%，认为"具体教育情景的知识"是最重要实践性知识的多学科教学教师人数所占比例为14.17%，在四个区域层级学校中所占比例最大。在乡镇学校中，认为"教学实践中的理论知识"是最重要的实践性知识的多学科教学教师人数最少，所占比例为7.61%。在村屯学校中，多学科教学教师认为最重要的实践性知识为"学生的知识"，其比例在四个区域层级学校中最高，为23.85%，其次为"教师信念的知识"，所占比例为20.38%。认为"所教学科教学方法知识"为最重要实践性知识的多学科教学教师人数所占比例为13.46%，在四个区域层级学校中所占比例最大。有12.31%的多学科教学教师认为的最重要的实践性知识为"自我的知识"。认为"教学实践中的理论知识"为最重要的实践性知识的多学科教学教师人数最少，为9.23%（如图12-5所示）。

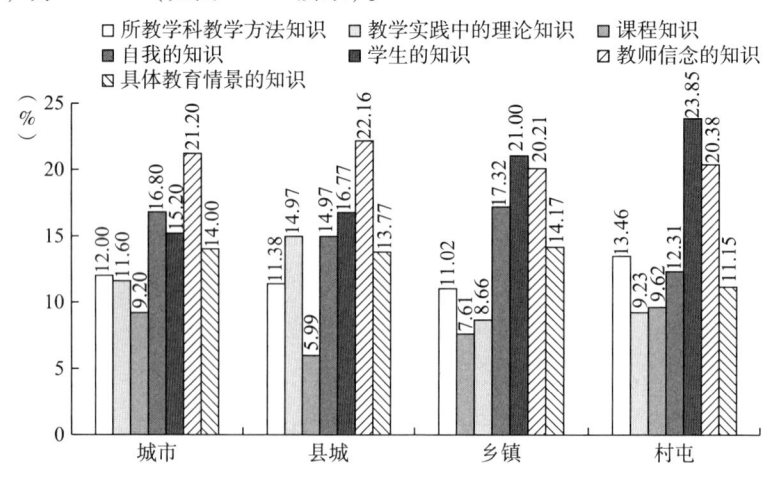

图12-5 多学科教学教师实践性知识掌握的城乡状况

说明：N=1565，有效百分比=83.60%，缺失值=307。

通过对不同教龄多学科教学教师所认为的最重要的实践性知识进行统计与分析发现，对于新手教师来说，"学生的知识"是这类教师最为看重的实践性知识，其人数所占比例为22.39%，相对于熟手教师和专家型教师来说所占比例最高。其次为"教师信念的知识"，所占比例为17.41%。认为"具体教育情景的知识"是最重要的实践性知识的新手教师人数所占比例为16.42%，相较于熟手教师和专家型教师来说所占比例最大。认为"自我的知识"是最重要的实践性知识的新手教师人数所占比例为14.93%，有7.96%的新手教师认为"教学实践中的理论知识"是最重要的实践性知识，相对于熟手教师和专家型教师来说所占比例最小。认为"所教学科教学方法知识"是最重要的实践性知识的新手教师人数所占比例为10.45%。对于熟手教师来说，"学生的知识"是最为看重的实践性知识，其人数所占比例为22.22%，其次为"教师信念的知识"，所占比例为20.32%，认为"自我的知识"是最重要实践性知识的熟手教师人数所占比例为15.24%，认为"具体教育情景的知识"是最重要实践性知识的熟手教师人数所占比例为13.33%，认为"所教学科教学方法知识"是最重要实践性知识的熟手教师人数所占比例为11.75%。认为"课程知识"是最重要实践性知识的熟手教师人数所占比例为6.35%，相对于新手教师和专家型教师来说所占比例最小。对于专家型教师来说，认为"教师信念的知识"是最为重要的实践性知识，其人数所占比例为21.64%，相对于熟手教师和新手教师来说所占比例最大。其次为"学生的知识"，所占比例为17.03%。认为"自我的知识"为最重要实践性知识的专家型教师人数所占比例为16.03%，认为"具体教育情景的知识"是最重要实践性知识的专家型教师人数所占比例为12.42%，认为"所教学科教学方法知识"是最重要实践性知识的专家型教师人数所占比例为13.03%，认为"课程知识"是最重要实践性知识的专家型教师人数所占比例为9.62%（如图12-6所示）。

综合来看，通过对不同教龄、不同学校所在地的多学科教学教师所认为的最重要的实践性知识进行对比分析，发现大多数多学科教学教师认为"教师信念的知识"、"学生的知识"和"自我的知识"是重要的实践性知识，其人数所占比例相对较高，认为"所教学科教学方法知识"是最重要的实践性知识的多学科教学教师相对较少。从上述数据也可看

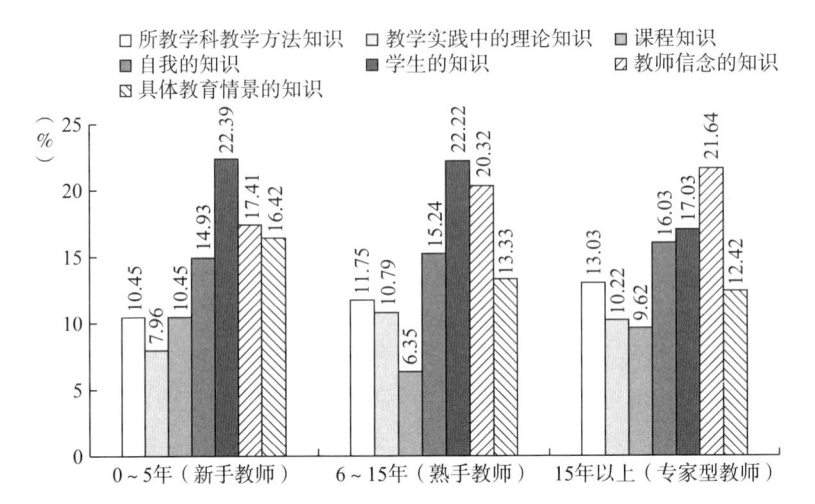

图 12-6　多学科教学教师教龄与实践性知识掌握状况

说明：N=1486，有效百分比=79.38%，缺失值=386。

出，多学科教学教师对课程知识和教学实践中的理论知识缺乏必要的重视。

（三）多学科教学教师常用的教学形式

通过对多学科教学教师常用教学形式的统计与分析发现，整体来看单学科教学教师和多学科教学教师在日常教学中最常用的教学形式为集体讲课，单学科教学教师及多学科教学教师采用集体讲课形式的人数分别占25.97%和26.19%，除去集体讲课形式，单学科教学教师及多学科教学教师较为常用的教学形式为探究学习，且多学科教学教师人数所占比例比单学科教学教师多0.43个百分点。自主学习也是多学科教学教师常用的教学形式之一，其所占比例为17.54%，单学科教学教师采用该形式的比例为15.76%。有13.49%的多学科教学教师采用分组教学的教学形式，比单学科教学教师人数所占比例少0.75个百分点。采用活动教学形式的多学科教学教师人数所占比例为11.38%，而单学科教学教师人数所占比例为12.43%，比多学科教学教师所占比例多1.05个百分点。采用个别教学形式的单学科教学教师人数所占比例为9.11%，多学科教学教师人数所占比例为9.23%。复式教学、翻转教学及其他这三种教学形式所占比例均小于3%，所占比例较小（如图12-7所示）。

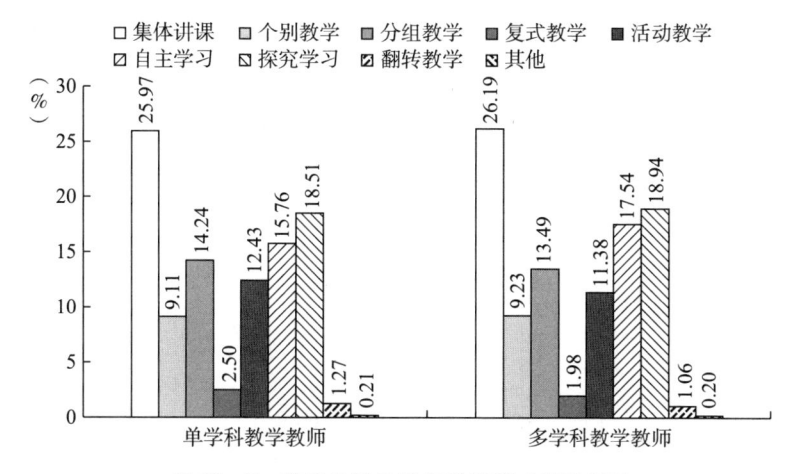

图 12-7 教师任教类型与教学形式使用状况

说明：N=1726，有效百分比=92.20%，缺失值=146。

城市、县城、乡镇和村屯四个区域层级学校中，多学科教学教师最常使用的教学形式为集体讲课。具体来看，在村屯学校中多学科教学教师采用集体讲课教学形式的人数所占比例为28.49%，相对于其他三个区域层级学校所占比例最高，其次为县城学校，所占比例为25.99%，城市和乡镇学校所占比例分别为25.38%和25.33%。探究学习也是多学科教学教师较为常用的教学形式，其中县城学校中的多学科教学教师采用探究学习教学形式的人数所占比例最大，为20.26%，其次为城市学校，所占比例为19.37%，乡镇学校和村屯学校所占比例分别为18.60%和18.13%。采用自主学习教学形式的多学科教学教师人数，在县城、乡镇和村屯学校所占比例均为17.84%，而城市学校所占比例为16.64%。在城市学校中，采用分组教学形式的多学科教学教师人数所占比例为13.64%，在县城学校中所占比例为15.20%，相较于其他三个区域层级学校所占比例最大，在乡镇学校中采用分组教学的多学科教学教师人数所占比例为12.90%，村屯学校为13.09%。在城市学校中，有12.69%的多学科教学教师采用活动教学的教学形式，县城学校及乡镇学校中的教师采用此形式的人数所占比例均为11.67%，村屯学校中的教师采用此形式的人数所占比例最小，为9.35%。采用个别教学的教学形式的多学科教学教师在村屯学校中所占比例最大，为10.36%，其次为乡镇学校，所占比例为9.68%，县城学校和城市学校所占比例分别为6.61%和9.14%。采用复式教学、翻转教学及其他教学形式的多学科教学教师在四个区域层级学校中所占比例均小于3%，所占比例较小（如图12-8所示）。

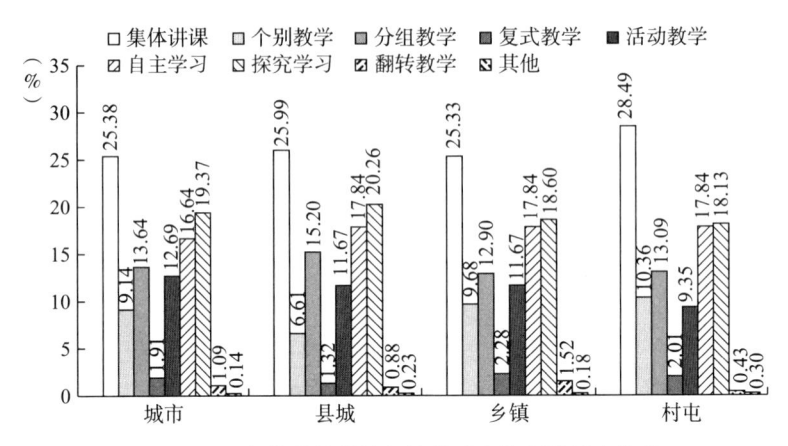

图12-8　多学科教学教师教学形式使用的城乡状况

说明：N=1726，有效百分比=92.20%，缺失值=146。

通过对不同教龄的多学科教学教师常用教学形式进行统计与分析发现，对于新手教师来说，最为常用的教学形式为集体讲课形式，且相对于熟手教师和专家型教师来说人数所占比例最高，为28.79%，熟手教师及专家型教师人数所占比例分别为25.60%和25.53%。探究学习的教学形式是专家型教师较为常用的教学形式之一，其人数所占比例为19.89%，相较于新手教师和熟手教师来说所占比例最大，新手教师及熟手教师采用该形式的人数所占比例分别为18.09%和18.30%。运用自主学习教学形式的专家型教师人数所占比例为18.58%，而熟手教师和新手教师人数所占比例为18.54%和14.01%，均小于专家型教师人数所占比例。采用分组教学形式的人数比例最高的是熟手教师，其人数所占比例为15.07%，新手教师及专家型教师所占比例分别为13.62%和12.73%。新手教师采用个别教学形式的人数所占比例为10.31%，其所占比例大于熟手教师和专家型教师所占比例。运用复式教学、翻转教学及其他教学形式的教师人数所占比例均小于3%，这三种教学形式在课堂教学中并不常见（如图12-9所示）。

综合看来，通过对多学科教学教师不同教龄和不同学校所在地的教学形式进行对比分析发现，大多数多学科教学教师较为常用的教学形式为集体讲课，集体讲课形式能在一定程度上提高教学效率，对于教师来说也更易于把握课堂教学。通过对数据的统计与分析也可以发现，探究学习、自

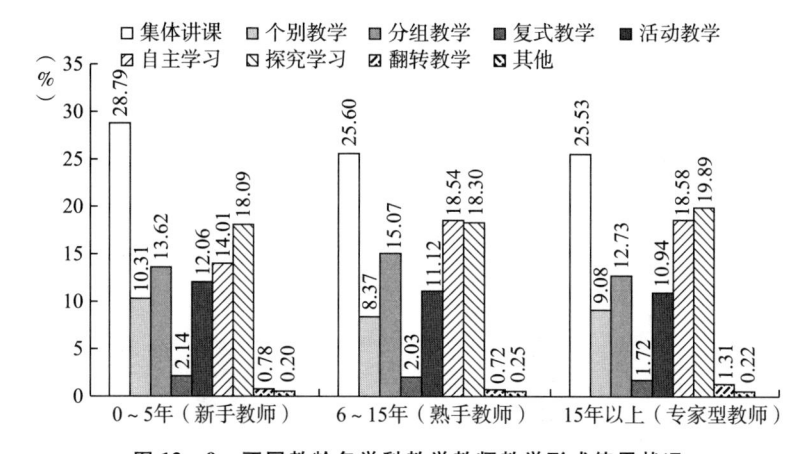

图 12-9　不同教龄多学科教学教师教学形式使用状况

说明：N=1632，有效百分比=87.18%，缺失值=240。

主学习和分组教学的教学形式也是目前多学科教学教师比较常用的教学形式，随着新课程改革的推行，教师在基础课程发展中的地位和角色发生变化，相应的教学形式上也有一定的改变，部分教师转变观念采用较为先进的教学形式进行课堂教学。

（四）多学科教学教师在实际教学中所重视的学生能力

通过对多学科教学教师在实际教学过程中所重视学生能力的统计与分析发现，习惯养成的能力是单学科教学教师和多学科教学教师最为关注的学生能力，且单学科教学教师人数所占比例为19.42%，多学科教学教师人数所占比例为18.04%。学生品德的养成对于教师来说也是较为关注的重点之一，其中单学科教学教师人数所占比例为15.48%，多学科教学教师人数所占比例为15.39%。重视学生的知识学习能力方面，多学科教学教师人数所占比例比单学科教学教师多1个百分点，且在重视思维品质方面，多学科教学教师人数所占比例要比单学科教学教师多0.21个百分点。在重视纪律遵守方面，单学科教学教师及多学科教学教师人数所占比例相同，均为12.66%。重视动手能力方面，多学科教学教师人数所占比例为10.25%，比单学科教学教师多0.42个百分点。重视团队合作方面，单学科教学教师人数所占比例为11.43%，多学科教学教师人数所占比例为10.96%。在审美情趣方面，单学科教学教师和多学科教学教师相对来说关注的人数较少，其所占比例分别为5.57%和5.92%（如图12－10所示）。

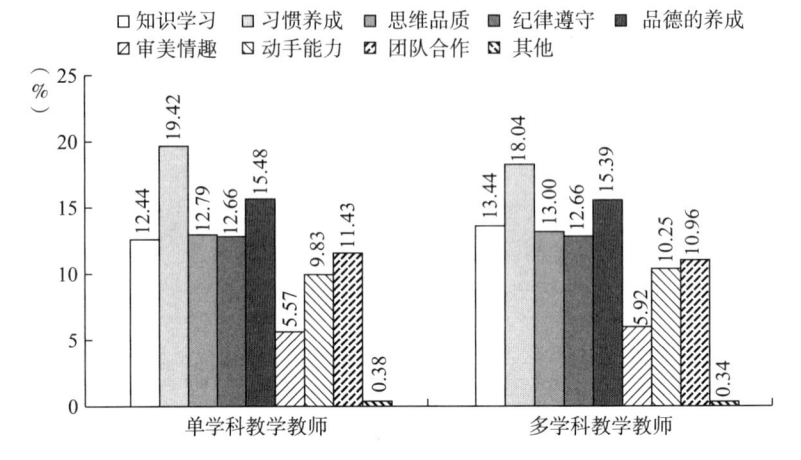

图12－10 教师任教类型与所重视学生能力状况

说明：N=1729，有效百分比=92.36%，缺失值=143。

在四个区域层级学校中，多学科教学教师都最重视学生习惯养成这一方面，且在县城学校中，多学科教学教师人数所占比例最大，为18.90%，其次为乡镇学校，为18.22%，城市学校和村屯学校教师分别占18.05%和17.22%。在城市学校和县城学校，多学科教学教师比较重视学生品德的养成，且人数所占比例均为15.49%，乡镇学校和村屯学校所占比例分别为15.37%和15.27%。对于学生的知识学习方面，村屯学校的多学科教学教师重视这一方面的人数所占比例为15.19%，相较于其他三个区域层级学校所占比例最大，而城市学校所占比例最小，为11.59%。在城市学校中，多学科教学教师重视学生思维品质的人数所占比例为13.98%，其所占比例最大，其次为乡镇学校，所占比例为13.35%，村屯学校所占比例最小为11.73%。在重视纪律遵守方面，乡镇学校的多学科教学教师人数所占比例最大，为12.94%，而县城学校所占比例最小，为12.34%。城市学校的多学科教学教师比较重视学生的团队合作能力，其所占比例最大为11.59%，其次为县城学校，所占比例为10.89%，乡镇和村屯学校所占比例分别为10.50%和10.80%。在四个区域层级学校中，村屯学校的多学科教学教师重视学生的动手能力的人数比例为10.38%，而城市学校所占比例最小，为10.00%。城市学校的多学科教学教师相对于其他三个区域层级学校，更加重视学生的审美情趣，且所占比例为 6.73%，而县城学校所占比例最小，为 4.99%（如图 12-11 所示）。

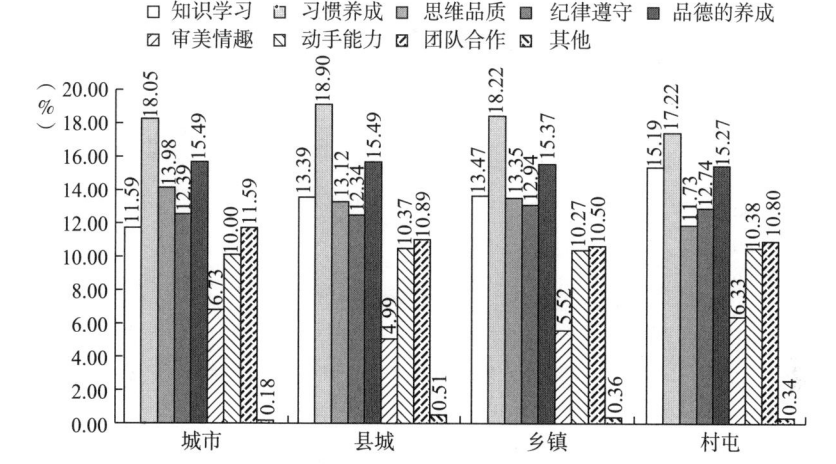

图 12-11　城乡多学科教学教师与所重视学生能力状况
说明：N=947，有效百分比=50.59%，缺失值=925。

不论是新手教师、熟手教师还是专家型教师都重视学生习惯养成能力，且专家型教师人数所占比例最大，为 18.51%，新手教师和熟手教师人数所占比例分别为 17.86% 和 17.49%。新手教师相对于熟手教师和专家型教师来说更加重视学生品德的养成能力，其所占比例为 16.01%，同时新手教师相对于其他两类教师来说也更加重视学生的知识学习能力，其所占比例为 15.02%，而熟手教师和专家型教师人数所占比例分别为 13.13% 和 12.93%。在重视学生思维品质方面，熟手教师人数所占比例为 13.35%，专家型教师和新手教师人数所占比例分别为 13.02% 和 12.56%。熟手教师相较于新手教师和专家型教师，更加注重学生团队合作能力，且所占比例最高为 11.39%，专家型教师和新手教师人数所占比例分别为 10.99% 和 9.98%。在重视学生的动手能力方面，专家型教师较新手教师和熟手教师来说更加重视，其所占比例为 10.44%，熟手教师人数所占比例最小，为 9.80%。在审美情趣方面，熟手教师更加重视，其人数所占比例为 6.60%，专家型教师和新手教师人数所占比例分别为 5.79% 和 5.17%（如图 12-12 所示）。

综合来看，多学科教学教师非常看重学生的习惯养成，同时品德的养成也是大多数多学科教学教师较为看重的一项能力。对学生知识学习能力

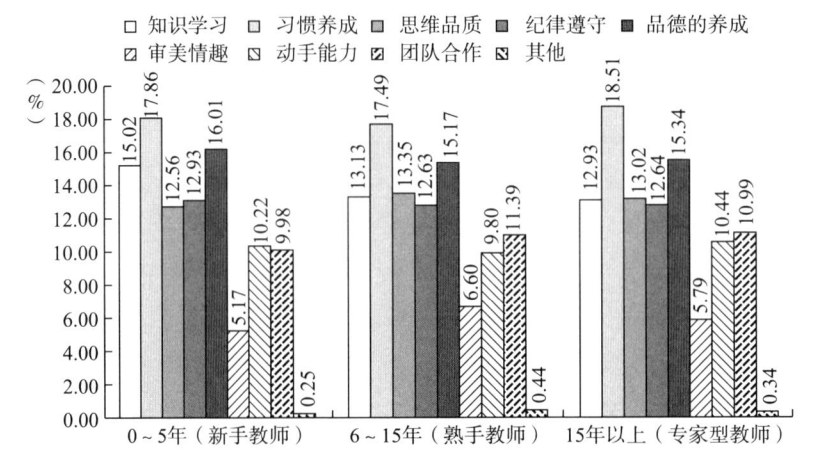

图 12-12 不同教龄多学科教学教师所重视学生能力情况

说明：N=1632，有效百分比=87.18%，缺失值=240。

及思维品质的重视仅次于习惯养成以及品德的养成，由此也可看出，教师开始转变自己的教育观念，对学生的关注不再仅限于学生的知识学习方面，而是以更加开阔的视角来看待每位学生。

二 多学科教学教师教学实践和班级管理中存在问题的原因分析

（一）多学科教学教师班级管理困难原因分析

多学科教学教师认为在班级管理中最困难的工作为安全教育与管理，究其原因，孩子是祖国的未来、民族的希望，学生能否安全健康地成长，关系到广大群众的切身利益，关系到社会的稳定，关系到民族的兴旺和国家的前途。学校是公共场所，学习是集体生活，学生是未成年人，安全隐患不可避免。学校要抓好学生的安全教育，先要抓好班级的安全教育，作为教育者要做好防患于未然。防患于未然的首要工作就是改变学生的不良行为习惯，引导学生以安全的行为在安全的环境中学习、生活和成长。小学生正处在身心发展的重要时期，随着生理、心理的发育和发展，社会阅历的增加及思维方式的变化，他们在学习、生活、人际交往、自我意识等方面，会遇到各种各样的心理困惑和问题。关注和重视学生心理健康，并在中小学开展心理健康教育,是加强和改进青少年思想道德建设的需要,更是学生健康成长的必然需求。对于学生学习管理来说,学生的主要任务为学习,教师的首要任务是对学生学习的引导和监督,学生学习管理可以说是教师教学任务的重中之重,那么部分多学科教学教师认为该项工作是最困难的工作也是无可厚非的。

(二)多学科教学教师实践性知识掌握情况

实践性知识是教师知识的重要组成部分,它是教师专业发展和实践智慧生成的基础和催化剂。随着我国新一轮课程改革的不断推进,对教师素质提出了更高的要求,通过认可和增加教师实践性知识来提升教师专业素养,成为一种重要途径。实践性知识与教师教学的实际行为息息相关,它以教育的基本理论和学科知识为基础,是在教学过程中逐步形成的。教师的实践性知识对教师的教学行为起着实际指导作用。从前文数据中可看出,多学科教学教师比较关注学生的知识、教师信念的知识、自我的知识和具体教育情景的知识等方面。学生的知识是现今教师教学不可缺少的一部分,新时代强调教师职业角色和教学行为必须发生转变,教师是学生学习的促进者和引导者,强调学生的主体地位,要使新型师生关系融洽建立,对于学生的知识的掌握是非常必要的。教师信念的知识是指教师对有关教与学现象的理论、观点和见解的判断,包括价值观、责任感和教育观等。它影响着教育实践和学生的身心发展,是教师素质的一个重要组成部分,所以多学科教学教师比较注重教师信念的知识。自我的知识是指了解自己的教学风格、能力和优点与不足,这对于教师教学方法的合理运用,以及教学反思的进行起着至关重要的作用。具体教育情景的知识,强调判断的准确、思维的敏捷和方法的变通等。由于课堂教学的复杂性、互动性以及不确定的特征,要求教师要拥有具体教学情景的知识,随机应变地处理在课堂教学中遇到的一些问题,从而确保教学工作的顺利推进。

(三)多学科教学教师常用的教学形式

多学科教学教师最常用的教学形式为集体讲课,且村屯学校的多学科教学教师相对于其他三个区域层级学校的多学科教学教师人数所占比例最大，多学科教学教师中的新手教师相对于熟手教师及专家型教师来说，采用集体讲课形式的人数所占比例最大。对于村屯学校的多学科教学教师来说，由于教育观念及学校基础设施等，教师一般采用较为保守和效率较高的教学形式，集体讲课的教学形式能同时面向绝大多数学生，教学效率相对较高，村屯学校教师人数较少，多学科教学教师同时要承担两门及以上的学科教学任务，教学精力有限，集体教学讲课形式，是较为便捷有效的一种教学形式。而新手教师多采用集体讲课的教学形式的原因可能为缺乏教学经验，同时作为一名多学科教学教师，在步入教育行业之初便要承担两门及以上的学科教学工作，对于新手教师来说无疑是一个巨大挑战，所以为保证教学的质量，新手教师一般会采用比较保守的教学方式来展开自己的教学工作。集体讲课的形式对于新手多学科教学教师来说是较为合适的教学形式。通过对数据的分析也可看出，专家型教师更加倾向于探究学习和自主学习，之所以出现上述现象是因为专家型教师拥有较为先进的教育观念，同时掌握更加符合教育规律的教育方法，丰富的教育经验促使专家型教师不断改进自己的教学方法，同时注重自身的角色转换、对学生主体地位的认同，专家型教师对于探究学习以及自主学习教学形式的倾向恰恰体现了这点。县城学校和城市学校的多学科教学教师常用的教学形式也包括探究学习，相对于集体讲课来说，采用这一形式教学时学生拥有更大的自主权和更多的发言权，探究学习不仅可以较深入地达到对知识技能的理解与掌握，更有利于创新思维与创新能力的形成和发展，综合来说是对学生的发展更有帮助的一种教学形式，城市和县城学校的多学科教学教师，对更为先进的教学形式较早进行接触和了解，同时这两类地区的教师拥有较为先进的教学观念，所以更加倾向于使用探究式的教学形式。

（四）多学科教学教师在实际教学中所重视的学生能力

多学科教学教师比较重视学生的习惯养成、品德的养成、知识学习和思维品质方面。学生良好习惯养成关系到学生今后的成长，关系到学生在做人和求知的过程中，由他律向自律的过渡，因此，在日常的教育教学中，抓好学生良好行为习惯养成是一项对学生人生的奠基工程，教师在日常教学中要常抓不懈。良好道德行为习惯是其道德水平或道德人格品质的体现。学习知识是做好工作的基础和前提，是提高自身素质的基本途径。

思维是智力的核心,是个体智力高低的重要标志,其他诸因素都必须受思维力支配,即必须有思维力参与,才能有效地进行。所以多学科教学教师重视学生思维品质的发展。

三 多学科教学教师教学实践能力和班级管理的策略

(一)实行全方位班级管理策略

教师作为班级的组织者和管理者,需要对整个班级有整体的把控,在班级管理中面临困难是无法避免的,既然存在困难则更需要迎难而上,解决和防范可能出现的问题。就班级管理问题,教师可从学生安全管理、心理教育和纪律管理方面着手进行。教师可采用家访和建立心理档案等方法来了解学生的心理状态,为下一步的工作判断提供依据。在学生学习方面,教师要努力创造一个和谐、宽松、民主、平等的学习氛围,使每个学生能轻松、愉快地学习,能充分调动每个学生学习的积极性,让主动学习成为学生努力的目标。

(二)丰富教师实践性知识

教师通过对自己教育教学经验提炼所形成的教育教学的认识,对其教育教学经历进行自我解释,上升到反思层次,形成具有指导作用的价值导向,并实际指导教育教学行为,便形成实践性知识。教师实践性知识是基于教育教学实践的知识,经验是教师实践性知识的来源,反思是教师实践性知识生成的主要途径。教师实践性知识贯穿于教师的实践过程,对教师的实践活动有实际的指导和规范作用,教师实践性知识应用于实践,即教师实践性知识是为实践服务的。当前的教学活动存在理论与现实脱节的情况,是因为在了解相关理论后并未能运用到实际教学过程中去。应从丰富教师的实践性知识入手,随时掌握教师的教学实施情况。教师应时常进行教学反思,以此改进教学,提高自己的实践性知识水平,可将教研活动中具有代表性的案例发掘出来,结合自己的教学实际进行分析,组织集体讨论，活用到教学实践中，不断加以深化。

（三）合理运用教学形式

在教学实践中，并不存在一种万能的教学形式，每种教学形式各有其优缺点，比如说集体讲课是目前学校教育中最常见的教学形式，即教师在一定时间内，向一个班级学生传递教学信息。通过这种形式，教师能同时面对大量学生授课，能在规定时间内传递较多信息，有一定的规模效益。但整齐划一的教学难以满足学生的个别需求，学生通常只能被动接收信息。在选择教学形式时，首先教师应积极创造条件，有步骤、有计划、有秩序地在教学实践中尝试使用不同的教学形式来满足学生的需求。教学形式的选择必须依据教材内容。教学形式总是相对于课程内容而存在的。面对不同学科，要采用不同的教学形式。其次必须依据学生的实际情况。教学形式的选择要受到学生的个性心理特征和已有知识条件的制约。最后教学形式必须依据教师的个性化特点。教学形式的选择还要考虑到教师自身的素养和条件，取决于教师对各种教学形式的掌握和运用水平。

（四）关注学生能力的全面发展

教学的核心不仅仅是让学生获得知识，更重要的目的是促进学生的全面发展。追求学生全面发展的教学目的是有积极意义的。教师要为每一位学生的全面发展创造公平的机会，要关注每一个学生的全面发展，让每一个学生都能健康快乐地成长。这就需要教师采取更加有力的措施，用更多的时间和精力去了解和熟悉学生的特点，发掘学生的潜能，善于分析和把握每一位学生的思想、学习和心理的发展状况，科学、综合地看待学生的全面发展，以真挚的爱心和科学的方法去教育、引导和帮助学生成长进步。教师在日常教学和生活中有意识地引导学生养成学习和生活中的良好习惯，评价是促使学生良好行为习惯养成的重要手段。及时对学生养成教育进行评价是做好养成教育工作的有效途径，能促使学生产生强烈的荣誉感，从而提高学生自我控制能力，提高学生的自觉性和增强意志力，做到知行统一。在日常教学中对学生进行思想道德渗透，积极促成学生良好道德品质的形成。至于学生的知识学习能力，要让学生学会主动学习，以兴趣为内因的学习往往能获得更好的学习效果。从前文数据可看出，大部分多学科教学教师对于学生审美情趣方面不够重视，在今后的教学过程中，教师可适当地培养学生的审美情趣，为学生的全面发展奠定基础。

第十三章
教师职前全科培养与职后多学科培训现状

目前,我国农村教师同时任教两门及以上学科的现象较为普遍。但由于目前教师的职前培养和职后培训都表现为较强的分学科特征,这就使得从事多学科教学的教师一方面在专业知识的储备上明显不足,另一方面对自己的专业身份认同模糊并且专业发展迷茫。虽然教师任教多学科在我国多是出于被迫选择,但在国际上却是小学教育发展的趋势,部分发达国家基于学生身心整体发展而主动选择多学科教学,因此我们也应该积极面对多学科教学的现象,承认其存在的价值和必要性,为从事多学科教学的教师专业发展提供科学的职前培养和职后培训,能够为教师的专业发展提供保障。

一 我国小学教师职前全科培养期望

培养全科教师,课程和培养模式是关键。全科课程的整合不是简单的累加,不仅要考虑学科内部之间的逻辑联系,还要考虑不同学科课程之间的内在联系。培养模式的选择要在考虑到学科知识的关系、教育教学规律的同时,还要关注学生的身心特点、承受能力、任教期望和教育教学的实际需要。此部分通过小学教师对全科培养学科组合的期望、小学教师胜任门数期望和小学教师对多学科教学安排的期望三个方面进行呈现,希望能对全科教师的培养模式和专业实习活动提供可参考意见。

(一)小学教师对全科培养学科组合的期望

对于全科教师的职前培养,尽管要求其要具备胜任小学各阶段所有学科的教学的能力，但在现实中任教所有学科很难实现，因此全科教师的培养应是在注重培养综合能力基础上，使其有所专长，即一专多能。

在培养学科的期望组合方面，选择"数学或语文+1门选修"的人数比例最大，为20.01%，其次为"数学或语文+多门选修"，其比例为19.68%，可见，多数教师喜欢1主+副的培养模式，较多人选择此类学科培养模式可能是考虑到任教现实状况。再次是选择单学科培养、"数学+语文+多门选修"的人数较多，其比例各为18.41%、15.44%，单学科培养是目前教师培养的主要形式，仍有一定比例小学教师期望单学科培养，一方面可能是出于单学科任教的惯性，对全科任教理念认识不足，另一方面可能是出于任教实际需要。部分教师选择2主+多副培养模式，说明一些小学教师还是希望在职前阶段拓展自己知识的领域，为职后不确定的学科任教打下基础。而选择多门选修的占9.70%，多门必修的占8.99%，"数学+语文+1门选修"的占7.72%，"数学+语文"的占1.49%，人数比例很小（如表13-1所示）。可见，在职前培养阶段，教师并不希望只学主科或副科。总之，小学教师喜欢主+副的学科培养模式，其中"数学或语文+1门选修"或是"数学或语文+多门选修"最受欢迎。

表 13-1 小学教师的学科组合期望（多选）

单位：次，%

培养小学教师学科组合形式	被选次数	个案百分比
单学科培养	334	18.41
数学或语文+1门选修	363	20.01
数学或语文+多门选修	357	19.68
数学+语文	27	1.49
数学+语文+1门选修	140	7.72
数学+语文+多门选修	280	15.44
多门必修	163	8.99
多门选修	176	9.70
其他	26	1.43
合计	1866	—

注：N=1814，有效百分比=96.90%，缺失值=58。

教师认为适合小学教师培养的学科组合形式也存在城乡差异。在"数学或语文+1门选修"的培养模式中，城市、县城、乡镇的人数比例均高于村屯地区，其比例分别为21.09%、20.15%、20.31%；在"数学或语文+多门选修"的学科组合中，城市和乡镇的人数比例高于县城和村屯，其比例分别为21.96%和20.00%；在单学科培养中，县城和村屯人数比例高于城市和乡镇，其比例分别为20.15%和18.27%；在"数学+语文+多门选修"中，村屯教师的比例明显高于其他三个区域层级（如表13-2所示）。可见，相对于其他地区，村屯教师期望的培养模式呈现两种极端情况，一方面希望是单学科培养，这可能是出于跨年级任教某一学科的现实需要；另一方面期望最多学科组合，即2主+多副，这可能是出于包班或复试教学的需要。

表13-2 小学教师培养学科组合期望的城乡差异（多选）

单位：人，%

所在区域		单学科培养	数学或语文+1门选修	数学或语文+多门选修	数学或语文	数学+语文+1门选修	数学+语文+多门选修	多门必修	多门选修	其他	合计
城市	人数	83	97	101	3	33	65	34	57	3	460
	百分比	18.04	21.09	21.96	0.65	7.17	14.13	7.39	12.39	0.65	
县城	人数	81	81	73	6	34	60	28	40	8	402
	百分比	20.15	20.15	18.16	1.49	8.46	14.93	6.97	9.95	1.99	
乡镇	人数	113	130	128	5	48	92	69	61	7	640
	百分比	17.66	20.31	20.00	0.78	7.50	14.38	10.78	9.53	1.09	
村屯	人数	57	55	55	13	25	63	32	18	8	312
	百分比	18.27	17.63	17.63	4.17	8.01	20.19	10.26	5.77	2.56	
合计	人数	334	363	357	27	140	280	163	176	26	1814
	百分比	18.41	20.01	19.68	1.49	7.72	15.44	8.99	9.70	1.43	

注：N=1814，有效百分比=96.90%，缺失值=58。

通过以上分析可知，大部分小学教师不希望在职前培养阶段只学习主科或是副科，而是根据实际教学的需要，期望的培养模式是主+副，尽可能拓展自己的知识领域。在具体任教学科数量和组合的选择上，城乡不同地区根据实际教学有所差异，城市和县城、乡镇教师更倾向于选择1主+1副或1主+多副，而村屯地区则呈现出单学科培养或2主+多副的需求倾向。

(二)小学教师胜任门数期望

如图 13-1 所示,在小学教师中,选择期望胜任 2 门学科教学任务的教师比例最高,其比例为 51.17%,其次为胜任 1 门的教师,其比例为 31.79%,选择 3 门及以上的教师人数比例很小且比例急速下降,其比例为 17.05%。选择胜任 2 门的人数与胜任 3 门的人数比例相差 41.29 个百分点。

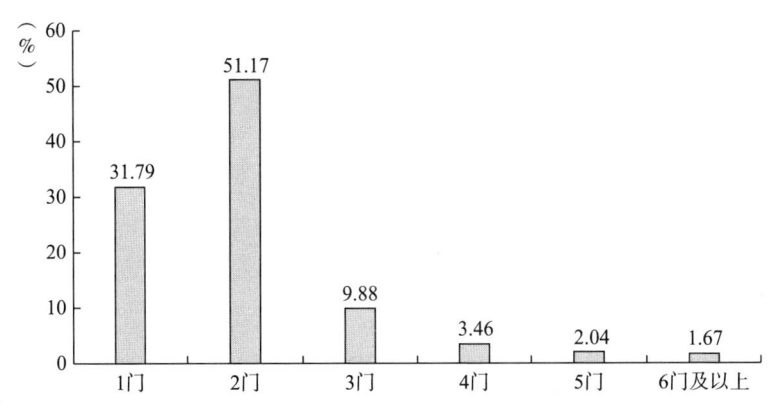

图 13-1 小学教师胜任门数期望

说明:N=1620,有效百分比=86.54%,缺失值=252。

无论是城市、县城、乡镇还是村屯,选择胜任 2 门的人数比例最大,其次是选择 1 门的。其中在选择胜任 2 门的教师中,城乡并无太大差异;在选择胜任 1 门的教师中,县城比例最大,为 37.82%,村屯比例最小,为 19.33%,相差 18.49 个百分点(如表 13-3 所示)。在选择胜任 3 门及以上门数的教师中,随着学校所处行政级别的降低,人数比例呈现上升趋势,即行政级别越低的教师选择 3 门及以上的人数比例越高。

表 13-3 小学教师胜任门数期望的城乡差异

单位:人,%

所在区域		1门	2门	3门	4门	5门	6门及以上	合计
城市	人数	142	201	46	7	0	2	398
	百分比	35.68	50.50	11.56	1.76	0.00	0.50	100.00

续表

所在区域		1门	2门	3门	4门	5门	6门及以上	合计
县城	人数	135	165	35	13	8	1	357
	百分比	37.82	46.22	9.80	3.64	2.24	0.28	100.00
乡镇	人数	180	308	44	10	11	12	565
	百分比	31.86	54.51	7.79	1.77	1.95	2.12	100.00
村屯	人数	58	155	35	26	14	12	300
	百分比	19.33	51.67	11.67	8.67	4.67	4.00	100.00
合计	人数	515	829	160	56	33	27	1620
	百分比	31.79	51.17	9.88	3.46	2.04	1.67	100.00

注：N=1620，有效百分比=86.54%，缺失值=252。

一般认为城市的教师能力更强，教学效能感要比乡村教师强，但是数据显示在选择能胜任更多门数的教师中，学校所处行政级别越低的教师比例反而越高。其实城市教师认为自己不能胜任更多学科的教学并不意味着教学能力低。可能有以下原因：一方面是现实需要、经验使然，使得区域层级越低的教师要胜任更多门数。村屯教师数量少，教学实际需要教师教多门学科，长期多门任教的实践经验有助于教师在多科教学中效能感的提升，使其相信自己能胜任更多门学科的教学工作。另一方面，相对于城市地区对教学效果的严格评价，区域层级越低的地区由于各种条件的限制对教师的教学成绩和其他方面的要求较为宽松，这有助于减少村屯教师的教学压力，进而为教师多学科教学提供信心。

（三）小学教师对多学科教学安排的期望

教学安排形式是教师实际任教的学科组合情况，教师期望的教学安排形式不仅可以反映出教师能胜任的学科门数和多学科教学组合情况，还可为多学科教学教师的培养、教育实习以及职后的教学安排提供借鉴。那么小学教师更期望哪种多学科教学安排呢？在众多教学安排中，城乡不同教师喜欢的教学安排是否有差异？

从总体来看，小学教师喜欢的教学安排形式呈现三个层次。第一个层次是选择人数最多的，可称为最喜欢的教学安排，即一门数学或语文和一门非数学或语文，以及平行班的数学或语文，其比例分别为31.55%和

31.17%，两者比例虽有差距，但差距不大。其中最喜欢的一种教学安排和小学教师最喜欢的职前培养的学科组合形式（数学或语文+1门选修）相一致，都是1主+1副的形式。第二个层次是选择人数比例较大的，即两门或两门以上非数学或语文、同一个班级的数学和语文，其比例分别为17.51%和12.06%。这种多副和2主的教学安排，在职前培养阶段，是教师选择最少的学科组合形式，但出于现实需要，教师还是选择此安排。第三个层次是选择人数比例较小的，即其他、跨年级的数学或语文，其比例分别为9.03%和1.93%（如表13-4所示），虽然跨年级的数学或语文是任教同一学科，但由于年级不同，学生特点不同，教师备课的工作量也会无形中加大。总之，教师还是期望1主+1副和单学科的教学安排，若出于现实需要也尽量是同一年级的多学科而不是跨年级的多学科。

表13-4 小学教师选择不同教学安排形式的总体情况（多选）

单位：次，%

教学安排形式	被选次数	个案百分比
同一个班级的数学和语文	219	12.06
平行班级的数学或语文	566	31.17
一门数学或语文和一门非数学或语文	573	31.55
跨年级的数学或语文	35	1.93
两门或两门以上非数学或语文	318	17.51
其他	164	9.03
合计	1875	—

注：N=1816，有效百分比=97.01%，缺失值=56。

在教师们最期望的1主+1副和平行班级的数学或语文的教学安排中，城乡之间的教师选择比例差距很小，最高比例与最低比例差距分别仅为1.34个百分点和3.38个百分点，可见，无论哪个区域层级的教师都期望这两种形式的教学安排。在教师比较期望的两门或两门以上非数学或语文、同一个班级的数学和语文教学安排中，城乡的教师比例呈现出差距。其中两门或两门以上非数学或语文的教学安排中，县城、村屯的教师比例低于城市、乡镇，低于17.51%的全国平均水平，分别为16.22%、15.36%；而在同一个班级的数学和语文教学安排中，村屯教师比例明显高于其他三个区域层级教师占比，并高于12.06%的全国平均水平，其比例为

16.93%（如表 13-5 所示）。在教师们最不期望跨年级的数学或语文教学安排中，村屯教师比例也是明显高于其他三个区域层级。可见，村屯教师选择同一个班级的语文和数学、跨年级的语文或数学比例高于其他三个区域层级，而选择多副科的比例低于其他三个区域层级，这可能是出于村屯现实任教状况的需要而做出的选择。

表 13-5 小学教师选择不同教学安排形式的城乡差异（多选）

单位：人，%

所在区域		同一个班级的数学和语文	平行班级的数学或语文	一门数学或语文和一门非数学或语文	跨年级的数学或语文	两门或两门以上非数学或语文	其他	合计
城市	人数	53	135	140	6	88	48	457
	百分比	11.60	29.54	30.63	1.31	19.26	10.50	
县城	人数	47	134	129	7	66	32	407
	百分比	11.55	32.92	31.70	1.72	16.22	7.86	
乡镇	人数	65	199	202	10	115	64	633
	百分比	10.27	31.44	31.91	1.58	18.17	10.11	
村屯	人数	54	98	102	12	49	20	319
	百分比	16.93	30.72	31.97	3.76	15.36	6.27	
合计	人数	219	566	573	35	318	164	1816
	百分比	12.06	31.17	31.55	1.93	17.51	9.03	

注：N=1816，有效百分比=97.01%，缺失值=56。

二 小学多学科教学教师职后培训情况

职前培养是教师从教的专业储备，职后培训是促进教师专业发展的重要途径，为促进教师素质提升，提高教师培训质量，需要了解他们所面临的困难，以便做出针对性回应。当下小学教师从事多学科教学现象比较普遍，尤其是村屯地区更为严重，他们多数为被动从事多学科教学，职前单学科培养的经历使得其多学科教学面临重重困难，他们在教育教学中遇到不熟悉学科时的做法和在职后培训过程中遇到的困难，这些都是亟须关注的问题。

（一）小学多学科教学教师常用学习方式

为了增强培训的针对性，帮助多学科教学教师解决教育教学面临的困难，促进其专业成长，此部分首先从整体分析小学教师的做法，然后分别从城乡、教龄两个维度分析差异。

从总体来看，当小学多学科教学教师在任教不熟悉学科时，都会积极寻找各种方法去面对，而不是采取逃避或应付的态度。具体来看，大多数教师会选择向教这门学科的骨干教师请教，比例高达71.36%，其次会选择自己琢磨这门学科的内容与特点，比例为62.74%，再次教师才会选择参加这门学科的相关培训然后再教，比例为33.60%（如表13-6所示）。通过以上分析可知，前两种方式是最方便、最及时、最实用的解决多学科教学教师教育教学问题的方法，也是多数教师常用的解决办法，而对于多学科教学教师解决平时遇到的问题，培训并不能及时地为多学科教学教师提供针对性较强的建议。因此学校应该多安排教师之间的交流与合作，尤其是骨干教师和普通教师之间的合作，还应为多学科教学教师平时的自我学习提供材料和必要的便利条件。另外，培训是教师走出校门，开阔眼界，吸收外来新知识、新方法的重要途径，学校应该鼓励教师多总结自己平时遇到的困难和问题，利用培训的机会探索解决的办法。

表13-6　任教不熟悉学科时的做法（多选）

单位：次，%

任教不熟悉学科时的做法	被选次数	个案百分比
参加这门学科的相关培训然后再教	339	33.60
向教这门学科的骨干教师请教	720	71.36
自己琢磨这门学科的内容与特点	633	62.74
按教参内容照本宣科	90	8.92
拒绝教这门学科	45	4.46
其他	35	3.47
合计	1862	—

注：N=1009，有效百分比=53.90%，缺失值=863。

多学科教学教师任教不熟悉学科时的做法呈现一定的城乡差异。在向教这门学科的骨干教师请教的做法中，随着学校所在地区域层级的降低，人数比例总体呈现上升趋势，其中乡镇比例最高，为74.58%，城市比例最低，为66.13%；在自己琢磨这门学科的内容与特点的做法中，随着学校所在地区域层级的降低，人数比例总体也呈现上升趋势，其中村屯比例最高，为66.24%，城市比例最低，为59.27%；在参加这门学科的相关培训然后再教的做法中，随着学校所在地区域层级的降低，人数比例总体呈现下降趋势，其中城市比例最高，为39.92%，村屯比例最低，为27.85%（如表13-7所示）。通过以上分析可知，选择向教这门学科的骨干教师请教、自己琢磨这门学科的内容与特点的方法，村屯教师比例高于城市；而选择参加这门学科的培训然后再教的方法，城市教师比例高于村屯。这可能是因为相对于村屯等地区的教师来说，城市教师参加培训的机会较多，而村屯教师由于交通条件差、任务重等各种因素限制，很少有机会出去参加培训。

表13-7 多学科教学教师任教不熟悉学科时做法的城乡差异（多选）

单位：人，%

所在区域		参加这门学科的相关培训然后再教	向教这门学科的骨干教师请教	自己琢磨这门学科的内容与特点	按教参内容照本宣科	拒绝教这门学科	其他	合计
城市	人数	99	164	147	31	21	5	248
	百分比	39.92	66.13	59.27	12.50	8.47	2.02	
县城	人数	50	118	107	12	9	2	166
	百分比	30.12	71.08	64.46	7.23	5.42	1.20	
乡镇	人数	124	267	222	32	11	13	358
	百分比	34.64	74.58	62.01	8.94	3.07	3.63	
村屯	人数	66	171	157	15	4	15	237
	百分比	27.85	72.15	66.24	6.33	1.69	6.33	
合计	人数	339	720	633	90	45	35	1009
	百分比	33.60	71.36	62.74	8.92	4.46	3.47	

注：N=1009，有效百分比=53.90%，缺失值=863。

不同教龄阶段的多学科教学教师面对相同问题时，可能采取的方法也不一样。在向教这门学科的骨干教师请教的做法中，教龄在40年及以下的教师中，随着教龄的增加人数比例总体呈现下降趋势，其中11~20年教龄段的教师比例最高，为75.41%，31~40年教龄段的教师比例最低，为60.26%，相差15.15个百分点，但41年及以上的教龄教师比例又出现回升。在自己琢磨这门学科的内容与特点的做法中，教龄在40年及以下的教师中，随着教龄的增加人数比例总体也呈现下降趋势，其中10年及以下教龄段的教师比例最高，为67.58%，31~40年教龄段的教师比例最低，为47.44%，相差20.14个百分点，但41年及以上教龄教师比例也出现回升（如表13-8所示）。而在参加这门学科的相关培训然后再教的做法中，各个教龄段教师比例差距并不是很大，可见对于通过培训来解决多科教学中遇到的问题，各个年龄段教师对其期望不是很高。

通过以上分析可知，在向教这门学科的骨干教师请教和自己琢磨这门学科的内容与特点的做法中，40年及以下教龄段的教师，随着教龄的增加比例大体呈现下降趋势，而41年及以上教师比例都出现回升。我们通常认为，随着教龄的增加，教师的教育教学经验逐渐丰富，应对教育教学中的问题也更加游刃有余，因此教龄较高的教师向其他教师请教的时候可能相对较少，一些问题凭借多年的学习和经验积累可能会迎刃而解，教龄较高的教师由于知识比较陈旧，面对新环境、新要求，需要向年轻有为的骨干教师学习。

表13-8 多学科教学教师任教不熟悉学科做法的教龄差异（多选）

单位：人，%

教龄		参加这门学科的相关培训然后再教	向教这门学科的骨干教师请教	自己琢磨这门学科的内容与特点	按教学内容照本宣科	拒绝教这门学科	其他	合计
10年及以下	人数	82	209	198	30	20	13	293
	百分比	27.99	71.33	67.58	10.24	6.83	4.44	
11~20年	人数	133	273	237	28	10	12	362
	百分比	36.74	75.41	65.47	7.73	2.76	3.31	
21~30年	人数	76	144	131	21	10	5	217
	百分比	35.02	66.36	60.37	9.68	4.61	2.30	
31~40年	人数	25	47	37	8	4	4	78
	百分比	32.05	60.26	47.44	10.26	5.13	5.13	

续表

教龄		参加这门学科的相关培训然后再教	向教这门学科的骨干教师请教	自己琢磨这门学科的内容与特点	按教参内容照本宣科	拒绝教这门学科	其他	合计
41年及以上	人数	1	3	2	0	0	0	3
	百分比	33.33	100.00	66.67	0.00	0.00	0.00	
合计	人数	317	676	605	87	44	34	953
	百分比	33.26	70.93	63.48	9.13	4.62	3.57	

注：N = 953，有效百分比 = 50.91%，缺失值 = 919。

（二）多学科教学教师职后培训困难情况

教师培训是教师专业发展的重要途径，良好的培训保障是教师培训的政策前提。了解多学科教学教师参加培训会遇到的困难，以及多学科教学教师遇到困难的差异，可为多学科教学教师培训提供更加有针对性的保障措施，促进培训质量的提升。此部分首先对多学科教学教师在职后培训过程中会遇到的困难进行总体分析，然后从城乡、教龄两个维度进行比较。

从总体来看，超过5/6的多学科教学教师清楚自己需要培训的学科，主要阻碍教师参加培训的是外界因素。其中最主要的困难是学校无法给足时间参加所有学科培训，选择这一困难的教师比例最高，为48.54%；其次是培训任务太重，比例为32.43%；再次是学校缺少教师难以参加培训和无权选择所要培训的学科，比例分别为28.30%和27.09%（如表13-9所示）。

表13-9 多学科教学教师职后培训困难情况（多选）

单位：次，%

职后培训困难	被选次数	个案百分比
不知道选择哪一门学科去培训	144	14.50
学校无法给足时间参加所有学科培训	482	48.54
培训任务太重	322	32.43
无权选择所要培训的学科	269	27.09

续表

职后培训困难	被选次数	个案百分比
学校缺少教师难以参加培训	281	28.30
其他	104	10.47
合计	1602	—

注：N=993，有效百分比=53.04%，缺失值=879。

从总体来看，阻碍教师参加培训的因素主要有学校无法给足时间参加所有学科培训、培训任务太重。具体来看，在学校无法给足时间参加所有学科培训这一困难上，乡镇教师比例最高，为53.41%；在培训任务太重这一困难上，随着学校所在地区域层级的降低，教师比例逐渐下降，其中村屯教师比例最低，为26.41%，可见村屯教师培训任务并不是很重。另外，除了以上两个主要困难外，无权选择所要培训的学科也是主要困难之一，县城教师比例高于其他三个区域层级学校，为36.36%；学校缺少教师难以参加培训是乡镇和村屯教师的主要困难之一，两个地区比例远高于城市和县城，特别是村屯地区，比例高达45.45%，比最低比例高出29.94个百分点（如表13-10所示）。通过以上分析可知，学校应该保证多学科教学教师的培训时间，根据实际情况减轻教师的培训任务，此外要考虑到县城教师培训自主权，乡镇和村屯教师数量少难以参加培训，学校应通过其他途径弥补，为教师专业成长提供便利条件。

表13-10 多学科教学教师职后培训困难的城乡差异（多选）

单位：人，%

所在区域		不知道选择哪一门学科去培训	学校无法给足时间参加所有学科培训	培训任务太重	无权选择所要培训的学科	学校缺少教师难以参加培训	其他	合计
城市	人数	35	114	87	53	38	31	245
	百分比	14.29	46.53	35.51	21.63	15.51	12.65	
县城	人数	24	75	58	60	30	9	165
	百分比	14.55	45.45	35.15	36.36	18.18	5.45	
乡镇	人数	48	188	116	95	108	37	352
	百分比	13.64	53.41	32.95	26.99	30.68	10.51	

续表

所在区域		不知道选择哪一门学科去培训	学校无法给足时间参加所有学科培训	培训任务太重	无权选择所要培训的学科	学校缺少教师难以参加培训	其他	合计
村屯	人数	37	105	61	61	105	27	231
	百分比	16.02	45.45	26.41	26.41	45.45	11.69	
合计	人数	144	482	322	269	281	104	993
	百分比	14.50	48.54	32.43	27.09	28.30	10.47	

注：N=993，有效百分比=53.04%，缺失值=879。

不同困难对不同教龄段教师的影响程度不同。在学校无法给足时间参加所有学科培训这一困难上，11~20年、21~30年、41年及以上教龄段教师比例比较高，分别为52.10%、51.39%和66.67%，可见这一困难是中老年教师职后培训最主要的困难；在培训任务太重这一困难上，10年及以下、11~20年教龄段的教师比例高于其他教龄段的，均在全国平均水平以上，分别为32.53%和38.66%，可见，培训任务太重是年轻、中年教师的主要职后培训困难；在无权选择所要培训的学科这一困难上，10年及以下教龄的教师比例最高，为31.49%，可见无权选择培训学科是年轻老师职后培训的主要困难（如表13-11所示）。可见，教龄较长的教师，由于其资历较高，一般都是学校的中坚力量，学校委以重任，所以很少有时间参加培训；而对于教龄较短的年轻教师，由于需要学习的地方还很多，因此在培训中没有太多选择权，培训的任务也比较重。

表13-11 小学多学科教学教师职后培训困难的教龄差异（多选）

单位：人，%

教龄		不知道选择哪一门学科去培训	学校无法给足时间参加所有学科培训	培训任务太重	无权选择所要培训的学科	学校缺少教师难以参加培训	其他	合计
10年及以下	人数	42	125	94	91	96	37	289
	百分比	14.53	43.25	32.53	31.49	33.22	12.80	
11~20年	人数	58	186	138	90	90	34	357
	百分比	16.25	52.10	38.66	25.21	25.21	9.52	

续表

教龄		不知道选择哪一门学科去培训	学校无法给足时间参加所有学科培训	培训任务太重	无权选择所要培训的学科	学校缺少教师难以参加培训	其他	合计
21~30年	人数	18	111	55	59	60	24	216
	百分比	8.33	51.39	25.46	27.31	27.78	11.11	
31~40年	人数	12	29	16	19	25	6	75
	百分比	16.00	38.67	21.33	25.33	33.33	8.00	
41年及以上	人数	0	2	0	0	1	0	3
	百分比	0.00	66.67	0.00	0.00	33.33	0.00	
合计	人数	130	453	303	259	272	101	940
	百分比	13.83	48.19	32.23	27.55	28.94	10.74	

注：N=940，有效百分比=50.21%，缺失值=932。

三 小学多学科教学教师职前培养和职后培训的发展建议

调查发现一半以上的教师从事两门及以上的多科教学，尤其是村屯地区从事多学科教学的教师比例高达73.82%，可见，小学教师从事多科教学的现象很普遍，无论是基于主动选择还是出于被动无奈，小学教师多学科教学正在成为小学教师发展的趋势，所以我们应该承认其存在的必要性和价值，对小学教师职前培养和职后培训进行科学研究和积极探索，为多学科教学教师职前和职后的专业发展建立强有力的保障服务体系。一方面，小学教学现实需要大量多学科教学教师，需要加大对多学科教学教师的培养力度，以满足现实需求。另一方面，当下我国的教师管理体制、培训体制等还是以单学科为主，所以面对大量从事多学科教学的教师应进行针对多学科的培训模式和管理体制的探索，以促进多学科教学教师专业提升和发展。

（一）培养小学全科教师，构建"全人"课程体系

调查显示，总体来说大部分小学教师认为数学或语文+1门选修、数

学或语文+多门选修、单学科培养三种形式符合小学教学的现实需要，但其中还有些学科组合符合城乡不同地区的需要，比如除以上三种形式外，乡镇和村屯教师还认为数学+语文+多门选修的学科组合也很符合乡村教学的实际需要，这也与村屯教师任教多科现实相符。城乡不同地区的现实需要是复杂多变的，因此职前培养的学科组合并不能具体到只学某几门学科，所以职前多学科教学教师的培养应该涉及与小学应开设所有课程相关的领域，即全科培养，以应对复杂多变的现实需要。

  首先，课程之间应该打破学科之间的限制，实现以主题和项目为主带动不同领域知识的探索与研习，基于项目实现跨专业的合作学习，同时这种课程的学习前提还需要教材的整合以及创新教学、学习的方式，开发全科式的课程资源，引导学生创新性地学习。其次，开发通识课程，注重通识教育。通识教育的课程旨在打破学科之间的壁垒，为学生提供能够帮助其形成基本的人文修养、思想视野和精神感悟的课程。① 由于小学全科教师在知识方面广博的要求，因此对学生进行通识教育是不可或缺的，而且在培养过程中通识教育愈显示出重要性。最后，增加可供选修的地方性乡土文化课程。调查显示最急需小学全科教师的地方还是乡村，但乡村教师依然面临边缘化的境遇。乡土社会素有崇尚文化、尊师重教的优秀传统。所以，不管乡村教师身处何方、处境如何，他们都会视自己为乡村中的文化人。他们认为乡村的发展与自己息息相关。因此，乡村教师除了完成正常教书育人工作之外，他们会广泛参与当地的日常社会事务活动。他们在教书育人、传承文化、开启明智、引进思想、冲破旧体制等方面发挥了重要作用。② 乡村全科教师培养生源大多为农村学生，虽然出自农村，但是对乡村环境和文化的感知是零散的，尚未形成系统的了解与认识，感情尚浅，从小到大一直接受城市倾向的知识学习，若再经受3~4年城市文化的洗礼，恐怕乡土情感所剩无几。如果乡村教师不能认同、融入乡村，就会很难下得去，即使暂时下得去也很难留得住，频繁的补充与更换可以解决一时之急，若没有始终如一的坚守，乡村教师永远就会成为乡村社会的"异乡人"。

---

① 王莉、郑国珍：《论本科层次小学全科教师的培养》，《当代教育科学》2016年第11期，第40~44页。
② 李介：《小规模学校教师话语权的缺失及构建》，《当代教育科学》2016年第8期，第15~18页。

（二）主动多学科教学的学校可尝试安排教师任教两门学科

对于师资充足且主动选择多学科教学的学校，需在教师任教学科门数，以及学科组合方面有所考虑。一方面，需要考虑学科性质和学科之间的联系；另一方面，还要考虑教师的任教意愿和任教能力。调查发现超过一半的小学教师认为自己能胜任两门学科，在认为能胜任更多的门数这项上，村屯教师比例高于其他三个区域层级教师；在最期望的任教形式安排中，1主+1副、平行班级的主科、多门副科是教师比较喜欢的三种形式。因此在主动安排多学科教学时可以尝试让一名教师任教两门学科，这两门学科课可是1主+1副或是平行班级的一门主科或是多门副科。此外还需要考虑教师的承受能力、学生的接受能力和教学效果等各种因素。

（三）为教师培训提供制度保障，探索有针对性的多学科教学教师培训模式

职后培训是教师专业持续发展的重要保障。调查显示，在小学教师职后培训困难中排在前四位的依次是学校无法给足时间参加所有学科培训、培训任务太重、无权选择所要培训的学科、学校缺少教师难以参加培训，其中学校无法给足时间参加所有学科培训的比例最高，为48.54%。

第一，保障小学多学科教学教师的培训时间，特别是乡镇多学科教学教师的培训时间。与其他区域层级相比，乡镇教师比例最高，为53.41%。培训时间是教师参加培训的前提，教师在承担教学任务的同时还需要面对行政事务，这给多学科教学教师带来的压力会加倍，因为多学科教学教师任教多门学科，需要花更多的时间来备课、批改辅导和处理一些其他事务，因此保证教师专业发展，首先要保障教师有时间去学习。

第二，适当减轻小学教师培训任务，尤其是城市和县城、教龄较短的多学科教学教师的培训任务。调查显示，在培训任务太重这一困难上，随着学校所在地区域层级的降低，教师比例逐渐下降，其中城市和县城比例高于其他两个区域层级，可见，虽然城市和县城教师培训条件便利，但是培训任务却很重；虽然教龄较短的教师需要学习的知识还很多，但是过重的培训任务会使培训效果大打折扣。

第三,调整以单学科为主的教师培训评价模式,给予小学多学科教学教师自主选择培训学科的权利,特别是县城教师、教龄较短的多学科教学教师。调查显示,在"无权选择所要培训的学科"这一困难上,县城、教龄在 10 年及以下的多学科教学教师的比例明显高于其他三个区域层级、其他教龄段的教师。目前无论是教师的培养培训方式,还是教师的评价模式,都还是以单学科为主,大部分从事多学科教学的教师一方面会面临专业知识的储备不足,另一方面还会面临专业发展的迷茫和困惑。教师不得不选择具体某一学科去培训,面对以单学科为主的评价模式,多学科教学教师不得不选择容易获得认可的学科去培训。因此,为了使得多学科教学教师拥有更多的培训自主权,应该调整以单学科为主的培训评价模式,考虑多学科教学教师的发展需求。

第四,采取灵活多样的培训方式保障乡镇和村屯教师能够接受培训,尤其是村屯多学科教学教师能够接受培训。选择"学校缺少教师难以参加培训"这一困难的教师中,乡镇和村屯教师占比远高于城市和县城教师占比,特别是村屯地区,比例高达 45.45%,比最低比例高 29.94 个百分点。因此"学校缺少教师难以参加培训"这一困难阻碍着村屯多学科教学教师参加培训。村屯学校教师较少,教师除了正常上课外还有很多其他工作,再加上许多村小学和教学点都存在"一师一校"的现象,因此根本没有时间也没有多余人员支撑外出参加培训。因此应该开发灵活多样的培训方式,比如利用"互联网+"大力开发和利用网络资源,免费提供可供下载的课程资源,解决村屯教师的工学矛盾。

第五,针对多学科教学教师的教学现状,推进教师菜单式培训。调查发现教师从事多学科教学状况复杂多变,全科、1 主 +1 副、1 主 + 多副、多副科等情况都存在。当前从事多科教学的大部分教师职前接受的都是分科培养,实际从事多学科教学时,他们可能会面临着知识储备不足、专业发展迷茫等问题。一些教师职前已接受全科培养,对于这类教师应该建立职前培养和职后培训一体化的体系,使得全科教师的专业发展具有连续性、持久性和终身性。无论哪种形式,在职后的培训中由于人力、物力、时间等因素限制,无法进行全科培训,应该制定灵活多样的多学科培训方案和培训菜单,让教师根据任教情况选择培训的内容,这样既可以增加培训的自主性,也利于提高培训效率。

第十四章
教师多学科教学意愿情况

一 教师多学科教学意愿的具体表现

(一)多学科教学教师对职前培养模式的需求意愿

通过对处于不同任教状态的教师即单学科教学教师和多学科教学教师的职前培养需求的统计与分析发现,总体来说,教师需要的职前培养模式大体集中在"单学科培养"、"数学或语文+1门选修"、"数学或语文+多门选修"和"数学+语文+多门选修"等四种情况,但单学科教学教师群体和多学科教学教师群体对职前培养模式的需求存在差异。具体而言,多学科教学教师需要的职前培养模式是"数学或语文+多门选修",其次是"数学或语文+1门选修",再次是"数学+语文+多门选修",所占比例分别为21.44%、19.18%、16.80%。单学科教学教师需要的职前培养模式是"单学科培养",其次是"数学或语文+1门选修",再次是"数学或语文+多门选修",所占比例分别为20.07%、19.59%、16.49%(如图14-1所示)。通过对单学科教学教师和多学科教学教师的职前培养模式需求的对比分析发现,在基于自身教学需要的前提下,单学科教学教师更倾向于选择职前分科培养的模式,而多学科教学教师更多会选择多学科培养模式。

通过对不同教龄的多学科教学教师的职前培养模式的需求情况进行统计与分析发现,新手教师最需要的职前培养模式是"数学或语文+多门选修",所占比例为23.21%,比全国多学科教学教师的平均水平多1.77个

```
       □ 单学科培养     □ 数学或语文+1门选修    ▨ 数学或语文+多门选修
       ■ 数学+语文      ▨ 数学+语文+1门选修     ▨ 数学+语文+多门选修
       ▨ 多门必修       □ 多门选修              ▨ 其他
```

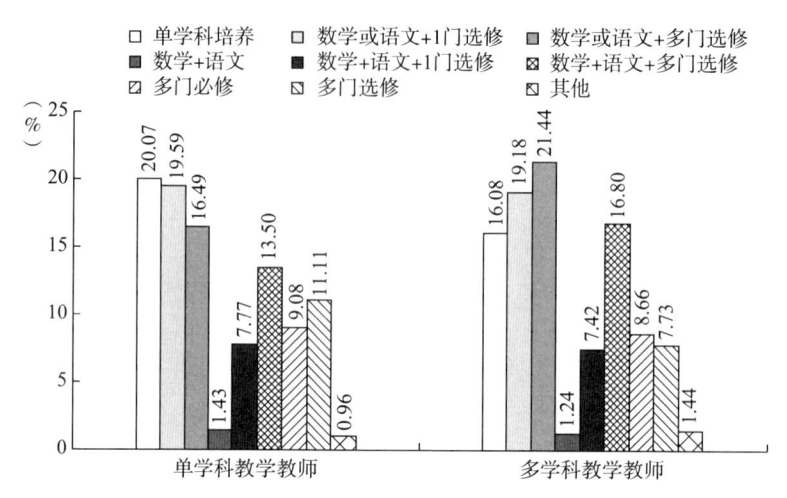

图 14-1　教师任教类型与职前培养模式的需求意愿状况

说明：N=1755，有效百分比=93.75%，缺失值=117。

百分点；选择"数学或语文+1门选修"和"数学+语文+多门选修"的新手教师比例分别为19.05%和16.67%，与全国多学科教学教师的总体情况大体一致。但在单学科培养模式的选择上，新手教师所占比例比选择这一模式的全国多学科教学教师所占比例多1.78个百分点。熟手教师的选择主要集中在"数学或语文+多门选修"和"数学或语文+1门选修"上，所占比例分别为22.22%和21.48%，在这两项的选择上熟手教师所占比例均高于全国多学科教学教师所占比例，但在"数学+语文+多门选修"的选择上，熟手教师所占比例比全国平均水平低2.36个百分点。专家型教师对职前培养模式的选择主要集中在"数学或语文+多门选修"、"数学+语文+多门选修"以及"数学或语文+1门选修"上，所占比例分别为19.01%、18.80%和18.39%（如图14-2所示），专家型教师在这三项上所占的比例较为均衡。与全国总体情况相比，专家型教师在"数学或语文+多门选修"的选择上所占比例比全国平均水平低2.43个百分点，在"数学或语文+1门选修"的选择上所占比例比全国平均水平低0.79个百分点，而在"数学+语文+多门选修"的选择上所占比例却比全国平均水平高2.00个百分点。

通过对城市、县城、乡镇和村屯多学科教学教师职前培养模式需求意愿的对比分析发现，城市学校的多学科教学教师最需要的职前培养模式是

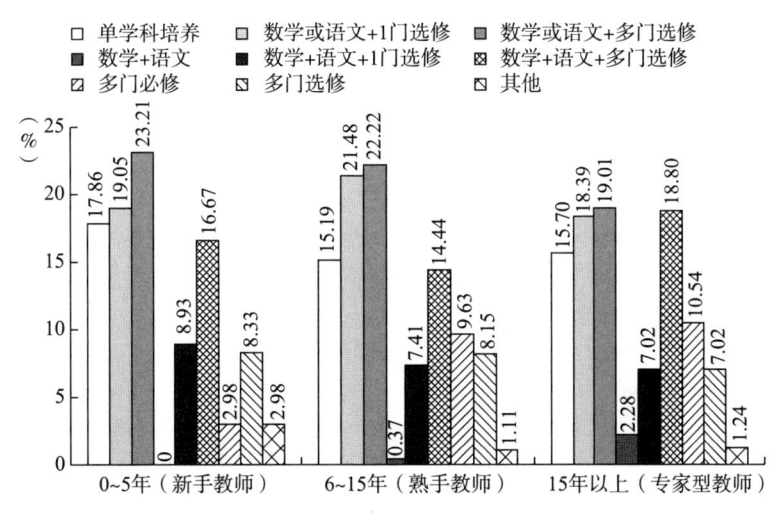

图14-2　多学科教学教师对职前培养模式的需求意愿的教龄分布

说明：N=901，有效百分比=93.85%，缺失值=59。

"数学或语文+多门选修"，所占比例为26.75%，比全国平均水平高5.31个百分点；县城学校的多学科教学教师最需要的职前培养模式是"数学或语文+1门选修"，所占比例为26.38%，比全国平均水平高7.20个百分点；乡镇学校的多学科教学教师最需要的职前培养模式是"数学或语文+多门选修"，所占比例为20.75%，比全国平均水平低0.69个百分点；村屯学校的多学科教学教师最需要的职前培养模式是"数学+语文+多门选修"，所占比例为20.69%，比全国平均水平高3.89个百分点。不同学校所在地的多学科教学教师在职前培养模式的需求方面存在差异。城市和县城学校的多学科教学教师最需要的三种职前培养模式为"数学或语文+多门选修"、"数学或语文+1门选修"和"单学科培养"，城市学校内部这三种培养模式所占比例分别为26.75%、20.61%、14.04%，县城学校内部这三种培养模式所占比例分别为20.25%、26.38%、19.02%。乡镇学校的多学科教学教师最需要的三种职前培养模式为"数学或语文+多门选修"、"数学+语文+多门选修"和"单学科培养"，所占比例分别为20.75%、17.58%和16.71%；村屯学校的多学科教学教师最需要的三种职前培养模式为"数学+语文+多门选修"、"数学或语文+多门选修"和"数学或语文+1门选修"，所占比例分别为20.69%、18.10%和16.81%（如图14-3所示）。

综合来看，多学科教学教师倾向选择的职前培养模式主要有四种，即

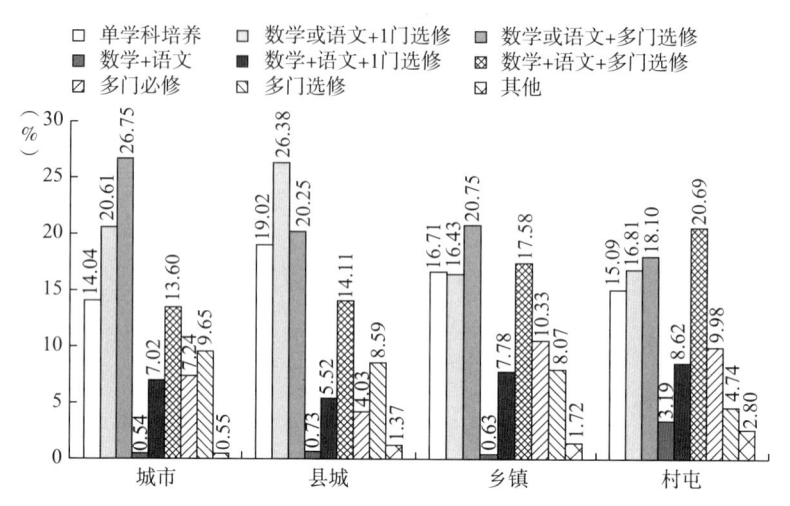

图 14-3 多学科教学教师对职前培养模式的需求意愿的城乡分布

说明：N=947，有效百分比=50.59%，缺失值=925。

"数学或语文+1门选修"、"数学或语文+多门选修"、"数学+语文+多门选修"以及"单学科培养"，最不愿意选择的是"数学+语文"的培养模式。同时不同教龄的多学科教学教师在职前培养模式的选择上差异不大，但不同区域层级的多学科教学教师在职前培养模式的选择上差异比较明显，尤其是村屯多学科教学教师选择"数学+语文+多门选修"的比例明显高于城市、县城和乡镇学校。其原因主要是村屯以小规模学校为主，班额较小，教师数量有限，绝大多数教师都是任教两门及以上学科，甚至是包班教学，职前分科培养的模式难以满足教师的实际教学需求。对于小规模学校的多学科教学教师来说，其需要的是涉及语文、数学、美术、音乐等多门课程的职前培养模式。相对来说，城市和县城学校的教师相对充足，很少存在教师同时任教数学+语文+副科的情况，所以教师在职前培养模式的选择上更倾向于1门主科+副科的形式，即数学或语文+选修的形式。教师对职前培养模式的选择一方面反映了教师的实际教学需求，另一方面也反映了教师的教学意愿，部分多学科教学教师比较愿意选择1门主科+副科的教学组合，而不愿意选择多门主科的教学组合。

（二）教师对多学科教学安排的选择意愿

如果必须同时任教两门及以上学科时，教师更愿意选择同时任教一门数学或语文和一门非数学或语文，所占比例为30.67%；其次是任教平行班级的数学或语文，所占比例为30.19%；再次是任教两门或两门以上非数学或语文，所占比例为17.01%。在教师对多学科教学安排的选择上，教师最不愿意任教跨年级的数学或语文，其次是其他（如图14-4所示）。

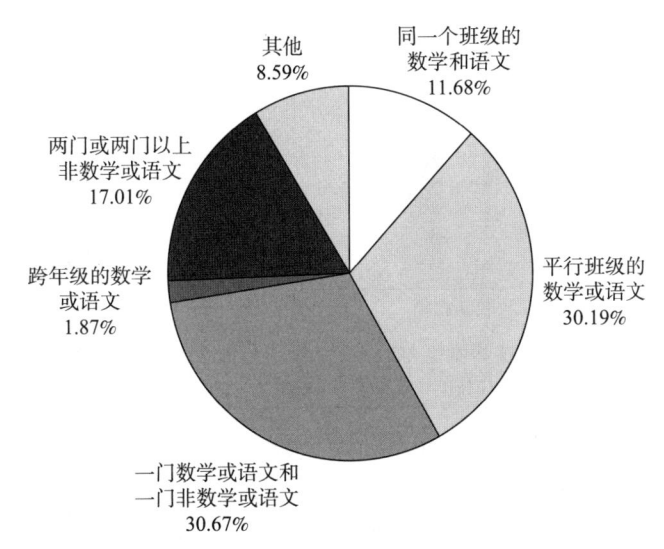

图14-4 教师对多学科教学安排选择意愿的总体状况

说明：N=1816，有效百分比=97.01%，缺失值=56。

无论是单学科教学教师还是多学科教学教师，其愿意选择的教学安排主要包括三种情况，即平行班级的数学或语文、一门数学或语文和一门非数学或语文，以及两门或两门以上非数学或语文，这一趋势和总体情况相一致，但在单学科教学教师和多学科教学教师群体内部，教师选择每种教学安排所占的比例各不相同。具体来讲，在单学科教学教师群体中，教师更愿意选择任教平行班级的数学或语文，所占比例为30.01%；其次是一门数学或语文和一门非数学或语文，占比25.57%；再次是两门或两门以上非数学或语文，所占比例为19.57%。在多学科教学教师群体内部，教师更愿意选择任教一门数学或语文和一门非数学或语文，占比35.71%；其次是任教平行班级的数学或语文，占比29.91%；再次是任教两门或两门以上非数学或语文，所占比例为15.26%（如图14-5所示）。无论是单学科教学教师还是多学科教学教师，最不愿意任教的都是跨年级的数学或语文，其次是其他，这一趋势也和教师多学科教学安排选择意愿的总体情况相一致。

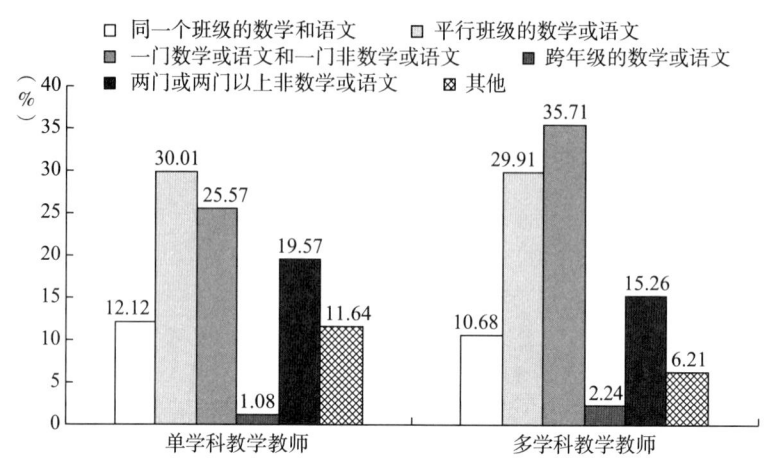

图 14-5 教师任教类型与教师对多学科教学安排的选择意愿状况

说明：N=1759，有效百分比=93.96%，缺失值=113。

本研究将研究对象按照教龄分为三类，即新手教师、熟手教师和专家型教师。通过对这三类教师的多学科教学安排选择意愿进行对比分析发现，处于不同职业生涯发展阶段的教师在教学安排的选择方面都倾向于平行班级的数学或语文、一门数学或语文和一门非数学或语文、两门或两门以上非数学或语文这三种形式，这与教师多学科教学安排选择意愿的总体情况趋于一致。在任教一门数学或语文和一门非数学或语文的选择上，新手教师、熟手教师和专家型教师在各自群体内部所占比例分别为35.11%、32.43%和28.42%，新手教师任教一门数学或语文和一门非数学或语文的意愿要强于熟手教师和专家型教师。在任教平行班级的数学或语文的选择上，新手教师、熟手教师和专家型教师在各自群体内部所占比例分别为27.59%、31.08%和31.11%，专家型教师任教平行班级的数学或语文的意愿强于熟手教师和新手教师。在任教两门或两门以上非数学或语文的选择上，新手教师、熟手教师和专家型教师在各自群体内部所占比例分别为18.81%、16.99%和16.04%，不同教龄教师选择任教两门或两门以上非数学或语文的比例相近，新手教师所占比例略高（如图14-6所示）。

不同学校所在地的教师在多学科教学安排的选择意愿上主要集中在两种方案上，即一门数学或语文和一门非数学或语文、平行班级的数学或语

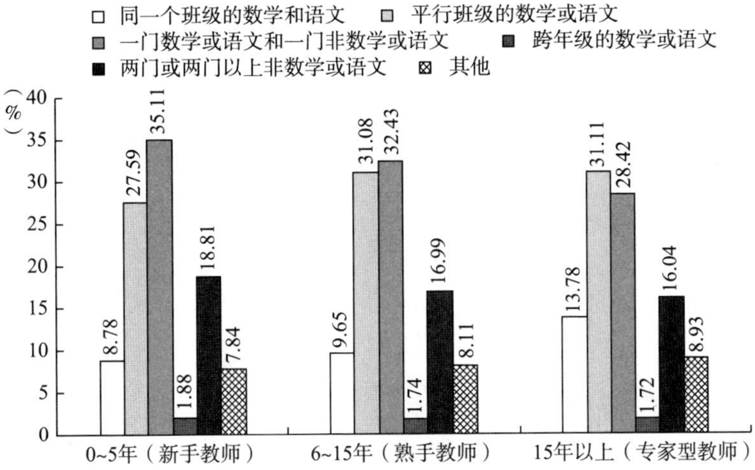

图 14-6　教龄与教师对多学科教学安排的选择意愿状况

说明：N=1710，有效百分比=91.35%，缺失值=162。

文。在城市、县城、乡镇和村屯学校内部，选择这两种教学安排的教师比例相当，其次是选择任教两门或两门以上非数学或语文。具体来讲，城市学校选择任教平行班级的数学或语文、一门数学或语文和一门非数学或语文、两门或两门以上非数学或语文的教师比例分别为 28.72%、30.00%、18.94%；县城学校内部选择任教平行班级的数学或语文、一门数学或语文和一门非数学或语文、两门或两门以上非数学或语文的教师比例分别为 32.29%、31.08%、15.90%；乡镇学校内部选择任教平行班级的数学或语文、一门数学或语文和一门非数学或语文、两门或两门以上非数学或语文的教师比例分别为 30.38%、30.84%、17.56%；村屯校内部选择任教平行班级的数学或语文、一门数学或语文和一门非数学或语文、两门或两门以上非数学或语文的教师比例分别为 29.25%、30.75%、14.63%（见图 14-7）。总体来看，不同学校类型中教师任教跨年级的数学或语文的意愿均最低。

本研究从教师的任教状态（多学科教学和单学科教学）、教龄、学校所在地区域层级等方面对教师愿意接受怎样的多学科教学安排进行考察。每个维度上教师对多学科教学安排的选择情况差异性不明显。总体来说，教师倾向选择的教学安排有一门数学或语文和一门非数学或语文、平行班级的数学或语文以及两门或两门以上非数学或语文，教师普遍不愿意接受

255

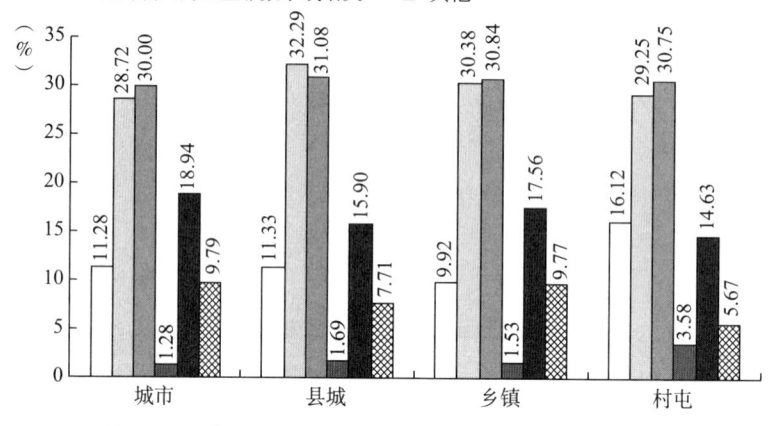

图 14-7 教师对多学科教学安排的选择意愿的城乡状况

说明：N=1816，有效百分比=97.01%，缺失值=56。

的教学安排有跨年级的数学或语文、其他以及同一个班级的数学和语文。如果让教师进行多学科教学，教师比较愿意选择的学科组合形式是主科+副科，其次是多副科，而对于同时任教多主科的选择明显少于前两种情况。教师对多学科教学安排的选择意愿一定程度上受到不同学科组合所带来的工作强度和工作难度差异的影响。相比较而言，多主科教学教师的工作强度和工作难度明显大于主科+副科和多副科教学教师的工作强度和难度，具体受到课程的考核方式、课后的批改辅导量和备课情况等因素的影响。

（三）教师多学科教学的职后学习意愿

由于职前培养的分学科特点，教师在多学科教学过程中必然会遇到自己不熟悉的学科。本研究通过对教师在教学过程中遇到自己不熟悉学科的做法来考察教师多学科教学的职后学习意愿。研究发现，当在教学过程中遇到困难时，教师主要会选择以下三种方式来解决，即向教这门学科的骨干教师请教、自己琢磨这门学科的内容与特点以及参加这门学科的相关培训然后再教。面对多学科教学中的困难，无论是单学科教学教师还是多学科教学教师，大多数教师的学习态度和学习意愿还是很积极和强烈的，能够通过不同的方式去学习所教学科的相关内容，从而更好地胜任多学科教学工作。面对不熟悉的学科，仅有极少数的教师会选择直接拒绝教这门学科或是按教参内容照本宣科。通过单学科教学教师和多学科教学教师的对比发现，面对教学中的困难采取积极行为的多学科教学教师所占比例总体上略高于单学科教学教师比例。具体来说，选择向教这门学科的骨干教师请教的单学科教学教师和多学科教学教师所占比例分别为 36.73% 和 38.59%，选择自己琢磨这门学科的内容与特点的单学科教学教师和多学科教学教师所占比例分别为 31.74% 和 34.49%，选择参加这门学科的相关培训然后再教的单学科教学教师和多学科教学教师所占比例分别为 20.59% 和 17.81%（如图 14-8 所示）。

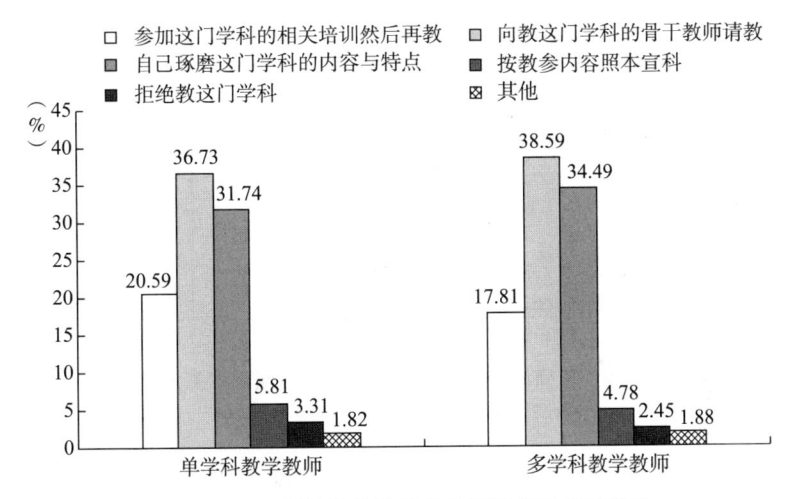

图 14-8　不同任教类型教师的职后学习意愿状况

说明：N=1763，有效百分比=94.18%，缺失值=109。

通过对不同教龄的多学科教学教师的职后学习意愿进行统计与分析发现，在新手教师群体中，面对不熟悉的学科，选择向教这门学科的骨干教师请教以及自己琢磨这门学科的内容与特点的教师所占比例相当，分别为 38.54% 和 37.87%。而在熟手教师和专家型教师群体中，教师会首选向教这门学科的骨干教师请教，然后是自己琢磨这门学科的内容与特点。对于熟手教师来说，选择向教这门学科的骨干教师请教以及自己琢磨这门学科的内容与特点的教师所占比例分别为 38.94% 和 34.25%。在专家型教师群体内部，选择向教这门学科的骨干教师请教以及自己琢磨这门学科的内容与特点的教师比例分别为 37.86% 和 33.80%。在新手教师、熟手教师和专家型教师群体中，选择参加这门学科的相关培训然后再教的教师比例呈现逐渐上升的趋势，分别为 12.96%、16.63% 和 19.98%（如图 14-9 所示）。综合看来，熟手教师和专家型教师的选择与总体的多学科教学教师的选择基本一致，而新手教师在自己琢磨这门学科的内容与特点和参加这门学科的相关培训然后再教的选择上所占比例与全国多学科教学教师情况相差较大。

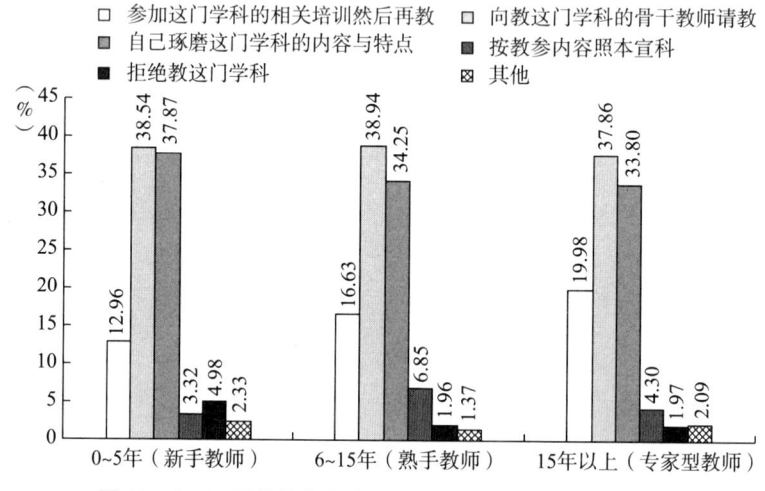

图 14-9 不同教龄的多学科教学教师职后学习意愿状况

说明：N=901，有效百分比=93.85%，缺失值=59。

城乡多学科教学教师的职后学习方式与全国总体情况一致，主要有三种，即向教这门学科的骨干教师请教、自己琢磨这门学科的内容与特点、参加这门学科的相关培训然后再教，但每种方式教师所占比例各不相同。县城、乡镇和村屯学校内部选择向教这门学科的骨干教师请教的多学科教学教师所占比例均高于全国 38.59% 的总体情况，城市学校中选择向教这门学科的骨干教师请教的多学科教学教师比例低于全国总体情况，其中城市、县城、乡镇和村屯学校内部选择向教这门学科的骨干教师请教的多学科教学教师所占比例分别为 34.91%、39.02%、39.81%、40.19%。县城和村屯学校内部选择自己琢磨这门学科的内容与特点的多学科教学教师比例均高于全国总体情况，城市和乡镇学校内部选择自己琢磨这门学科的内容与特点的多学科教学教师比例略低于全国 34.49% 的总体情况，其中城市、县城、乡镇和村屯学校内部选择自己琢磨这门学科的内容与特点的多学科教学教师所占比例分别为 32.08%、36.59%、33.65%、36.80%。在选择参加这门学科的相关培训然后再教的方式上,除了城市学校以外,县城、乡镇和村屯学校的多学科教学教师比例均低于全国 17.81% 的总体情况,其中城市、县城、乡镇和村屯学校内部选择参加这门学科的相关培训然后再教的多学科教学教师所占比例分别为 21.23%、16.72%、17.69%、15.25%(如图 14-10 所示)。

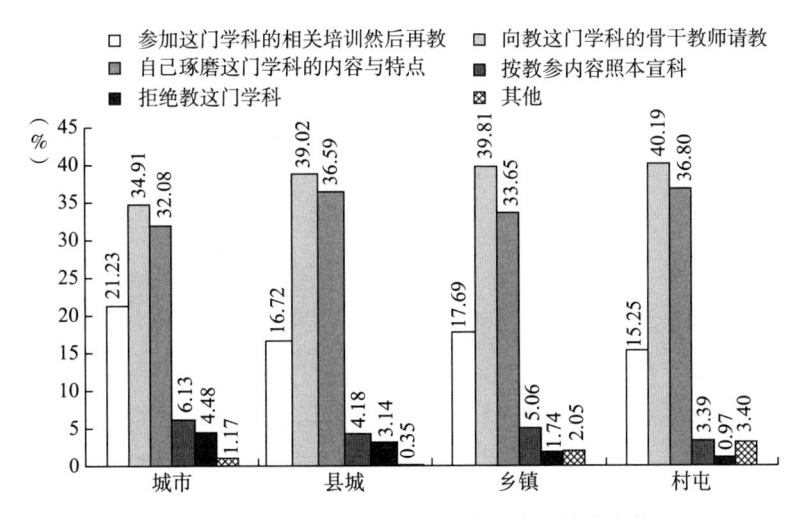

图 14-10 多学科教学教师职后学习意愿的城乡状况

说明:N=947,有效百分比=98.65%,缺失值=13。

综合来看,通过对多学科教学教师总体的职后学习意愿以及不同教龄、不同学校所在地的多学科教学教师的职后学习意愿进行对比分析发现,大多数多学科教学教师的职后学习意愿都比较强烈,当教学中遇到不熟悉的学科时能够采取相对有效的方式解决问题,少数多学科教学教师职后学习意愿不强烈,在遇到不熟悉的学科时通常采取不作为或不接受的做法。在三种积极的做法中,教师选择参加这门学科的相关培训然后再教的比例最小,其原因一是教师没有充足的时间来先参加培训后教学;二是培训的实效性难以满足实际的教学需求;三是部分学科的培训机会很少,小学阶段的培训主要集中在数学和语文上,而科学、美术等学科的培训机会比较少。相对而言,教师更多的是边教边学,在教学中发现问题,为了解决问题而去学习,保证自己的所学能更好地应用到教学中去,因此,教师往往会选择向骨干教师请教以及自己琢磨等更有针对性和实效性的方式来应对不熟悉的学科。

二 教师多学科教学意愿的影响因素分析

（一）多学科教学压力

通过对教师多学科教学压力的调查研究发现，83.50%的教师都认为与单学科教学相比，多学科教学的压力更大（如图14-11所示），而教师感到多学科教学压力大的原因是多方面的，主要包括备课时间更长、作业批改量更大、考试成绩压力更大，所占比例分别为17.35%、16.52%和16.48%（如图14-12所示）。备课是课堂教学的基础和起点，是决定课堂教学质量的重要环节，所以对于多学科教学教师来说，为了顺利完成所教的每门课程必然要在备课方面付出更多的时间。在多学科教学教师群体内部，不同学科组合的多学科教学教师的作业批改量和考试成绩压力会有所不同。主科课程以考试为主要评价形式并有课后作业，而副科课程多以考察为主要评价形式且很少有课后作业，所以在多学科教学教师群体中，多副科教学教师的作业批改量和考试成绩压力最小，"1门主科+副科"形

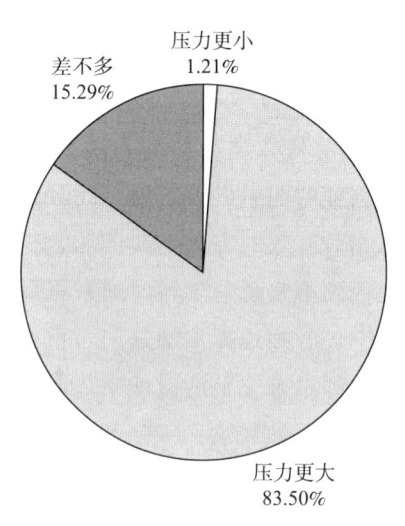

图14-11 多学科教学教师压力状况

说明：N=1812，有效百分比=96.79%，缺失值=60。

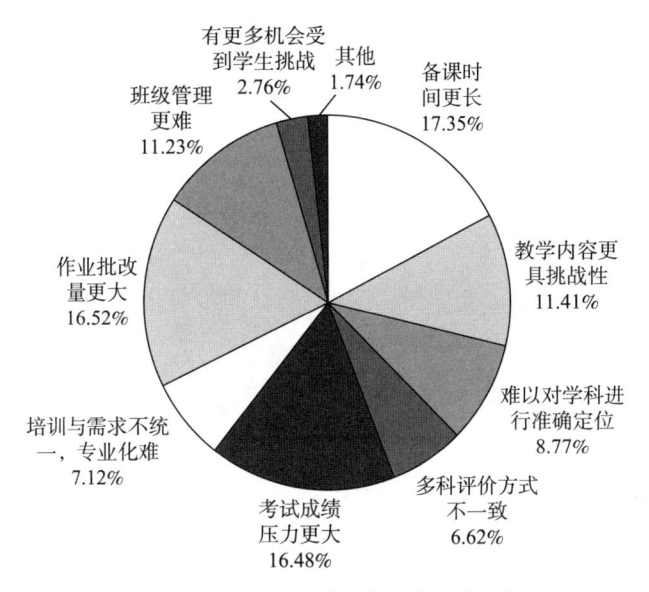

图 14-12 教师多学科教学的压力来源

说明：N=1632，有效百分比=87.18%，缺失值=240。

式的多学科教学教师的作业批改量和考试成绩压力比前者大，而多主科教学教师的作业批改量和考试成绩压力明显比多副科教学教师和"1门主科+副科"形式的教师压力大。综合备课时间、作业批改量、考试成绩压力等多方面因素来看，从事多主科+多副科教学的教师压力最大。

（二）多学科教学职后培训困难

教师认为同时任教两门及以上学科的职后培训困难主要是学校无法给足时间参加所有学科培训、培训任务太重以及无权选择所要培训的学科，所占比例分别为29.50%、21.19%、16.45%（如图14-13所示）。目前的职后培训多是以分学科的累加式培训为主，这就意味着多学科教学教师要参加多门课程的培训，这无疑进一步增加了多学科教学教师的负担。同时由于学校教师数量有限，教师外出参加培训必然会影响学校正常的教学活动，所以通常情况下，学校让教师参加其所教的每门学科培训的可能性不大，多数外出培训是以考试科目为主，如数学、语文、英语等学科，教师很少有自主选择培训学科的权利。同时为了不影响正常的教学活动，培训时间多集中在寒暑假，这无疑占用了教师的休息时间。在适当减轻多学

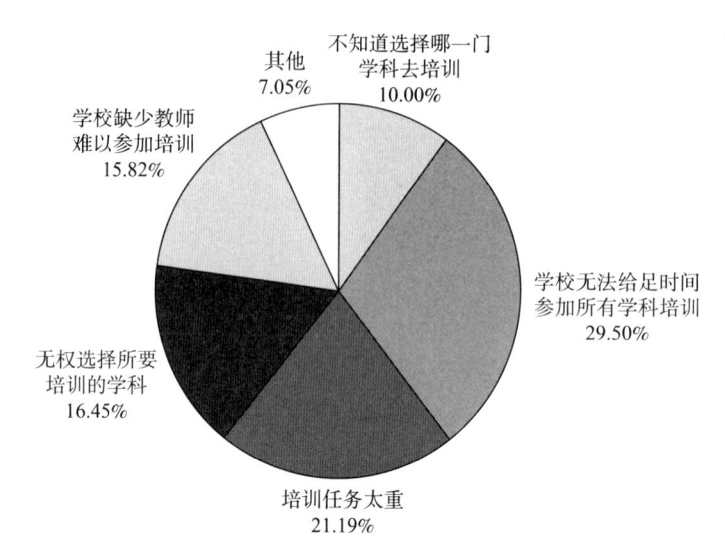

图 14 - 13　教师多学科教学的职后培训困难状况

说明：N = 1794，有效百分比 = 95.83%，缺失值 = 78。

科教学教师培训负担的前提下，提高培训内容的适切性，减少多学科教学教师的职后培训困难，有助于增强教师的多学科教学意愿。

（三）教师胜任力状况

通过对教师能胜任的学科门数进行统计与分析发现，单学科教学教师能胜任的学科门数主要集中在 1 门和 2 门，所占比例分别为 43.44% 和 46.37%；多学科教学教师能胜任的学科门数主要集中在 2 门和 2 门以上，所占比例分别为 54.90% 和 22.67%（如图 14 - 14 所示）。通过对教师能承受的最大周课时数进行统计与分析发现，无论是单学科教学教师还是多学科教学教师，能承受的最大周课时数都主要集中在 11 ~ 15 节，所占比例分别为 54.38% 和 50.52%，其次是 10 节及以下，再次是 16 ~ 20 节，而能胜任 20 节以上的教师比例明显下降。通过对不同周课时数分段中单学科教学教师和多学科教学教师所占比例的对比分析发现，周课时数分别在 16 ~ 20 节、21 ~ 25 节、26 ~ 30 节以及 30 节以上的各个分段中，多学科教学教师所占比例均大于单学科教学教师在同一分段上所占的比例，尤其是周课时数在 21 ~ 25 节的多学科教学教师所占比例明显高于单学科教学教师所占比例（如图 14 - 15 所示）。总体来看，多学科教学教师能承受的周课时数多于单学科教学教师能承受的周课时数。

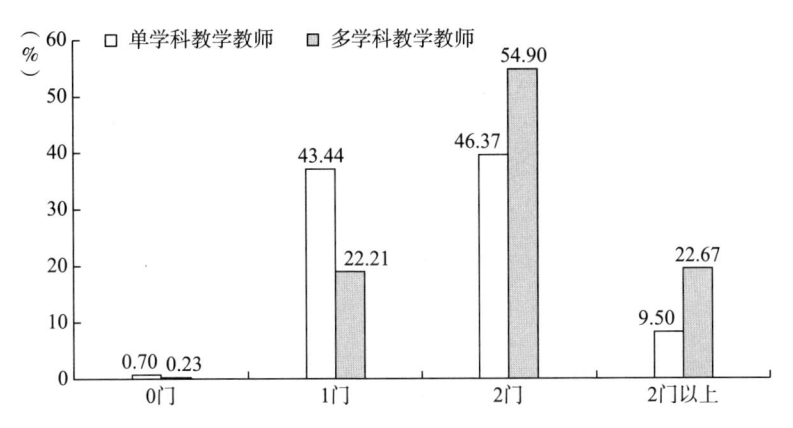

图 14-14 教师能胜任的课程门数

说明：N=1594，有效百分比=85.15%，缺失值=278。

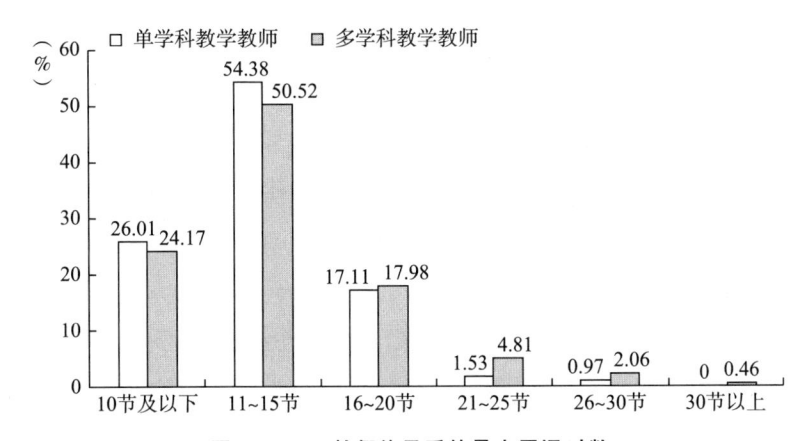

图 14-15 教师能承受的最大周课时数

说明：N=1592，有效百分比=85.04%，缺失值=280。

综合来看，影响教师多学科教学意愿的主要包括工作本身因素、教师自身因素和外部支持因素。首先基于工作本身，教师感到多学科教学压力大的原因主要包括三点：一是多学科教学教师的备课任务普遍重于单学科教学教师的。不同学科的教学方法和教学内容等不尽相同，所以同时任教多门学科尤其是不相关的多门学科，备课任务必然会加重。二是部分多学科教学教师的作业批改量过多。中小学课程考核方式分为考试和考察两种，考察课程通常以课堂作业为主，几乎所有教学任务都能在课堂上完成，而考试课程通常每天都要有相应的课后作业，承担多门考试课程的教师每天要完成多门课程的作业批改任务。三是多学科教学教师的考试成绩压力更大。感到考试成绩压力更大的教师，主要是承担多门考试课程的多学科教学教师。其次，教师自身因素是指教师的胜任力，包括教师能够胜任的课程门数和能够承受的最大周课时数。多学科教学教师能够胜任的课程门数明显多于单学科教学教师，大部分多学科教学教师能够胜任同时任教两门及以上的学科。在能承受的最大周课时数方面，多学科教学教师能承受的最大周课时数略高于单学科教学教师。教师的多学科教学经历为其胜任多学科教学工作奠定了良好的心理基础和积累了丰富的知识。因此，与单学科教学教师相比，有多学科教学经历的教师能更好地胜任多学科教学工作。最后多学科教学教师的外部支持因素主要是指教师的职后培训。面对职前多学科培养的缺失，教师需要在职后不断丰富自身的多学科专业知识以满足多学科教学需要。多学科教学教师的职后培训常常表现出缺乏自主选择权、培训任务重和培训时间不足等问题。

三　增强教师多学科教学意愿的策略

教学意愿是由教师对教学工作的价值追求所引起的行为倾向，是教师教学活动的内在驱动力，是教师教学行为的发动机和助推器。因此有必要增强教师的多学科教学意愿，使教师更好地从事多学科教学，根据影响教师多学科教学意愿的内外部因素，提出有针对性的策略。

（一）重视职前培养，提升多学科教学能力

职前的师范教育是培养教师的重要途径，也是培养教师专业能力、专业态度和专业情感的重要时期。就目前正在从事多学科教学的乡村教师来说，多数教师在职前并没有接受过多学科培养，面对职前所学与职后所教状况的不一致，教师必然会存在阶段性的不适应。虽然目前关于全科教师的培养逐渐增多，但对于师范院校来说，培养全科教师的实施难度较大，培养效果也很难保障，但多学科教学教师的培养却具有现实可行性。多学科教学教师的培养模式可以分为文科型、理科型、文理兼通型。比如语

文+政治+艺术类、数学+科学+体育（或艺术类）、数学+语文+艺术类（或政治、历史）等多种组合的课程模块，设置必修和选修课，学生根据自身能力和兴趣爱好进行合理选择。除了对准教师多学科教学能力的培养之外，也要注重对教师多学科教学情感的培养，积极的教学情感对教师的课堂教学具有促进作用，反之，消极的教学情感不利于教学活动的开展。在教育学课程中注重对准教师职业情感的培养，增强和提升其职业认知、职业兴趣、职业自豪感，注重教育实习，用优秀教师的事例、名言警句等激励准教师，使其形成积极的教学情感。

（二）合理组合所教学科，增强学科相关性

基于教师多学科教学面临的备课时间长、作业批改量大、考试考评压力大以及教师自身不能胜任等困境，有必要从学校的教学安排入手，改善教师多学科教学条件。教师所教各个学科之间相关性偏弱，学科知识、教学方法和要求等方面差异性明显，导致教师的备课任务很重。因此，在对教师进行教学安排的时候，尽量选择相关性较强的若干课程或是教师擅长的课程。基于教师的教学安排选择意愿可以看出，多数教师比较愿意选择主科+副科的学科组合形式，不愿意同时任教数学和语文科目，其原因主要是同时任教两门主科，教师的考试考评和作业批改压力都明显增大。因此，对于必须任教多门主科的教师，学校可在班级管理、教案编写等方面适当减轻教师负担，同时在评奖评优方面对这类教师有所倾斜。

（三）完善职后培训体系，提高培训适切性

目前教师培训是以分学科培训为主，这种学科累加式的培训使多学科教学教师的培训任务更重，但是培训的实际效用却不明显。同时由于教师培训未能按照教师专业发展阶段进行明确划分，经验丰富的教师很难在培训中有所提升。因此，对多学科教学教师的职后培训，一是应该注重培训课程的综合性，可以以主题的形式划分培训内容，同时还能提升教师的课程整合能力。二是要考虑教师发展的阶段性，比如新手教师更需要的是学科知识和技能的培训，而经验丰富的熟手教师或是专家型

教师的培训需求不再停留在学科知识和技能层面，他们更需要的是同类型教师间的研修、交流和合作。因此，对于多学科教学教师的培训既要减轻其过重的培训负担，又要提高培训内容的适切性，满足处于不同发展阶段的教师的需求。

第四部分
国际比较分析

第十五章
美国小学教师全科发展情况

美国公立小学教师通常具备任教小学所有学科的教学能力，这是因为在实际的教育教学过程中，美国小学通常实施"包班制"，教师需要承担整个班级除艺术学科以外的所有学科的教育教学活动。正是由于职后教育教学活动的全科要求，美国小学教师职前培养阶段也表现出较高的融合度和较弱的学科划分。美国公立小学教师需要接受的课程内容较为丰富，丰富的课程内容与各门科目的教学方法交融在一起，体现出公立学校对于小学教师全科教学能力要求。[①]

一　美国小学教师教育概览

（一）美国小学教师的主要来源

在美国，获取教师资格证是成为教师的必备条件之一，教师资格认定标准规定了成为一名合格教师需要达到的能力标准，也成为教师教育机构培养未来教师的重要参考标准。就教师资格证的获取途径来看，目前主要有以下四种渠道。

途径一，经过教师教育机构培养而获得教师资格证。州政府向教师教育机构授权，委托对中小学教师进行培养。高中毕业生进入教师培养机构，按照州教师资格认定标准，进行科学、系统的培养，最后由教师教育机构对师范生进行评估，确定是否具备获得教师资格证的基本能力和水

---

① 郭志明：《美国教师教育课程改革》，《国家教育行政学院学报》2004年第1期。

平。为了进一步提升教师教育机构的培养质量,进而让教师资格证的持有者具备更高的教育教学水平,会有第三方机构对教师教育培训机构进行质量测评,州政府也主要以此为依据,调整对教师教育机构的支持力度。美国分权制造成教师教育标准的不尽相同,各州的教师资格认定标准也存在差异。虽然标准差异的客观存在限制了各州教师的流动,但也存在跨州互相承认的情况,如威斯康星州与明尼苏达州建立"互惠(reciprocity)协定",互相承认对方的教师资格证。①

途径二,通过项目渠道获取教师资格证。项目型教师资格证的获取过程较短,缺乏一定的科学性和系统性,但具备针对性较强的特点。以"为美国而教"(Teach for America)项目为例,对此种获取途径进行说明。19世纪末,美国民间推进教育平等的代表人物之一文迪·卡普(Wendy Kopp)在普林斯顿大学就读时,就对美国教育不公平现象深感焦虑,进而提出创办民间组织"为美国而教"。作为非政府的第三方教师教育项目,"为美国而教"安排来自一流大学各个专业的优秀毕业生到欠发达地区的学校以及师资力量薄弱的城市学校从事为期两年的教育教学工作,促使弱势群体子女(特别是贫困、少数族裔儿童)获得相对优质的教育。非教育学专业的优秀本科毕业生,在接受为期六周的理论培训后,再进行一周的教学实习,便可获得教师资格证书。任职期间,项目会通过派遣专职教师跟踪指导、寒暑假集中培训、网络培训等方式,提升师资力量薄弱地区教师的教育教学能力。由此可见,项目型教师资格证的获取对于人员选拔来讲要求较高,虽然在职前阶段的准备工作略显不足而表现出教育教学质量偏低,但表现为较强的职前职后一体化发展特点。②

途径三,通过网络培训学习获取教师资格证。随着全球信息时代的到来以及美国信息化程度的全球领先,借助网络手段开展教育教学课程的形式越来越多。学习者在申请注册后根据课程安排学习,并通过考核后便可以获得教师资格证。网络课程的开发主体较多,包括高等院校,也包括教育类公司。网络课程的开发主体无论是以何种形式存在,都要具备以下几

---

① 叶倩:《美国坚持"能力本位"的教师职前教育研究》,硕士学位论文,陕西师范大学,2015,第29页。

② https://som.yale.edu/blog/wendy-kopp-ceo-of-teach-for-america-describes-the-origins-of-teach-for-all。

方面特点，包括课程层次的全面性、课程形式的多样性、管理制度的科学性等。然而，网络培训缺乏直接交流的途径，对课堂学习效果的监测不足，因此社会各界对于通过网络培训学习获取资格证的教师存在教育教学水平的质疑。通过网络培训获得教师资格证的准教师，其社会认可度偏低，获得工作机会的难度也较大。

途径四，通过综合性大学培养获得教师资格证。美国高中毕业生申请进入大学后，虽然会有明确的学院和专业，但在前两年学习中，没有明确的文理科区别。各个学院和专业在通识教育方面会有稍微的方向性倾斜，但每名学生在此期间都需要接受通识教育。作为师范类院校的补充机构，综合性大学也在培养教师方面起着积极的作用。目前，在综合性大学中存在两种比较普遍的教师培养方式。一种方式针对大学入学时为非师范专业的学生，经过两年通识教育，他们可以申请转到教育学院进行专业课程学习，专业学习的所有课程都与教育学专业相关（包括教育实习）。当然，申请转专业需要达到学校规定的学分要求，并由学校最终确定是否有资格进行调换专业。此种类型的学生，与师范生具有同样的待遇，通过学习和考核后，由州政府颁发教师资格证。另一种方式针对师范专业本科毕业生，他们可以通过申请在综合大学教育学院学习为期一年的教育学课程（包括教育实习），即可获得硕士学位和教师资格证。此种教师资格证的获取方式体现出对本科学习专业的尊重，会以本科专业的类型为依据，进行教育学知识和技能的培养，为成为教师奠定基础。由于这种方式的申请者通常具有较强的学科基础，因此他们通常会在初中、高中以分科教学形式从事教育工作，但随着社会对小学教师学历要求的提升，通过此种方式获得教师资格证的人也在小学教学。

（二）美国教师专业标准的制定

为了确保教师培养、培训质量，美国通过全国、各州的课程标准和教师资格证书制度进行认证。

美国全国教师教育认证委员会（NCATE）。1954年成立，针对候选教师进行职前标准制定。该委员会由当时五个全国性教师教育专业协会组织筹建，具体包括全美教师教育学院协会（AACTE）、全美各州教师教育与证书主管协会（NASDTEC）、全美教育协会（NEA）、州首席学校官员理事会（CCSSO）和全美学校董事会协会（NSBA）。美国全国教师教育认证委员会的成立是以全国大学和文理学院总的教育学院、教育系和其他教师教育机构为认证对象，负责保证、提升被认证机构的教师教育课程质量以及协调相关专业团体的合作。

美国州际新教师评估与支持联合会（INTASC）。由于专业性知识在教学中的重要性日益受到人们的重视，美国部分州于1987年创立了该组织，其目标是增强新教师的专业性。该组织成员由美国各州实习教师、教师培训人员、学校领导和州相关机构人员构成。该组织主要围绕10项基本主题来开展，具体包括科目知识、学习和人类发展、知识性指导、策略、激励和管理、沟通技巧、计划、评估、敬业、合作。

美国国家教师专业教学标准委员会（NBPTS）。美国国家教师专业教学标准委员会成立于1987年，是一个非营利的、无党派的民间组织，由63人组成的委员会对其进行管理。其目标是创建评估和资格认证体系，为教师颁发能够证明其优秀教学能力的资格证书。NBPTS制定出学科优秀教师标准，即优秀教师应该知道什么和能做什么，标准是NBPTS开展优秀教师资格认证的基础，反映了教师的教学质量。这些标准是由一线教师、大学教授、专家、教师教育家以及该领域的相关专业人员共同制定的，标准制定后，要经过公众评议、修改才能生效。

美国优质教师证书委员会（ABCTE）。在美国联邦教育部的资助下，全国教师质量理事会（NCTQ）和教育领导理事会（ELC）于2001年联合成立了一个新的教师资格认证组织——美国优质教师证书委员会。该组织由名师、学者、教师教育专家、教育管理专家、校长和教育政策制定者组成。该委员会的认证是一种十分灵活的资格认证，针对对象为想转行当教师的人士和想了解自己在所教领域是否优秀的教师。它提供多种课程领域，为每个候选人提供一种适合自己学习的计划。美国优质教师证书委员会旨在招收教师，为优秀教师提供资格认证，为学生取得优异的成绩提供必要的帮助，为每间教室提供优秀的教师是美国优质教师证书委员会的核心目标。

（三）美国教师教育发展的基本模式

知识本位教师教育（Knowledge-based Teacher Education）。20世纪50

年代，美国的教师教育表现为知识本位的取向，着重强调以传授客观、普遍、价值中立的知识为目标，在教师培养中注重知识的传授与灌输，教师教育的课程设计是以学科知识和专业知识为主。在教学过程中，这些课程知识被分割为碎片化的单元，所有知识的教学都聚焦于唯一的明确答案。因此，在教学过程中师生都表现出对于明确答案的热衷。以知识本位为取向的教师教育在本质上表现为工具理性主义，对教师的培养蕴含着统一化、规范化、程序化和效率化的信念和特征。受知识本位取向的影响，美国教师教育重知识、轻实践，重知识、轻价值，重知识的获取而忽视知识对于人的价值和意义。此模式的缺陷逐渐被人们发现，于是在20世纪60年代，知识本位逐渐被能力本位所代替。

能力本位教师教育（Competency-based Teacher Education）。这是20世纪60、70年代在美国流行的一种教师教育模式，受苏联发射人造地球卫星的影响，1958年美国政府颁布了《国防教育法》，重在加强基础教育，提出了"能力本位"的教育思想。"能力本位"教师教育模式强调提升学习者的能力，主要依据是按照表现率最高的教师特征及行为来确定教师教育的内容和评价标准，倡导此种教师教育模式的代表人物是布鲁姆。能力本位教师教育的主要特征是：对于教师职业所应该具备的能力进行详细分析和判断，并进行详尽的描述；依据具体化了的描述，将教学的内容分解成不同的单元，通过实施小的教学单元实现能力培养目标；对于是否具备教师职业所需的能力并不是通过书面形式测试课本知识的掌握程度，而是制定能力达标的"标准"，依据学习者外显的、可被量化的实际操作情况对学习者的学习能力和学习结果进行客观评估和测量。20世纪70年代，"能力本位"教师教育模式被广泛采用，主要有两方面的原因：一是社会各界尤其是工商界认为教师要更恰当地利用资金、人员等资源提高学生的学习成绩，并且为结果负责；二是数字个性化的要求，如出现了微型教学、程序教学等个别教学形式。

课程本位教师教育（Curriculum-based Teacher Education）。在20世纪八九十年代，美国部分个人和团体关注教师教育课程，认为当时的教师教育课程存在可以改进的方面。一方面，关于教学法课程的批评。认为当时的教学法只着眼于教学技能的习得，而不注重其在实践中的应用。教学法课程强调对一般问题的阐述，而忽视在特定语境中的作用，如贫困、残疾等边缘儿童的特殊问题并未在此被提及,而这些特殊问题恰恰困扰着教师的专业成长。另一方面,关于专业课程体系和目标的批评。认为教师教育课程缺乏统一的体系和明确的目标。专业课程尚不能为准教师提供解决教育教学现实问题的专业技能。教师教育专业课程未体现较强的专业性,因此也成为教师职业吸引力降低的重要诱因。基于对现实问题的批评,课程本位教师教育的倡导者们认为应该从课程本身出发,对其进行改革,提升教师教育的质量,同时实现教师职业吸引力的提升。

标准本位教师教育(Performance Standards-based Teacher Education)。随着1983年《国家处在危机之中——教育改革势在必行》报告的发表,通过提高学术标准来提高美国基础教育质量的呼声越来越高。美国教育界通过制定国家统一课程,强调优质教育,实行标准评价,发起了"基于标准的教育运动"。20世纪80年代相继出现了以教师教育改革为主题的研究报告,如《变革师范教育的呼吁》(1985)、《国家为21世纪的教师作准备:卡内基报告》(1986)和《明天的教师:霍姆斯小组报告》(1986),各报告纷纷要求改革教师教育,以高标准、高水平提高专业地位,开设高质量、高标准的教师教育课程。与此同时,由于认知心理学的勃兴,逐渐取代行为主义心理学,在理论上推动了教师教育的改革,这种改革主要是各个大学根据教师教育机构和组织所研制的教师专业标准,制定教师教育计划、设置教师教育课程以及进行评价。

二 美国小学教师的职前培养

(一)美国综合性大学教育学院的入学政策

虽然美国高中毕业生申请进入大学时有明确的学院和专业划分,但通识学习阶段没有明确的文理区别,各个学院和专业在通识教育方面的侧重点会稍微有所不同。完成两年的通识教育后,取得学校规定的学分后申请进入专业学习。以美国威斯康星大学教育学院为例,在对申请学生进行考核时,重点考核以下三个方面的能力与水平。

考核方面一,学生在高中阶段的学习能力。学生需提供高中阶段的成绩单、参加社会实践活动的证明、任课教师或校长的推荐信等。

考核方面二，学生对问题的理解和分析能力。主要通过论文的形式来考核，主题包括如何考虑目前美国小学面对的挑战。具体阐述假如你是一名教师，将采取何种方式应对面临的挑战；在面临挑战时，你将扮演怎样的角色。

考核方面三，学生所掌握的基本专业技能测试。主要考虑学生是否具备成为优秀教师的潜质。其中重点考虑阅读、写作和数学方面的基本技能。

由此可知，美国小学教师在职前培养的选拔方面需要经历较为严格的筛选过程，不仅考虑到申请者本身具备的知识能力水平，还要考虑到申请者的个人愿望、个体特征与职业特点的相关程度。

（二）美国小学教师职前教育的培养模式

由于各州对于小学教师应具备的知识能力水平标准存在差异，高等院校根据需求而设置学制不尽相同的培养模式。而培养内容基本都包括普通教育、专门教育和专业教育三种类型。综观美国各级各类培养机构的基本情况，主要包括以下四种培养模式。

模式一，四年制经典培养模式。这种模式在美国综合性大学和教育学院的使用最为广泛。前文提及的威斯康星大学教育学院也采取这样的模式。第一年全部学习普通教育课程；第二年仍以普通教育课程为主，但加入少量任教科目教育及专业教育；第三年和第四年则偏重专业教育而只有少量任教科目教育。

模式二，四年制专业化培养模式。其中第一年偏重普通教育，而只有少量专业教育；第二年偏重任教科目教育，而只有少量普通教育及专业教育；第三年和第四年则完全偏重专业教育而只有少量普通教育。这种模式的特点是弱化普通教育部分，而重视专业教育部分。学生从入学后就开始接触专业教育课程，并随着年级段的提升，课程内容也逐渐增加。

模式三，五年制基础性培养模式。其中前两年主要集中进行普通教育，而只有少量的任教科目教育；第三年和第四年则偏重任教科目教育；而第五年则主要开设专业教育课程。

模式四，五年制平铺式培养模式。课程类型包括普通教育课程、专门教育课程和专业教育课程三类，上述课程每年都开设，但根据年段不同在每年都会有所侧重。如普通教育课程逐年递减，专业教育课程逐年递增，而专门教育课程主要安排在中间三学年。这种安排实际上考虑到入学初期的适应阶段和临近毕业的实习阶段的特殊需求。[①]

（三）美国小学教师职前教育的课程标准

由于长期形成的传统，美国小学教师需要具备所有科目的教学能力，也就是我们通常说的"全科教师"。为了应对小学教师在职后工作阶段所需要面临的全科教学状况，在小学教师的培养计划中，任教学科领域通常不硬性加以区分。小学教师培训计划中宽广的课程内容与各门科目的教学方法课程交融在一起，体现了公立学校的课程要求。从全国范围来看，小学教育专业中的教育学科课程的学分比中学教育专业的要多两倍以上。以美国伊利诺大学（伊利诺伊大学）香槟分校为例，其在小学教师培养阶段设置的课程内容及所占总学分的比例，具体包括通识教育课程，占34.4%；教育基础课程，占12.8%；专业化课程，占12.0%；教师职业教育课程，占18.4%；教育实习与实践，占22.4%。[②] 其中，具体课程内容如下。

通识教育课程，内容宽泛。包括交流、定量推理、人类学、文学、艺术、社会研究和自然科学等内容。

教育基础课程，强调学科之间的联系性与支撑性。包括人类学、生物学、化学、经济学、英语语言艺术、英语、地理、历史、专门的数学、数学、数学—科学双重辅修、物理学、政治科学、心理学科学、社会学、体育、戏剧、儿童文学、主流教育和健康等内容。

专业化课程，包括教学法、心理学、教育学三个基础领域。具体包括教育心理学、教育社会学、教育哲学、教育史和教育人类学基础等内容。部分培养计划规定，未来小学教师必须学习阅读、数学、社会、科学、艺术、音乐等领域的教学法课程，以及其中涉及的学科结构、科目教学原理、儿童掌握该科目知识的阶段与过程、公立学校课程、特定的教学方法及革新趋势等内容。

[①] 王凤玉：《美国师范教育机构的转型：历史视野及个案研究》，博士学位论文，华东师范大学，2007。

[②] 李爱秋：《美国教师教育课程设置特色与启示——以美国伊利诺大学（UIC）教师课程设置为例》，《教育科学》2009年第6期，第79~84页。

教师职业教育课程，是与小学教师应该获取的教师资格证相联系而设置的课程，是针对获取儿童前期（幼儿园~3年级）和儿童中期至青少年早期（4~8年级）的教师资格证开设的课程。包括学前儿童的社会研究、学前儿童的教学科学、学前课程的阅读和写作、学前儿童的语言习得和运用、小学生校内校外的语言习得、数学教学和科学教学等。此外，针对特殊群体，小学教师也可以申请辅助性教师资格证，如英语作为第二语言的教师资格证、特殊教育教师资格证、内容本位教师资格证等。基于不同的教育对象开设不同课程，教育对象包括以英语作为第二语言的学生、幼儿园至9年级认知行为存在障碍的学生。

教育实习与实践，重视小学教师在教育教学实践中的表现。一方面，在教育实习与实践中重点关注实习辅导教师的作用。实习辅导教师的引导、示范等直接影响教育实习的效果。另一方面，科学评价教师的教育实习过程。以马萨诸塞州州立大学的教育学院为例，采用实习文件夹的形式对教师的实习情况进行评价。实习文件夹从八个方面进行评价，并规定每个方面的具体要求。具体包括背景信息、能够驾驭知识的有力证明、教案样本、有效教学能力的证明、教师管理技巧的证明、提高教育过程公平性的证明、满足专业职责能力要求的证明、证明实习生实习成功的材料。

三　美国小学教师职后培训

在美国，随着教师专业化运动的开展，小学教师通过职后培训的形式，追求专业水平的提升。小学教师职后培训蓬勃发展，不仅源于保障制度的完善，教师有时间、有精力、有机会参加培训，而且源于教师资格证定期更新制度对教师提出的要求在不断提高，实际表现为一种激励策略。美国小学教师参加职后培训主要包括以下方式：参观示范教学或其他学校；参加暑期学校、夜校、周末学校；国内或国外游学；自学；参加培训讲座；参加各种研讨会；从事实际调查研究；参加以互联网、电视、广播为媒介的课程。

（一）美国小学教师职后培训机构

综观美国小学教师职后培训的存在形式，外力推动的职后培训不仅能够对小学教师在实践中面对的问题提供具有针对性的指导，而且由于较完善的保障制度，可以提供科学性和系统性较强的培训内容。其中，美国小学教师职后培训以大学和教师进修机构作为两大阵地，旨在为教师专业水平提升提供保障。

以大学为基础的职后培训机构。1986年名为《一个有准备的国家：21世纪的教师》的报告，提出加强大学与公立学校建立新的伙伴关系的主张。报告指出，这种关系犹如临床学校，将中小学教育工作者、教育学院的专家教授和文理学院的专家教授联系起来，为培训师资提供最好的学习环境。与此同时，霍姆斯小组大力倡导教师专业化，促进大学和中小学的合作，进而提出了专业发展学校（Professional Development School，PDS）的概念，其目的是使广大中小学教师和行政人员一起与大学教师结成伙伴关系，改进师范生的教与学。

教师进修机构进行的职后培训。地方学区的教师进修机构负责开展教师职后培训。有的学区设立"专业进修学校"，教师接受教育教学实践的技能培训，旨在提高教师的教育教学实践能力。为了构建观摩、切磋教与学方法的场所，"专业进修学校"中常设置"教师中心"。培训机构根据地方中小学存在的问题以及各学校和教师的实际需要制定培训计划，然后将计划发到各个中心，教师按批次轮流进行培训。

（二）以获取教师资格证书为目标的培训课程设置

美国小学部分教师也存在在岗但未获得教师资格证书的情况，面对这种情况，部分以大学为主体的培训机构通过项目推进的形式，开设各类培训课程。教师通过系统培训，可获得教师资格证书。以波士顿大学教育学院初等教育专业为例，学生通过项目可获得两种证书。一种证书为1~6年级初等教育教师资格证书，另一种证书为学前至8年级特殊教育教师资格证书。

为获取上述两种教师资格证书，学生需要达到52学分的必修课程要求以及16学分的教学实践要求。其中，必修课程包括"课程方法"（10学分）、"阅读发展、评估和教学"（4学分）、"初等教育阶段的数学推理：数系"（4学分）、"初等教育阶段的数学推理：三角、几何和统计"（4学分）、"研究导论"（4学分）、"特殊教育导论"（4学分）、"认知、学习和行为"

(2学分)、"语言习得"(4学分)、"特殊教育工作坊:中度残疾"(2学分)、"特殊教育的方法和文献"(2学分)、"特殊教育评价"(4学分)、"班级管理行为"(2学分)、"英语语言学习者教学"(4学分)、"专业教学论坛:教学基础分析"(2学分);16学分的教学实践包括8学分的1~6年级教学实践和8学分的学前~8年级面对中度残疾学生的教学实践。①

(三)以提升学历为目标的教育硕士计划

美国教育硕士计划涉及专业型硕士学位,这种硕士学位课程主要培养高层次的中小学教师,招收对象是中小学的在职教师。教育硕士计划的开展,一方面,可以帮助持证教学的优秀教师获得更高的学位;另一方面,帮助在职教师解决在教育教学实践中的困难。在职中小学教师已经拥有一定的教育教学经验,教育硕士计划不仅能够为在职教师答疑解惑,同时能够深入剖析教师面临问题的深层原因,对教育教学的现状进行理性评估并对未来发展方向给予明确指导。以波士顿大学教育学院开展的教育硕士课程来讲,专业方向包括应用人类发展专业、咨询服务专业、课程与教学专业、儿童早期教育专业、聋哑儿童教育、教育领导和政策研究专业、初等教育专业、英语语言艺术教育专业、数学教育专业、阅读教育专业、科学教育专业、社会研究教育专业、特殊教育专业、英语作为第二语言儿童教学专业。②

四 美国小学教师全科教育对我国的启示

(一)小学教师全科教学的价值定位:不是分科教学的补充

美国社会普遍认为,不是所有有知识的人,都可以成为教师。只有经历广博的通识教育课程学习、对某一学科领域有深入研究,并且接受专业

---

① Boston University, "Master of Education", 2016, https://www.bu.edu/academics/wheelock/programs/elementary-education/edm-special-ed/.
② Boston University, "Master of Education", 2016, https://www.bu.edu/academics/wheelock/programs/elementary-education/edm-special-ed/.

教育的毕业生才能承担起小学教师的重任，这是对教师学科专业、教育教学知识和能力的双重衡量。事实上，随着受教育群体年龄的增加，对教师学科知识的要求提高，而对教育教学能力的要求却降低。针对小学教师而言，社会对其知识、能力结构的要求，也更加倾向于教育知识和能力的培养，而对学科专业知识要求不高，而这种要求不高表现为深度的低要求和广度的高要求，即小学教师需要全科培养和培训，并在教育实习和教学实践中通常承担美术、音乐、体育之外的所有课程教学工作，即"包班"教学。长期以来的传统要求美国小学教师在任教学科领域通常不作区分，公立小学的课程体系对小学教师提出课程内容与各门科目的教学方法课程交融的要求，实际上也是对小学教师提出的专业发展要求。针对小学教师的教育计划，通常要求未来的小学教师必须学习阅读、数学、社会、科学、艺术、音乐等领域的教学法课程，这些课程涉及学科结构、科目教学原理、儿童掌握该科目知识的阶段与过程、公立学校课程、特定的教学方法及革新趋势等。提升小学教师的专业标准，促进小学教师的专业化，是提升小学教师社会地位的重要途径。

（二）小学教师全科教学的专业保障：教师职前培养的丰富性与针对性

美国基础教育阶段坚持全科教师的培养，符合中小学生身心发展的特点，体现出对学生主体的尊重。由于美国小学教育的全科教学现状，基础教育阶段的教师资格认定标准表现为全科特征和按年段划分特征。在考察内容方面，注重通识教育、学科专业和教育学专业的全面培养，同时根据年龄段的不同，在课程设置和学分要求方面有所差别。具体而言，职前培养前段2~3年属于通识阶段，内容设置比较广泛。包括通识教育课程（交流、定量推理、人类学、文学、艺术、社会研究、自然科学等）、学科专业基础课程（数学＋选修，选修包括人类学、生物学、化学、经济学、英语语言艺术、英语、地理、历史、专门的数学、数学、数学—科学双重辅修、物理学、政治科学、心理学科学、社会学）、教育学基础课程（涉及教学艺术、教学心理学、教育学专业基础三个领域）。而在职前培养的后段1~2年属于专业课阶段。从未来小学教师的培养来看，教师可获取分阶段的教师资格证书，即儿童早期阶段（Early Childhood，幼儿园至3年级)和儿童中期至青少年早期阶段(Middle Childhood – Early Adolescence, 4~8年级)。此外,还需要获取一系列辅助性教师资格证书,如想要为那些英语是非母语的孩子提供公平教育机会的教师可以申请英语作为第二语言(english for second language)教师资格证;针对不同情况的特殊儿童提供教育的教师可申请特殊教育(special education)教师资格证;教师对于某一学科尤为擅长,并能为学习突出的学生提供指导和帮助的,可申请内容本位(content focused)教师资格证书。美国小学教师资格证书种类的丰富性,实际表现为对学生多样需求的尊重,是以学生为本的重要体现。

(三)小学教师全科教学的专业提升策略:教师职前培训的整合性

美国小学教师全科教学由来已久,不是特殊现象,因此无论在职前还是在职后阶段都有较为系统的专业发展路径。而在我国,小学阶段大多还表现出分学科的特征,教师职前发展因为工作需求的模糊而呈现针对性较弱的状况,教师职后发展却常因为缺乏整合性的培训课程,不得不接受多门学科的累加,客观上增加了工作量。因此,各级各类教师培训机构,都应尽可能考虑到全科教师的工作特质,为教育教学活动的顺利开展提供整合性课程,建议采用以主题为切入点的整合培训模式。

第十六章
英国小学教师全科发展情况

一 英国小学教师全科教学概览

(一) 英国小学开设的课程

英国小学接受5~11岁的儿童免费就读,小学期间为儿童开设国家课程、宗教教育和性教育的基本课程。国家课程包括一系列的课程,涵盖儿童所接触的每一门课程,具体包括英语、数学、科学、设计与技术、历史、地理、艺术与设计、音乐、体育(包括游泳)、信息和通信技术。除此之外,学校通常会根据实际需要开发校本的信息和通信技术和其他科目,如个人、社会和健康教育、公民教育和现代外语等。除公立学校外的其他类型学校,如学院和私立学校等可不遵循"国家课程"要求,而选择更加广泛的课程,但必须开设宗教课程,帮助儿童建立其对自身的理解。根据儿童年级段不同,英国小学阶段可分为两个阶段。

阶段一(Key Stage 1),主要对1~2年级学生的学习情况提出要求。要求1年级所有学生必须参加语音教学考试(phonic screening check),考试在每年6月份举行,学生需要大声朗读40个单词,教师对其进行评价并判断是否在阅读方面需要额外帮助。如果学生不能完成此项考试,则需要在2年级重新考试。针对2年级的学生,学校会不定期对其进行教学评估,考核的重要内容是课堂活跃度,同时教师需要对学生的阅读、写作、读和听、数学和科学的掌握情况进行评价,评价标准为2级水平,评价结果告知学生家长并上报给各级教育部门。

阶段二（Key Stage 2），对小学阶段整体水平进行测试。6年级学生需要参加全国课程测试即语文和数学的测试，测试在每年5月中旬举行，7月公布结果，测试总时长为5.5小时，具体内容包括英语阅读，英语语法、标点和拼写，数学（包括心算）。评价标准为4级水平，评价结果告知学生家长并上报给各级教育部门。如果学生成绩特别高，学校校长可以让他们参加更高难度的考试，如6级水平测试。当然，学生也有权利拒绝参加更高级别的考试。

（二）英国小学教师的全科教学

英国小学阶段，尤其是1~4年级的低年级阶段，教师通常采取包班的全科教学形式。学校会根据国家课程目标对各学科的教学工作总量有固定要求，但具体安排则由教师决定，这也意味着每个班的课程表是由教师自己安排的，教师在课程安排方面的自由度相对较高。但这并不意味着教师的教育教学活动较为随意，恰恰相反，表现为更强的规划性。

全科教师的包班工作与合作教学。英国小学全科教师通常是承担国家课程规定的所有学科的教学工作，其中也包括音乐和体育等学科。虽然这些教师在职前培养和职后培训方面都有一定的知识和技能的专业准备，但教师可能会在某些学科存在短板。通常遇到这样的情况，平行班级教师会将两个班级进行整合，由更加擅长的教师进行统一教学，而另一名教师会进行辅助性教学。那么就意味着全科教师需要具备"一专多能"的教学能力。

全科教师教学安排与学校管理。由于与学生的长时间接触，英国小学全科教师对于学生具有更全面的了解，会根据学生的实际情况进行适当的调整。无论是从国家层面还是学校层面，都已经赋予教师足够的教学自主权，但同时并未放弃对其进行管理。一方面，对教学的监管。教师需要在进行教学之前制定比较详尽的教学计划，当然教学计划是依据国家课程要求，并根据学生实际情况制定的。学校作为监管部门，则会不定期进入课堂，对教师的教学情况进行监督，并对教师进行评价。另一方面，对行政事务的监管。由于教师会根据实际需求进行课程安排，那么对于公共场地的使用就需要有规划，如对体育、信息技术课程的科学安排，以防造成场地和教学用地的冲突，这样的协调管理工作需要学校相关部门的参与。

全科教师的工作负担与辅助教师。鉴于全科教师需要承担多门学科的教学工作，由此备课、批改作业的隐性工作量也在增加。21 世纪以来，政府通过增加辅助教师的方式，缓解小学教师的压力。辅助教师主要包括三种类型，即普通辅助教师、特殊需要辅助教师、少数族裔学生辅助教师。从 21 世纪开始，辅助教师数量明显增加，越来越多的教师有专门为其教学服务的辅助教师（如表 16-1 所示）。由于辅助教师在英国小学教育体系中属于具有特色的群体，在后文将对其进行详细介绍。

表 16-1 英国教师与辅助教师数量

单位：千人

	2000 年	2002 年	2006 年	2008 年	2010 年	2014 年
教师	203.6	207.4	205.6	205.5	204.2	215.5
辅助教师	53.4	71.8	99.0	115.0	133.5	166.2
教师与辅助教师的比值	3.81	2.89	2.08	1.79	1.53	1.30

注：2006 年及以前公布数据以 1 月份为节点，2008 年以后的数据，是以 11 月份为节点统计的。

资料来源：School Workforce in England：November 2014。

二 英国小学教师的职前培养

英国小学教师职前培养模式繁多，职前培养机构基于申请者不同的自然情况设计不同的培养计划，给予一定程度的专业指导，由于培养途径不同，社会认可度不同。但总体来讲，各种职前培养模式都要受到一定的标准制约，在质量方面基本达到底线标准。而小学教师申请者对于教师职业的喜欢程度也普遍偏高，较强的主观能动性会在一定程度上提升教师对职业的认可度，是职业吸引力强的重要表现之一。

（一）培养方式

目前，英国小学教师的职前培养模式主要包括以下几种。

"教育学士学位" BEd 模式。教育学士学位是一种荣誉学位，该学位专门为培养师资而设，学员在获得该学位的同时即可获得合格教师身份。此模式主要采取四年制的基本培养形式，面向高中毕业生开设，学科专业学习与教育专业训练同时并进，主要为幼儿园和小学培养师资。

"文学学士或理学学士附带教师资格"（Bachelor of Arts or Science with QTS）模式。此模式是指学员在攻读专业学位的同时修读 QTS 所需课程，在获得所攻读专业学位（文学士或理学士）的同时即获得 QTS。大学阶段课程要求学员脱产学习 3～4 年或在职学习 4～6 年。

"研究生教育证书"（PGCE）模式。此模式针对已经取得其他专业学士学位（非教育学士学位）却又想从事教学工作的大学毕业生。此种模式为四年制"3＋1"模式，即先获得学科专业学士学位，一般为三年，然后再接受 1～3 年的教育专业训练。根据培养对象的不同，"研究生教育证书"（PGCE）课程分为早期课程、初等课程、中等课程和义务教育后课程，其中初等课程是针对 5～11 岁的小学阶段学生。每种课程又按照中小学课程中的不同学科确定不同的专业发展方向，如艺术与设计、数学、地理和历史等。此外，还根据研究问题方向的不同，开设短期培训课程，如职业研究课程和专业研究课程。职业研究集中关注基础性的教育学问题，而专业研究则更加聚焦于学科的理解。[①]

"联合学院"培养模式。此模式是对"教育学士学位"（BEd）模式和"研究生教育证书"（PGCE）模式的优势进行整合。但由于学制年限、培养目标定位等众多核心问题，此模式并非主流。

"校本职前培养"（SCITT）模式。此模式是基于地理分布的整合，将相邻的多所中小学和大学联合组织，面向有在中小学工作意愿的大学生，提供职前培训。此模式的优势在于，学员不仅可以得到一线教学经验丰富教师的指导，而且培训也能够紧密结合当地的师资需求状况。学员参加此项目，不仅能够使个体具备较多的教学实践经验，而且符合未来工作学校的切实需求，是职前培养和职后培训一体化的重要尝试。此外，大多数学员还可以获得高等教育机构颁发的研究生教育证书，在专业能力提升的同时实现学历水平提升。

---

① 王艳玲、苟顺明：《试析英国教师职前教育课程与教学的特征》，《教育科学》2007 年第 1 期，第 78～82 页。

(二)选拔标准

英国的教师职前教育实行教师资格证书统领的制度。政府颁布"合格教师资格标准"(qualified teacher status)并提出培训要求,教师教育机构根据这一标准制定教师教育方案,对准教师进行培养。英国政府于2007年和2012年颁布教师专业标准,其中对教师应具备的能力进行系统化分类,对教学、个人及职业操守维度进行了更细致的规定。教学方面,重点关注具备较高教育期望、着力提高学生成绩、具备扎实学科知识、有效组织课堂教学、灵活运用教学策略、准确有效进行反馈、注重学生行为规范、承担相应专业责任。个人及职业操守方面,重点关注遵守道德规范与行为规范、遵守校规保持守时、了解职业规范和要求。[①] 职前培养机构基于此标准,对职前培养的内容、结构和方式进行统筹设计,照顾到学员的不同要求,确保学员培训期满能够达到合格教师资格标准。除理论学习外,学员还必须具备至少连续教授两个年段的教学能力,需要在学校等实践场域中获取。学员通常经过18~32周的小学实习,能够基本达到标准要求。[②]

(三)认可度

小学教师申请人数逐年增加,2016年英国小学教师的申请人数为64.16万,比2015年的63.63万增加0.8%。虽然申请人数增加,但与2015年增加的2.0%相比,增长比例明显减少,这与2013年学生数量减少有直接关系。英国小学阶段,通常会吸引到对教师职业认可度较高的人群作为教师。数据显示,2016年,88.4%的英国小学教师,都是将教师职业作为第一选择,96.3%的英国小学教师,都是将教师职业作为前三位的选择。将教师职业作为第一选择的申请者所占比率,呈逐年上升的趋势,由2015年的87.8%增加到2016年的88.4%。由此可知,英国小学教师职业具有较高的社会吸引力,进入教师职业的人们通常对教师职业的认可度

---

① 龙国英、潘惠燕:《完善教师专业标准,推进基础教育高质发展——英国新〈教师专业标准〉探析》,《基础教育研究》2013年第10期,第20~22页。
② 王艳玲、苟顺明:《试析英国教师职前教育课程与教学的特征》,《教育科学》2007年第1期,第78~82页。

高，其专业发展动力和职业稳定性也表现出较强的保障。①

三 英国小学教师职后培训

随着教师进入职业领域，其专业发展已经能够获得足够的外在支撑，即针对教师发展阶段不同，提供系列化的职后培训。

（一）新手教师的入职培训

教师职前培养以高等院校为主导，为了避免新手教师由于缺乏实践经验而难以胜任教学工作，避免因实践困难无法得到有效解决而带来的发展动力不足、流失率过高，英国政府为新手教师提供入职培训的机会。入职培训旨在为新手教师的专业发展扫清障碍，提供一切便利和支持。入职培训主要关注以下方面：首先，向新手教师讲解中小学教育的相关法律、法规和条款；其次，为新手教师提供形式多样的实践活动和教学策略，供新手教师选择、借鉴并进而形成不同的教学风格；最后，能够对新手教师培训期间的状况进行评估，并对相关信息进行及时反馈，为后续发展提供基础性信息。此阶段，新手教师遇到的最主要问题在于职前培养与职后实践的衔接，虽然各种职前培养模式中有大量的教学实习活动，但由于实习教师对学校、班级和学生的责任并未明晰，各主体对其行为的问责体系并未系统建构，因此实习教师的问责机制不完善。新入职教师由于身份的明确化，面临着专业水平和心理承受能力等多方面的挑战。

（二）熟手教师的在职培训

熟手教师的划分标准众多，按照专业水平和入职年限等标准可进行不同的划分。基于方便性、易操作性等原则，研究者将入职6~15年以上的教师定义为熟手教师。此类教师在专业发展水平上具有一定的普遍特征，即教学经验丰富、教学热情略有衰减等。基于此特征，英国政府也对熟手教师开展一系列有针对性的在职培训，其基本依据在于国家针对中小学教师制定的标

---

① Gov. UK Department for Education, "Secondary and Primary School Applications and Offers", 2016, retrieved from https://www.gov.uk/government/statistics/secondary-and-primary-school-applications-and-offers-2016.

准。从20世纪70年代起,英国向熟手教师提供带薪进修的机会,中小学教师可以根据实际情况选择高等院校和教育学院进修学习。除脱产培训外,英国小学教师还可以利用网络、社区等多种平台进行进修,学校、学区、政府等各级各类部门也都为在职培训提供经费和环境等必要条件。由于经过较长时间的教学实践,熟手教师通常能够有效处理好在教育教学实践中遇到的问题。这种以经验驱动的专业发展虽然能够在表面上呈现高效特点,但却造成职业认可度下滑和教学热情衰减。针对熟手教师的在职培训可以实现新知识和新技能的补充,英国小学全科教师的在职培训也同样承担相似的任务。小学教师在日常教育教学中的经验积累相对琐碎,缺乏一定的理论支撑和引领,教师将不得不面临着疲于应付、动力不足等现实问题。英国高等院校和教育学院储备了大量了解中小学教学实践的专业教师,可对小学教师在全科教学中面临的实际情况进行科学和系统的指导。

(三)专家型教师的在职培训

随着教师专业水平的提升,部分熟手教师能够成功打破经验积累的局限,通过教育理论的系统梳理实现专业发展的进一步提升,即成为专家型教师。专家型教师不仅具备解决现实问题的实践方法,也系统掌握其理论依据,使得外显的教育教学能够做到有据可依。虽然专家型教师在专业发展方面已经达到一定水平,但英国政府同样还是为其提供发展的机会和平台。与新教师和熟手教师的接受式发展不同,英国政府强调对专家型教师搭建输出式的发展平台,即通过专家型教师辐射带动其他教师的成长。此外,英国还为专家型教师提供高端学习机会,为专家型教师的共同成长提供可能途径。总之,英国政府为教师提供终身化、系统性的科学发展机会,教师对其职业的认同感也会得到保障。

四 英国小学辅助教师

从20世纪末21世纪初起,英国国内各界通过多种方式呼吁为中小学教师配备辅助教师。接下来的十余年内,英国政府通过政策和经费倾斜等方式,为中小学教师配备了大量的辅助教师,其中小学辅助教师数量由

2000年的5.34万人增长到2014年的16.62万人,每名辅助教师服务的教师数由2000年的3.81人下降到2014年的1.30人,英国小学辅助教师数量增长迅速,其存在和发展具有一定的现实依据和科学根源。

(一)英国小学的全科教学

英国小学学校规模和班级规模都不大,学校规模通常在150~500人,班级规模一般不会超过30人。英国小学教师通常采取全科教学的形式,即要教授英语、数学、科学、艺术、历史、地理、计算机技能等多门学科,个别学校的音乐和体育学科由专任教师任教。英国小学采取全科教学的形式,主要是基于学生兴趣培养的角度考虑的,在传统的小学教育中,教师承担的职责不仅是要关注学科教学,还要凭借全科教学的背景挖掘孩子的潜能。小学教师进行全科教学能够在一定程度上避免对学生的片面化评价,避免因仅关注某一学科的表现而缺少全面看待的视角。全科教学能够在全面评价的基础上,寻找发现学生的短板,并对短板提供针对性指导。虽然英国小学教师全科教学体现出以学生为本的教育理念,但不得不承认,全科教师需要面对更为繁重的工作负担。[①]

(二)英国小学教师要求高、工作累

全科教师的存在是从学生角度体现了对全面发展的关注,同时也对教师提出了更高的要求。全科教师不得不拥有广博的知识储备,而且还要用大量的时间对各门学科进行准备,通常备课、批改作业等隐性工作量无法在课时量上直接体现出来。由于英国政府只对教学大纲进行规定,教师在教育教学活动中具有较大的自主权,因此他们可以从专业角度选择课本。虽然出版社和学校能够为教师提供资源包和校本教学资源库,从某种程度上减少了备课的工作量,但教师为了能够在课堂上充分表现,仍然还是需要大量的时间进行备课。除备课外,批改作业也是占用时间比较多的一项工作。鉴于繁重的工作量,英国小学教师甚至无法对每种作业都一一批改,有时通过校对答案的方式来对学生的完成情况进行评价。无法一一批

---

① 谢银迪:《怎么当英国小学教师》,《中国教师报》2016年1月13日,第3版。

改作业不意味着英国小学教师的责任心差，相反教师希望学生能够在课堂上提出问题并在第一时间解决，这实际上给教师带来专业储备的压力。[①] 由此可见，英国小学教师面临的工作压力大，若没有对此现状进行改善，教师势必会受到压力的影响，工作热情降低，会直接影响到教师职业的整体吸引力。

（三）配备辅助教师使教师更加专业化

一项对英国小学教师工作量的调查显示，英国小学教师工作压力大，80%的工作时间用在课堂上，其余时间也基本用于备课、批改作业等必要的专业活动上。与此同时，教师还不得不应付影印文件、回复电子邮件、监考等一系列非专业活动，事实上这些非专业活动同样也占用了大量的工作时间。因此，20世纪末21世纪初，英国国内就呼吁能够为每位教师配备一名辅助教师，协助完成秘书性质的工作。基于现实状况和未来发展需要的考虑，近些年来英国辅助教师数量得到快速增长。配备辅助教师的目的是重塑教师职业，通过配备辅助教师来减轻教师的工作负担，从而使教师有更多时间专注于教育教学工作。但不得不强调的是，辅助教师的出现只是起辅助作用，而不应是代替作用。如果没有严格的制度保障，出现辅助教师代替教师从事教育教学活动的情况，将可能会直接导致教育质量的下降，教师职业的吸引力也会由于入职标准宽松而降低。[②] 总之，英国中小学辅助教师的配备需要政策、经费和编制等各方面条件作为保障，虽然在执行过程中可能会遇到很多困难，但它是提升教师职业吸引力的重要措施，是体现学生、教师共同成长的重要举措。

五 英国小学教师全科教学对我国的启示

英国小学阶段采取全科教学形式，其主要目的是对儿童整体发展进行关注，避免因片面关注而产生不科学评价。由于教师全科教学的现实状

---

① 唐彩斌：《英国教师的备课与作业批改》，《教学月刊小学版》（综合）2012年第6期，第55~56页。
② 郭勉成：《英国教育当前要务：激发学生学习热情》，《比较教育研究》2003年第7期，第92页。

况，英国小学教师常常需要承担因工作量大而产生的压力，同时还要面对因全科教学而带来的较高专业要求。针对上述问题，英国政府旨在以职业吸引力提升为核心目标，通过将教师招聘、专业成长和体系管理等作为基本途径，实现小学教师队伍的优质稳定。与英国小学教师队伍发展所面临的问题类似，我国小学教师队伍也存在质量不高、队伍不稳定等现实问题，英国小学教师的发展途径对我国存在借鉴意义。

（一）吸引更适合的人才加入教师队伍

小学教师的直接教育对象是未成年群体，因此我们在对教师进行选拔时在关注专业能力的同时，还要关注申请者的适合度。无论对于哪种职业，对职业的喜欢程度将会直接影响其工作的主动性和坚持度，对于工作量多、工作压力大的小学教师更是如此，因为他们对于工作的喜欢程度会直接影响到儿童的发展过程，而通常来讲儿童的发展过程具有可逆性弱、影响深远等特点。因此，英国小学教师招聘时会选择对教师职业认可度较高的人群加入教师队伍。如上文所述，2016年对英国小学教师的调查显示，其中88.4%的教师将教师职业作为第一选择，96.3%的教师将教师职业作为前三选择。由此可见，英国小学教师对于职业的认可程度相对较高，这与国家将教育事业作为未来发展动力的社会定位有关，成为教师不仅是个人职业梦想的实现，更体现出为社会创造的价值，这也是英国小学教师能够成功吸引大量优秀人才的重要原因。提高申请者对于教师职业的认可度，主要是通过提升教师职业的社会价值来实现，同时在教师招聘的过程中增加对职业认可程度的衡量标准，这种方式可能将部分优秀人才排除在教师职业以外，但却能有效地对申请者进行职业适合度筛选，选择更适合的申请者加入教师队伍，教师队伍的稳定性会在一定程度上有所提升。

仅依靠精神导向的职业吸引不能满足社会人的现实需要。在注重精神导向的同时，还要进一步通过物质导向的方法，赋予教师职业更大的吸引力，包括经济条件、社会地位和政治地位等，系统化管理方法会在客观上提升教师职业的吸引力。考虑到教师职业的基础性、普惠性和未来发展性等特点，教师职业在物质提升方面能够做到有据可依。当然教育资源的分配是一项涉及因素众多、较为复杂的工程，增长方式及幅度等方面都要经过细致研究。无论教师职业的吸引力能够在多大程度上有所体现，我们应该面对一种现实误区，即在招聘小学教师时一定要选择最优秀的人才加入教师队伍中，而是应该选择最为适合的申请者加入教师队伍。在教师招聘时，在对专业能力水平进行评价的基础上，还应增加职业适合度的考察。当教师职业本身的吸引力增强时，教师流失率会随之下降，有利于教师队伍的稳定化构建。

（二）职后专业化发展的全程跟进

英国小学教师的职前培养并不存在单独的培养机构，而是通过开设相关课程的方式为教师队伍储备人才，申请者需要通过选拔考试正式加入教师队伍。正式进入教师队伍后，教师的职后专业成长过程会得到系统、全面的跟踪与指导，在弥补职前准备不足的同时，还可以有效获取最新信息，用于改进和完善教学活动，旨在提高教育质量。英国小学教师的职后培训体系较为系统，参与主体多元，包括所在中小学、学区和大学等，培训内容具有普适性和个性化的双重特征。一方面，培训内容的普适性。受教师发展阶段特征的影响，教师在特定发展阶段会遇到相同或相似的专业发展问题，如新教师对于职前准备的适用性问题、熟手教师因经验丰富而缺乏足够理论支撑、专家型教师理论与实践的推广辐射问题等。基于教师专业发展阶段的独有特征，教师获得的全程职后培训具有较强的针对性和指向性。由此可知，英国小学教师在入职后则工作在较为系统的发展体系中，从专业角度帮助其解决教育教学中遇到的瓶颈，事实上也是缓解教师倦怠的重要手段和保障。另一方面，培训内容的个性化。除普适性内容外，职后培训为教师提供具有针对性的个性化培训机会。教师根据实际需求，在培训机构的建议下，形成属于自己的培训计划和内容。在接受个性化培训的过程中，教师能够对自身所处的情况及面对的问题进行更为科学的了解，这是提升培训效率的基础。

近些年，我国对教师职后培训也极为关注，期望通过职后培训的方式提升教师的专业发展水平。因此，我国小学教师可以获得各级各类培训的机会。对于教师个体来讲，他们的专业发展需要系统化、针对性的培训计划和内容，而非碎片化的积累。因此，在关注我国小学教师在职培训时，有以下两方面应该重点关注。第一，为每位教师设计专业的成长计划，当然这需要教师的积极参与，也要有专业机构给予专业化指导。教师在入职时便可以对未来发展方向有了解，而不是毫无目标地处理任务。第二，为教师提供适当的带薪培训时间，由于教师工作对象的群体性，教师成长带来的影响是倍数化增长，其效果也主要是通过学生群体呈现。出于缓解教师压力的目的，英国政府为服务7年的教师提供一次带薪培训的机会，时段可在3~6个月，我国也可逐步推行类似的福利政策。当然，在推行过程中可能会出现教师数量不足、机会分配不均等一系列问题，这需要较为系统的管理和评价体制作为重要保障。

（三）通过辅助教师缓解教师的非专业压力

英国小学教师工作压力大，除上课带来的显性工作量外，还来源于一些非专业领域的工作压力，如监考、复印、收发邮件、填表等行政任务。我国小学教师也同样面临相似的非专业压力。而事实上，教师对非专业任务的承担，不仅使教师工作的效率低下，还不利于教师专业化发展。从21世纪起，英国试图通过为每位小学教师配备辅助教师的方法解决压力大的现实问题，这是基于小学教师全科教学的现实状况而采取的保障手段。事实表明，辅助教师能够在一定程度上缓解教师的工作压力，同时能够提升教师职业的吸引力。辅助教师能够在英国小学阶段普遍存在，并且发展状态良好，实际需要管理制度和社会导向等一系列因素的共同配合，我国借鉴配备辅助教师的方法时则需要重点关注以下几个问题。

首先，辅助教师的培养与储备。我们强调辅助教师应该区别于一般的行政人员，需要一定的专业水平和能力，那么我们需要回答的首要问题即是，辅助教师是教师队伍的组成部分还是后备力量。两者看上去作用相似，但却存在一个至关重要的问题，即辅助教师是否能够转为教师，当然这需要一定的考核程序。若辅助教师是以一种独立的状态存在，那么就意味着需要一套额外的培养体系，辅助教师也应该具有其特有的职业地位和认可度。若辅助教师是教师的后备军，那么通过何种考核程序可以进行转换则显得尤为重要，因为若考核标准把握不当，则极易产生将辅助教师当作职业发展跳板的情况，教师质量和队伍稳定性都无法保障，不利于教育质量的提升。

其次，编制的核算问题。谈到英国小学教师配备辅助教师的一个前提条件是基本所有小学教师都在从事全科教学，这与我国的实际情况并不完全相同。全科教师在我国主要分布在城市和乡村，在城市出现是由于对儿童身心整体发展的追求，而在乡村存在是由于小规模学校的教师数量相对不足，两者虽然表现形式相同但内容相异。若配备辅助教师成为全科教师的福利，那么在全国范围内进行编制统筹则比较困难，其重要原因在于我国全科教师的数量是根据学校或学区的安排所确定的，即教师可能在学期间实现由全科教师向单学科教学教师的转换。当然，若按照教师数量给所有教师配备辅助教师，则也可能会出现由于目的不同而形成的城乡差距进一步拉大，即城市教师有更多时间精力从事专业发展活动，而乡村学校由于教师不足而使用辅助教师代替教师从事教学活动。

第十七章
澳大利亚小学教师全科发展情况

澳大利亚由六个州和两个领地构成，具体包括新南威尔士州、昆士兰州、南澳大利亚州、塔斯马尼亚州、维多利亚州、西澳大利亚州以及澳大利亚首都领地和北领地。由于澳大利亚联邦性质的特点，各州和领地都对本地教育发展具有自主管理权，但在澳大利亚小学阶段教师进行全科教学是较为普遍的现象，全科教学是根据儿童身心发展特点开展的教学方式，事实上对教师专业水平提出更高要求，澳大利亚各级教育部门也为此提供了大量的保障机制，作为小学教师开展全科教学的基础。

一 澳大利亚教师质量提升概况

教师需要了解每位学生需求，以及为学生提供支持，而学生需要有针对性地反馈需求。于是，澳大利亚政府将教师发展生涯进行四阶段的划分。澳大利亚教育与培训部于2014年专门成立教师教育咨询委员会（以下简称"咨询委员会"），为教师教育培训提供改革性建议。截至2014年，澳大利亚教师培训涉及48所机构450多门课程，参加培训的教师达到8万人。澳大利亚政府是课程开设的主要出资方，2014年在教师教育方面投资6亿美元。为咨询委员会建言献策的主体众多，包括中小学教师、大学教师、高等教育机构和联盟、校长联盟、家长团队和有关教育专家等。基于此，澳大利亚公布了关于教师教育的建议报告《行动起来：为课堂做好准备的教师》（Action Now: Classroom Ready Teachers），报告聚焦以下五个主题。

主题一，确保高质量的教师教育课程。教师教育咨询委员会为初任教师提出更高的评价标准,通过课程认证的方式,以培养更优秀的教师为目标。目前的课程认证标准比较宽松,缺乏证据基础,也就是说对于所有课程是否能够确保教师质量仍有可探讨余地。对于课程进行严格认证能够使毕业生获得足够的知识和能力来确保学生成绩。另外,确保毕业生能够通过收集和分析数据,对不同学生的学习需求有所掌握,有效动员家长参与到学生的学习过程中,更彻底地理解英语和数学教学中的基本因素。

主题二,教师招募的严格筛选。在初任教师的招募过程中,筛选出高质量的申请者是培养高效教师的基础。目前高等院校教师招募中存在一些缺陷,评价者并不是对申请者是否具有成为优秀教师的潜在能力和学术技能进行评价。虽然花费了大量的精力和金钱,学生却不能获得应有的成绩,这在一定程度上受教师的水平和能力影响。为确保高等院校能够筛选出优秀申请者,咨询委员会建议拓宽评价内容,比如较高的英语和数学技能。另外建议高等院校公布初任教师应具备的能力,以此作为教师专业化筛选的重要依据。

主题三,准教师改善的、结构化的实践经验。报告指出,深入课堂的时间能够为准教师提供大学与中小学的衔接途径。在高质量的实践经验中存在高度可变性,实践受大学与中小学的共同影响,实践导师需要对准教师进行指导和评估,并且实践导师也需要进行调整,适应自身的角色变化。为确保初任教师在进入课堂时有充足的实践技能,咨询委员会确保实习具有适当的时间和频率。准教师的教学实践需要得到高技能导师的支持,他们需要具备高效教师应具备的特征。大学和中小学的合作是培养准教师高质量教育实践的重要途径。

主题四,毕业时严格评估,确保为课堂做好准备。报告指出,大学为准教师提供的知识和技能,与初任教师在课堂中所需要的知识和技能,两者之间存在差距。准教师需要在大学和中小学中成长,通过专业测试,保障初任教师具备高效教学的能力。目前来看,建立职前职后一体化的、严格的评估标准势在必行。

主题五,提高国家研究和职工的计划能力。报告指出,在初任教师教育和教学实践中,通常缺乏对于研究的依赖。因此导致了目前所采用的教学实践没有做到有据可依。这也意味着高等院校缺乏对教师教育课程的研究。咨询委员会建议,对澳大利亚教师专业发展标准进行回顾,确保初任教师能够获取在课堂中所需要的必要知识和技能。在教职员工方面,报告认为对于教职员工资料的掌握较少,对于高等院校和中小学教职员工发展数量的计划较为缺乏。提供可信的教职员工数据能够更好地管理教师专业发展以及为未来制定更有效的发展计划。[1]

总之,澳大利亚教育部门已经通过对初任教师提出更高标准,包括从2016年7月开始的一项新测试,所有初任教师申请者都要参加这项测试,保障初任教师具备在课堂中需要的英语和数学技能。由此可见,对于小学教师来讲,国家层面对于教师的关注也表现出明显的全科特征,即不局限于某一特定学科的知识和能力,而是关注包括英语和数学学科的基本能力和素质。在对初任教师提出更高要求的同时,教育部门还对教师培训、筛选和毕业考评等方面提出更高要求。新修改的标准旨在促进初任教师教育项目质量、教师毕业项目能力提升。严格的筛选过程确保教师在职业发展最初阶段获得学术和非学术技能,使得教师进入课堂进行实际教学时成为高效教师。

在课程建设方面,澳大利亚教育部门认为英语和数学是学生学习的基本模块。教师需要确保每个儿童都能掌握这些基本技能,因为这些基本技能分布在学生需要学习的所有学科中。在小学教师培训中将英语和数学作为必备学习课程,要求教师能够在学校中运用明确的英语和数学教学手段,帮助国家解决目前在国际评估中名次下滑的问题。具体表现为在小学阶段对儿童的阅读、语音、算数能力进行评估,并将评价报告交给学生家长。确保学生尽早认清发展的阻碍因素,避免成绩差距的产生。同时,教师与家长的沟通能够为教师提供进行有效教学的数据资源,促进课堂教学行为中积极因素的作用提升。基于2014年《澳大利亚课程回顾》中的规定,国家教育部门对基础教育中的部分课程进行调整,其中包括加强语音教学,加强对残疾学生的关注,进一步聚焦学生学习中的技术问题。澳大利亚新修订的课程确保学生在毕业时具备一定的文学和数学技能,这些技能将成为顺利升学或就业的良好保障。同时强调STEM课程,有研究表明,

---

[1] Australian Institute for Teaching and School Leadership Limited Teacher Education Ministerial Advisory Group, "Action Now: Classroom Ready Teachers", 2014, retrieved from http://education.unimelb.edu.au/study_with_us/become_a_teacher.

75% 发展最快的职业都需要 STEM 课程所培养的技能。① 在新语言课程方面，促进学生对于外语的学习，通过项目驱动的形式支持学生对于外语的学习。此外，还包括计算机课程等其他一系列与儿童学生极其相关的学科，都作为在小学教育中开设课程的重点。②

二 全国统一的职前教师教育课程提供前提保障

职前培养是教师专业成长的重要环节，也是关键阶段，课程内容与标准的设置直接影响到教师专业发展水平。在很长一段时间内，澳大利亚对于教师职前培养课程及标准都呈现出各州、领地各自为政的形式。21 世纪以来，为了进一步保障教师职前培养质量，澳大利亚国家层面通过成立专门组织和建立国家认证系统等形式来完成任务。

（一）以严格的专业标准作引领

为了从国家层面实现职前教师教育课程质量的提升，教师教育标准化的新发展为教师专业发展提供前提保障。为此，澳大利亚先后成立多个专业部门对教师职前培养课程的内容和标准进行研究，其中包括 2006 年成立的澳大利亚教师注册与认证机构评议会（Australasian Forum of Teacher Registration and Accreditation Authorities）和 2010 年成立的澳大利亚教学与学校领导协会（Australian Institute for Teaching and School Leadership）等。各部门相继制定和建立教师职前教育课程框架和认证系统，其中，澳大利亚教学与学校领导协会于 2010 年正式建立"职前教师教育课程国家认证系统"（National System for the Accreditation of Pre-service Teacher Education Programs）。此认证系统的核心内容是对职前教师教育鉴定标准进行明晰，鉴定标准包括毕业生标准（graduate standards）和培养标准（program stand-

---

① Editorial, "A Smart Move: Future Proofing Australia's Workforce by Growing Skills in Science, Technology, Engineering and Maths (STEM)", 2015, Pricewaterhouse Coopers.

② Australian Government Department of Education, "Quality Schools, Quality Outcomes", 2016, retrieved from https://www.education.gov.au/quality-schools-package.

ards），两个标准的针对对象不同，毕业生标准是对学生个体提出的要求，而培养标准是对培养机构提出的要求。其中毕业生标准包含专业知识、专业实践和专业承诺的 3 个一级指标，具备高水平的读写算知识、了解任教学科、了解学生如何学习并知道如何进行有效教学、了解学生、具备能够有效教学的计划、具备能够有效学习的评价和报告、创设和维持有成效的学习环境、实践反思能力、参与专业发展和成为专业社群的成员等 10 个二级指标，以及包括对师范毕业生在知识、能力和意向等方面进行具体说明的 55 个三级指标。培养标准主要是对教师教育机构办学资源和培养过程提出规范性要求，包括学生的选拔、课程教学、评估程序、专业经验和质量保障 5 个基本维度，其中包括 34 个具体要求。①

（二）小学教育所有学科的"全"覆盖

迪肯大学是澳大利亚的一所公立大学，是规模最为庞大的大学之一。其中小学教育专业是教育学院的核心专业，本书以迪肯大学小学教育专业为例，对其课程设置进行呈现和分析。迪肯大学小学教育专业的培养体系，在课程设置上表现出较为明显的全科特征，小学教育学士的核心课程包括 4 学分学科基础课程、15 学分小学教育课程、7 学分的专业课程和 6 学分的选修课程（如表 17 - 1 所示）。

表 17 - 1　澳大利亚迪肯大学小学教育专业课程设置

类型	模块	课程名称		
学科基础课程	数学	数学基本概念		
	科学	生态与环境		
	文学	儿童与青年文学		
	人文	澳大利亚的时空穿梭		
小学教育课程	数学教育	儿童与数学：发展儿童的数学概念	教师与数学：创造有效的课堂	专业实践与数学：设计综合性项目
	英语教育	低段儿童多媒介素养	中段儿童多媒介素养	新时代的研究者：教师素养

---

① 许明：《澳大利亚全国职前教师教育鉴定制度述评》，《福建师范大学学报》（哲学社会科学版）2009 年第 5 期，第 143～150 页。

续表

类型	模块	课程名称	
小学教育课程	人文教育	学习者生活在自己的世界里：人文科学的视角	学习者探索他们自己的世界：人类科学
	科学教育	小学科学教育1	小学科学教育2
	艺术教育	小学艺术教育	小学艺术教育：集中学习
	体育教育	小学体育教育	
	学生健康与幸福	学生健康与幸福	
	技术与设计	小学技术教育：创造与设计	
专业课程		教师学习者身份确认	
		教育的社会背景	
		教师学生的关系	
		教育学	
		课程探索	
		评价：认识学生的方式	
		从大学向工作的过渡	
选修课程	学科类	历史、文学、科学、数学	
	教法类	初中教学法	

由此可知，澳大利亚高等院校对于教师的职前培养表现为"全"覆盖，包括课程结构、学科基础和教师教育专业学习等方面，其中为全科教师专业发展提供学科基础的支持，涵盖了小学阶段的所有学科领域，教师在职前培养阶段接受所有学科的全面培养是其开展全科教学的基础。[①]

（三）培养目标的"全"与"专"

基于核心课程的考察，研究者发现，澳大利亚对于小学教师的培养目

---

① 李玉峰：《澳大利亚迪肯大学小学教育专业课程设置对全科教师培养的启示》，《教师教育论坛》2015年第1期，第39~44页。

标表现出较强的全科特征,即教师应具备能够从事全科教学的能力,尤其是在英语和数学方面的知识和能力,因为英语和数学是基础学科,而其他所有课程都需要基础学科的支持。与此同时,小学教育专业对于选修课程的设置,则表现出专的特征。学校基于小学教育相关学科,通过学科领域的选择深化以及对中学教学法的深入学习,实现某一学科的积累。经过必修课程和选修课程的共同积累,准教师在申请教师资格证书时可以同时获取小学全科教师资格证书和初中特定学科的教师资格证书。在培训目标上体现出小学阶段的"全"和中学阶段的"专",事实上充分符合儿童身心发展特点,即认识事物经历从整体到部分的转变。在对儿童身心发展特点进行关注的同时,能够对学科知识纵向发展脉络进行掌握,打破对于特定教学阶段的限制,在扩展教师专业视野的同时,提升教师对学科内容和发展的认知,这些学习积累都将成为教师开展有效教学的基础。总之,培养目标对"全"与"专"的共同关注,符合教育实践中儿童身心发展特点,符合教育实践中对于教育内容和方法的必然要求,有利于教师开展高效的教育教学实践。

三 在职实践为全科教师提供发展平台

澳大利亚教育部颁布《国家教师专业标准》对在职教师提出具体要求,把教师的专业发展分为四个阶段,即新手教师(graduate teachers)、熟手教师(proficient teachers)、高成就教师(highly accomplished teachers)和主导教师(lead teachers),提出了卓越教师成长的序列和路径。[①]

(一)发展阶段划分促进全科教师的专业定位与发展

澳大利亚教育部颁布的《国家教师专业标准》从七个方面对教师的专业发展进行解读(如表17-2所示),其中对全科教师要求的明显特点主要通过了解教学内容并知道如何教这个维度进行呈现。

---

① Career Stage, "Australian Professional Standards for Teachers", 2015, http://www.aitsl.edu.au/australian-professional-standards-for-teachers/standards/overview/career-stages.

表 17 - 2 澳大利亚《国家教师专业标准》提出的具体要求

一级指标	二级指标	一级指标	二级指标
了解学生及学生如何学习	了解学生身体、社会性、智力发展与特征	了解教学内容并知道如何教	教学领域的内容和教学策略
	理解学生如何学习		内容选择与组织
	了解学生多元背景,包括语言、文化、宗教、社会经济方面		课程、评价和报告
	土著和托雷海岛学生的教学策略		理解并尊重土著和托雷海岛学生,促进澳大利亚本土和非本土学生的一致发展
	各种学生特殊学习需求的教学区分		文学和数学策略
	支持残疾学生参与的策略		信息和交流技术
专业实践	建立具有挑战的学习目标	创造并维持有支持的、安全的学习环境	支持学生参与
	学习项目有计划、有结构和有顺序		管理课堂活动
	使用教学策略		管理挑战行为
	筛选并使用教育资源		维护学生安全
	使用有效的课堂沟通		安全、有责任、有道德地使用信息和交流技术
	评价并促进教学项目		
	在教育过程中有家长或监护人的参与		
	建立具有挑战的学习目标		
关于学生学习的评价、反馈与汇报	评价学生学习	参与专业学习	确定、规划专业学习的需求
	对学生学习提供反馈		参与专业学习并改进实践
	提供持续的、可比较的评价		参与同事互动并改进实践
	解释学生数据		运用专业学习的知识并促进学生学习
	汇报学生成就		
参与同事、家长/监护人、社区的专业活动	满足专业道德和责任		
	遵守合法的、管理的、组织的需求		
	参与家长/监护人的活动		
	参与专业的教学网络和更广的社区活动		

资料来源：http://www.aitsl.edu.au/australian-professional-standards-for-teachers/standards/list。

在了解教学内容并知道如何教维度，国家标准对不同发展阶段教师的英语和数学教学策略进行细致展示，认为新手教师能够理解英语和数学的教学策略，并能够使这些教学策略在教学领域得到应用；熟手教师能够运用有效的教学手段，支持学生的英语和数学能力的提升；高成就教师能够支持同事开展有效教学策略，提升学生的英语和数学能力；主导教师能够在学校范围内检测、评价教学策略，以研究为基础的知识和学生数据来提升学生的英语、数学能力。由此可知，国家对于小学教师的要求，最低是实现英语和数学的统一，即教师需要具备同时教授英语和数学学科的能力，同时也为小学全科教师的存在提供政策依据和发展指导方向。[1]

（二）以问题为引领的课程整合

澳大利亚小学每周上课五天，每天3~5节课。一般每个班级有一名教师，负责该班各门功课的教学，低年级更是这样，这种教学模式就是我们通常所说的全科教学。虽然教师具有一定的灵活设置课程的权利，但需要制定详尽的教学计划，教学委员会的官员会对教学大纲开设的课程进行检查，因此澳大利亚各小学的课程也表现出大同小异。1~2年级主要开设读、写、习作、美术、道德、体育和社会研究等课程，每天留出一定的时间开展丰富多彩的活动。在这一阶段，阅读能力尤为重要。3~6年级转入正式教育，开设英语、文学阅读、社会研究、算术、科学、艺术、音乐、手工、体育和生理卫生等课程。尤其对于低年级阶段来讲，教师进行的全科教学，不是分科教学的累加，而更多是以问题为引领的课程整合，因为在小学阶段，儿童对于事物的认识通常具有整体性，以问题为引导的课程整合方式符合儿童认知事物的能力和水平。然而以问题为引导的课程整合，实际上对教师提出更高要求，教师需要对儿童身心发展特点进行整体关注。[2] 教师全科教学是对学生作为完整人的关注。

澳大利亚《国家教师专业标准》在对教师的专业知识提出要求的基础

---

[1] Australian Institute for Teaching and School Leadership Limited, "Australian Professional Standards for Teacher", 2017, retrieved from http://www.aitsl.edu.au/australian-professional-standards-for-teachers/standards/list.

[2] 汪霞:《澳大利亚中小学培养目标和课程设置》，《现代中小学教育》1998年第1期，第29~33页。

上，还特别涉及对学生，尤其是对具有多元社会背景或特殊群体学生的关注，要求教师掌握具有多样的语言、文化、宗教和社会经济背景的学生的知识，掌握支持残障学生充分参与学习的知识等。① 由此可见，国家标准对教师素养的要求既包括教育教学专业素养，也包括特殊教育素养。教育教学专业素养是成为合格教师的基础，而特殊教育素养是更加关注学生个体的发展状况，对学生个体关注的理念本身是教师开展全科教学的基础。②

四 澳大利亚全科教师对我国小学教师专业发展的启示

基于澳大利亚小学尤其是低年级教师全科教学的现实，结合我国对小学教师职前培养和职后发展的基本要求，研究者发现，澳大利亚小学全科教学之所以能够长期存在并取得一定成效，关键在于在调动教师工作积极性的同时，为教师的全科发展提供环境和制度支持。鉴于我国部分地区存在教师同时教授多门学科的情况，对澳大利亚小学全科教师的存在与发展进行分析，能为我国小学教师专业水平的提升提供借鉴。

（一）打破学科、年段的阻碍，实现对教育对象的全面了解

教师实现对学生和教学内容的全面掌握，是提高教育质量的基础。澳大利亚在实现对教育对象的全面了解方面，做到尽可能地打破学科和年段的阻碍。在学科方面，无论是职前培养还是职后培训，都是以全科的形式存在，教师需要对各学科知识有全面掌握，实现范围较广的积累。而各学科知识不仅包括学科本身的知识，还包括关于学科特有的教育教学方法。学科特有的教育教学方法，是教师专业化的重要体现。由于对学科特有教育教学方法的忽视，我国教师队伍中也存在部分有知识但不会教学的人，事实上，他们的存在不利于教师在社会中得到认可。在对学科进行全覆盖

---

① Australian Institute for Teaching and School Leadership Limited, "Australian Professional Standards for Teachers", 2015, retrieved from http://www.aitsl.edu.au/australian-professional-standards-for-teachers/standards/overview/career-stages.
② 于书娟：《小学全科型卓越教师培养的主要国际经验》，《教育科学研究》2015 年第 12 期，第 14~17 页。

的同时,澳大利亚还打破学段的限制,教师可通过必修加选修的方式,同时获得小学全科教师和初中特定学科教师的资格证书。小学教师在知识储备和分析事物的视野上不能局限于小学固定年级段,对学科内容和学生身心发展有全面了解,才有利于教育质量的整体提升。

(二)多主体参与为小学教师全科发展提供保障

教师专业发展是伴随整个发展阶段的重要任务,澳大利亚在小学全科教师的职前培养和职后培训方面,表现为多主体的共同参与。参与主体各司其职,发挥自身优势,旨在为全科教师的专业成长提供保障。参与教师专业发展的机构主体较多,包括高等院校、中小学、教育企业和政府等。具体来看,以教育学院为代表的高等院校是教师职前培养的重要载体,同时也为教师职后发展提供必要的理论输入途径。教育实践的积累通常表现出零散性,而教育理论的总结与引领便能整合零散经验,使教育实践具有指导力。澳大利亚墨尔本大学的初等教育专业,采取的是临床实习的方式,在整个大学四年学习期间,学生每周都要有 2 天时间在小学。这种教育实习方式,注重打通教育理论课程与教育实践课程。[①]

以中小学校为代表的教学实践场所,为全科教师提供现实教学场域,帮助教师解决在全科教学中面临的课程整合和时间分配等现实问题,为教师全科教学提供实践的机会和途径。在教学实践过程中,实践导师指导完成教学实践任务,并对教师的实践效果进行评价,这将成为教师资格认定的重要依据。教育企业是提供教育资源的主要主体,全科教师在课堂教学中有一定的教材选择自主权,但完全通过自己实现资源的准备与储备显得力不从心,澳大利亚教育企业则开发了各种教育资源,为全科教师顺利开展教学提供资源保障。此外,以各级教育行政部门为代表的政府部门则主要负责监督,全科教师虽然在课堂教学中有一定的自主权,对教学安排进行自主设计,但必须设计出系统的教学计划并在学校备案,各级教育行政部门会不定时对教学计划和课堂教学进行检查,考察教学计划的可行性,监督课堂教学的实施情况。

---

① Boston University,"Master of Education in Boston University",2016,retrieved from http://www.bu.edu/sed/academics/graduate/edm.

(三)学校在教师招聘方面有一定自主权,最大限度满足学校需求

学校作为基层组织机构,对教师队伍的短缺情况最具发言权。基于现实状况,澳大利亚部分中小学可以运用学校经费自行聘用教师,而学校经费的来源是学校的激励基金。激励基金不仅仅用于支付教师和学校其他职工的工资,而且还要用于发展课程资源、学校日常花费,购买或维持学校用地、建筑和设备等。2014年澳大利亚政府投入49.1亿美元作为激励基金。[①] 我国中小学教师招聘的主要实施单位是县(区)级教育行政部门,虽然在招聘教师前会对各学校的需求进行调研与统计,但由于教师学科结构、年龄结构等方面可能与现实需求存在差距,同时教师对于学校通常表现为向城的选择倾向,因此地处偏远的中小学校呈现出新招聘教师不符合学校教育教学发展需求的现状。因此,澳大利亚在对小学教师的招聘方面,给中小学校一定的自主权,在最大限度上满足教育教学的需求。

---

① Australian Government Directory Department of Education and Training, "Opportunity through Learning Annual Report", 2014 – 15.

第五部分
未来发展展望及对策建议

第十八章
农村小学教师多学科教学能力提升的可能途径

基于我国农村地区吸引力偏低的现实,农村教师队伍在数量和学科结构方面存在明显缺陷,农村教师同时教授两门及以上学科的现象非常普遍,在小学阶段更为突出。随着教师多学科教学的情况被广泛关注,农村小学教师专业水平的提升成为社会热点问题。教师专业水平的提升旨在强调其自身素质满足社会对其的根本要求,这种要求并非长期固定的,而是随着社会发展而不断变化。但对于农村小学教师来讲,多学科教学的现实问题对其专业能力提出了挑战。但农村小学教师在多学科教学能力提升方面,却存在一定的制度障碍和现实困境。

一 农村小学教师多学科教学能力提升的制度障碍

与我国其他职业专业水平的提升途径类似,教师的专业成长主要分为职前培养和职后培训两个阶段。教师的职前培养阶段通常是在各级师范类院校完成,师范类院校成为教师职前培养的重要基地。从师范类院校培养方案的设置和中小学教师资格证书的认证方式来看,目前我国小学教师的职前培养阶段表现出明显的分科倾向,这与我国目前大部分地区小学阶段分学科教学的需求相适应,但分学科培养的职前培养模式无法满足农村教师多学科教学的专业需求。事实上,在师范院校的职前培养阶段进行多学科培养的方案调整也缺乏现实根据,其主要包括两方面原因。一是多学科教学发展趋势的模糊化。20世纪80~90年代,我国中等师范教育蓬勃发展，其培养的人才具有综合性特质，这也是为了满足当时基础教育阶段分科现象不明显的需求。随着我国基础教育对于学科专业的细致分化，我国在一个时间段内表现出明显的分科倾向。基于我国基础教育现实发展的需求和世界基础教育的发展趋势，我国基础教育是否要全面进行全科化尚有待进一步论证。因此，在我国基础教育未来发展趋势尚未明了的时候，对职前培养进行盲目调整缺乏必要的科学依据。二是就业地区的不可预知性。我国小学教师多学科教学的现象主要出现在农村，除定向培养的方式以外，目前职前培养阶段尚不能对学生未来就业地点进行预测，因此在职前培养阶段进行全面改革缺乏一定的科学根据。虽然，一些地区已经针对农村教师提供定岗的全科型职前培养，但其涉及面较窄、影响力较小。总之，对于农村教师多学科教学能力的提升来讲，选择在职前培养阶段进行改善具有一定的现实障碍。

城乡教师一体化发展是我国教师队伍建设的重要途径，由于我国小学阶段分学科教学所占比重较大，而且大部分城市地区的小学阶段表现出分科的现实，通过城乡一体化方式提升农村教师多学科教学能力具有一定的现实障碍。以一体化为目标的城乡教师队伍建设是双方互动的过程，保证一体化实施的现实前提应是对弱势一方进行优势挖掘，即避免农村教师对于城市教师的完全性附属。由于城乡二元结构的长期影响，农村教师对于城市教师的被动跟随是长期存在的现象，从农村教师现状出发的优势寻找并不具备现实的可能性。因此，对于弱势一方进行的优势挖掘应实现从现实优势向潜在优势的转向，即从双方都需发展的方面入手，促进弱势群体具有更多的发展机会。从现实状况来讲，对于农村小学教师多学科教学能力的提升，需要通过职后培训挖掘农村教师自身的可能优势，为教师具备满足农村教育中多学科教学需求的能力提供可能性前提。

二 一专多能培训与农村教师的专业水平提升

作为一种新型培训目标，一专多能培训是相对于现行教师培训形式中的学科特点而提出的。一专多能培训打破了系统知识的学科性限制，选择以学生身心发展规律为基本依据，对知识进行跨学科整合。无论对于城市教师还是农村教师，一专多能培训符合促进学生身心发展的根本教育目的，具有取代现行教师培训形式的可能性，可作为双方发展的共同目标。此外，在学科培训不能满足农村教师多学科教学需求的情况下，农村教师专业素质提升不明显又一次将矛头直指教师培训，现实状况为对农村教师开展一专多能培训提供了可能性空间，也是隐性优势挖掘的基础。

（一）缓解农村教师多学科教学压力：一专多能培训的短期功能

师生比是教师队伍人事编制制定的重要依据，是衡量教师队伍建设的重要指标之一。各地按照现实状况，制定符合当地发展要求的师生比标准，但随着农村小规模学校的产生，仅按师生比标准对教师队伍建设进行衡量已经阻碍了农村学校的发展。按照师生比标准的客观规定，现有农村小规模学校表现出教师超编但相对数量不足的现象。面对教师相对缺乏却因人事编制标准无法引进新人才的状况，为了实现农村学校"开足课"的目标，农村教师不得不担任多门学科的教学任务。多学科教学的现存形式多样，如多主科、多副科、主副科结合等，多学科教学不仅给农村教师带来较大的身心压力，同时也成为农村教育质量提升的障碍。由于目前我国教师职前培养阶段大多采取分学科培养的形式，农村教师在多学科教学中呈现出心有余而力不足的现象。由于专业素质准备欠充分，农村教育质量的提升问题一直困扰着农村教师。面对农村小学教师因任课门数多而呈现出的教学质量问题，以学科为基础的现有教师培训未能提供有效的解决方式，这直接导致学历达标率已有明显提升的农村教师在教学方面仍表现不佳。将学生身心发展作为基础的一专多能培训，打破了系统知识的学科限制，对农村教师开展一专多能培训能够提升农村教师多学科教学的能力，从而解决多学科教学导致的农村教育质量偏低的问题。一专多能培训的开展可以在相对较短时间内解决困扰农村教师发展的多学科教学问题，在城乡教师范畴中提升农村教师的竞争力，为城乡教师队伍建设的一体化发展创造可能性前提。

（二）符合教师培训的发展趋势：一专多能培训的长期功能

针对小学教师开展的一专多能培训，不仅能够在短期内缓解农村教师所面临的多学科教学压力，而且符合教育发展的整体需求，是城乡教师实现共同目标的可能性途径。

首先，以学生身心发展为目的对教师培训提出教育要求。与现行学科式教师培训形式有关，目前教师培训的内容多围绕学科知识展开，而相对缺乏对于学生身心发展的关注。对于小学尤其是低年级阶段的学生来讲，其正处在对于世界整体认识的构建关键期，对于生活世界的理解应避免支离破碎的碎片式印象。学科式知识划分虽然是从不同侧面对世界进行呈现，但过早的分科式教育会将完整统一的世界割裂，不利于学生身心素质的整体化发展。以学生身心发展为目的的教师培训要求教师成为复合型人才，具备一专多能发展基础，这是对教师培训提出的新要求。

其次，小班化教学的发展趋势对教师培训提出社会要求。随着国家人口政策的实施以及城镇化的推进，乡村小学适龄儿童数量呈减少的趋势，由2011年的4065万减少到2016年的2892万。① 鉴于农村小学学生数量的减少，农村小学小班化教学的情况普遍，为整合教育资源，国家采取学校布局调整的方法解决小规模学校带来的现实问题。事实上，农村小学出现的小班化教学情况是客观环境的产物，而非主动追求的结果。小班化教学能够为个性化教学的开展提供前提，即在充分了解每个学生的能力倾向、个性特点、兴趣爱好的前提下，开展针对性较强的教学。在部分经济发达国家，"小班化"即"包班制"是通行的小学教学模式。② 我国上海、武汉、浙江等城市曾在小学尝试过包班试点，最后都因为缺乏多门课程一肩挑的一专多能教师而搁浅。小班化教学不仅是农村学生数量减少的客观产物，而且是提升教育质量的方式。作为小班化教学开展的基础性保障，能够胜任小班化教学的师资需要通过一专多能的教师培训来培养。

最后，国外一专多能教师教育经验对教师培训提出国际要求。在小学阶段，美国等部分发达国家采取包班教学的形式。通常由2～3个教师"包"下一个班级，分揽语文、数学、社会、科学、音乐、体育、图画、写字等多门课程中的几门主科和副科，打破学科限制，各科知识融会贯通。针对现实需求，发达国家的教师教育也表现出一专多能的特点。职前

---

① 数据来源于2011、2016年中华人民共和国教育统计数据。2011年教育统计口径发生变化，由城市、县镇、农村变成城区、镇区、乡村。

② Alice Miel, "The Teacher as Generalist", *Educational Leadership* (1966): 223.

培养是对一专多能教学的重要准备,而职后培训是针对一专多能教学中存在的问题进行的反思和改进。以小学一专多能教学为基础的一专多能教师教育,符合时代的发展趋势,为我国教师培训与培养提供可借鉴经验和提出新要求。

(三)确立农村教师的发展优势:一专多能培训的潜在功能

以双方互动为基础的教师发展是城乡教师队伍建设一体化的前提,双方互动存在的基础性条件是双方各具优长,在互动中体现优势互补,实现双方共同发展。为实现城乡教师队伍建设一体化的目标,各地以各项政策为载体,实施城乡教师交流、特岗计划等具体措施。虽然这些措施的实施是以城乡教师队伍建设为目标,但是否能够实现城乡教师队伍的一体化建设尚有待进一步研究。由于农村教师队伍处于相对弱势地位是不争的事实,因此上述教师发展政策均具有"向农性"的特质,即在承认农村教师属于弱势群体的同时,将弱势一方置于完全被动的补偿状态,这种单方面的依附与跟随虽然能够在一定程度上促进弱势群体的表象性发展,但并未使之具有可持续发展的潜力。与上述教师发展制度不同,针对农村小学教师的一专多能培训能够实现弱势群体的优势确立,为弱势群体的可持续发展提供可能性条件。

作为长期形成的制度壁垒,城乡二元制度严重影响着农村地区的发展,其中在农村教育方面也有明显表现。于是,在相当长的时间内,城市一方占据完全性的优势,在教师队伍建设方面,城市给予农村扶持性的帮助。事实上,在这样的环境下,农村教师作为弱势一方并不具有挖掘现存优势的可能性。即使为城乡教师提供交流的制度保障,也只能成为单方面的帮助,甚至同化。由于评判内容和评判标准与城市相差无二,因此针对农村教师的发展政策也只能作为暂时性的发展保障,而不能作为一体化的互动前提。鉴于农村教师现实优势发掘困难的事实,对农村教师隐性优势的发掘与确立则被认为是可行之路。即通过外界力量的干预,产生弱势群体的优势,这种优势是强势一方目前尚不具备但是长期追求的目标。针对小学教师开展的一专多能培训能够实现培训目标的转向,即由学科知识转向学生身心发展。由于这种转向是培训发展趋势造成的,因此是城市教育和农村教育共同追求的目标。以农村小学教师作为切入点展开一专多能培训，能够在缓解多学科教学现实压力的同时，发掘并确立这种隐性优势，作为城乡教师队伍建设一体化的互动性保障。

三 一专多能培训的实施保障

从理论层面来讲，对农村小学教师开展一专多能培训符合城乡教师队伍建设一体化的前提条件，是实现一体化目标的可行性途径。在对培训本身具备的内在特点进行可行性研究的同时，一专多能培训还需要一系列外界环境的构建作为实践保障，促进一体化目标的实现。

（一）一专多能培训社会认同的环境营造

与现行教师职后培训不同，一专多能培训的本质特点呈现出培训目标的转向，由知识性向发展性转变，具体地讲是由学科知识向学生身心发展的关注转向。由于一专多能培训是一种全新的培训目标，教师个体也时常表现出对其的主观抵制。教师个体主观抵制的原因主要有以下两个。其一，培训要求提升带来发展压力。培训目标的转向使得学生身心发展成为教师培训关注的重点，而影响学生身心发展的因素众多，是一个较为复杂的研究对象。因此，一专多能培训对于教师个体的专业素质有更高的要求。培训要求提升使发展压力增加，会客观上促进教师接受一专多能培训行为的产生。其二，全新培训方式让教师感到不适应。除教师职后培训的多学科形式外，目前我国对于教师职前培养也多采用分学科的培训方式。受其影响，教师已经习惯于分科式教学的基本形式，因此在短期内对革新式的培训新方式进行认可具有一定的困难。因此包括社会层面和教育行政管理部门都应为其创造一系列的认同性保障，如提升身份认可度、提升待遇水平等。以社会认同为条件的前提性保障，能够促进教师个体对一专多能培训的认同性理解，在完善制度性保障的基础上弱化对于一专多能培训抵制的负面影响。

（二）一专多能培训评价原则的科学建构

一专多能培训不等同于全能型培训，因此对于全新的培训目标来讲，一专多能培训不应是多学科培训的简单堆积，而是具有系统性的整合，其整合标准即以学生的身心发展作为根本依据。一专多能培训属于教师职后培训的一次革新，其培训目标的转向引起明显的价值转向，于是对评价原则的科学构建能够成为一专多能培训实施的指导性依据，为一专多能培训实践的顺利进行提供制度性保障。在评价原则的构建中，应主要遵循以下两个基本原则。

第一，突出一专多能培训评价原则的全程性特点。教师培训的现行评价体系关注阶段性的评价，这与评价双方因时间、空间的隔离而产生的持续评价障碍有直接关系。而阶段性评价的评价对象是教师，即评价教师参与培训的短期收获，事实上对教师在课堂实践中的成长较为忽视。由于一专多能培训的革新本质在于对学生的关注，因此以针对教师课堂行为的跟踪式评价具有现实的可能性。

第二，以发展的评价原则代替静止的评价原则。新型培训形式呈现出明显的培训目标转向，即由教师群体向学生群体的转移。在教育教学活动中，学生所表现出的特点是处于持续发展的状态，而且针对学生发展的教师培训具有持续发展的特点。因此，一专多能培训评价原则的构建应基于可持续发展的特点，避免评价原则的静止化导致教师培训实践与培训目标的背离。

（三）一专多能培训实施条件的完善

一专多能培训本身是由众多影响因素共同组成的，只有各影响因素发挥其积极作用并形成系统性的互动体系，才能够保障一专多能培训实践的顺利进行，具体可通过课程设置、教育者资格认定、培训方式的选择等方面进行呈现。

首先，一专多能培训课程设置的系统性整合。与现有分科式培训形式不同，一专多能培训中课程设置的科学性成为保障培训实效的首要前提。与全能型培训不同，一专多能培训课程设置并非多学科的简单、机械堆积，而是以学生身心发展为标准的系统性整合。通过系统整合的培训课程，可作为一专多能培训的实施载体，突显一专多能培训的特质。

其次，一专多能培训者资格与能力的客观要求。与普通教育教学活动一样，一专多能培训中的培训者充当着引导者的角色，一专多能培训的实施对培训者有特殊的要求。一专多能培训者应该明晰培训理念，熟知学生的身心发展阶段与特点，并能够根据其特点进行学科知识的整合，当然这种能力的形成需要大量的教学实践作为基础。

最后，一专多能培训应侧重实践方式。一专多能培训应重视以理论引导为基础的实践行为，专业引领就其实质而言，是理论对实践的指导，是理论与实践之间的对话，是理论与实践关系的重建。① 面对分科式教学带来的学生认知断裂的状况，一专多能培训应从学生身心全面发展中的困境入手，侧重于现实问题的解决。包括案例分析、教育观摩、参观学习等一系列的实践方式都是一专多能培训可以借鉴与使用的。

---

① 李兴家、温恒福：《教师校本培训需要现代远程教育的支持》，《现代远距离教育》2005年第5期，第73~75页。

第十九章
农村小学教师多学科教学的未来发展与政策建议

目前，农村小学教师多学科教学的情况较为普遍，在农村小规模学校，多学科教学的现象尤为普遍，这与农村师资配置过程中强调师生比而忽略班师比等其他衡量因素有关，这直接导致农村教师队伍的结构缺失。与美国等发达国家以学生身心整体发展为目的的基本依据不同，目前我国农村小学多学科教学多表现出被动特质，即通常是为了满足开足课、开齐课的基本要求，在教师数量相对较少的情况下而采取的替代形式。因此，对于多学科教学的未来发展趋势进行预判具有较强的时代意义，基于其存在可能性的科学预测而进行的政策研讨，能够更好地展现其时代意识和发展特点。

一 多学科教学的未来发展趋势预判

多学科教学在我国农村学校存在已久，目前其表现为初级发展阶段，即存在价值在于满足国家标准课程开齐与开足的需求。从历史的发展视角看，鉴于我国农村适龄人口和学校数量的相对稳定，在相对较短时间内，我国农村地区多学科教学的情况将会持续存在。从世界的发展视角看，多学科教学作为一种教育教学模式，其存在形式表现为螺旋上升的特点，当多学科教学表现为高级发展阶段时，其价值转而指向教育质量的提升，基于学生身心的整体发展特点而开展整体化的教育教学活动。从美国、英国等一些国家的实施情况来看，多学科教学不仅出现在教师相对缺乏的地区，在教师相对充足的区域内，多学科教学模式也成为首选。因此，在相对较长时间内，多学科教学的模式在我国持续存在的可能性也比较大。

（一）乡村学生数量稳中有减

目前，我国农村多学科教学现象的存在很大程度上是由于学生数量较少且分布较散，这种情况在教学点表现得更为突出。事实上，学生数量及分布将在一定程度上决定教育教学的模式。从国家教育统计口径修改后的2011年起，研究发现乡村小学学生数量稳步减少，但小学学生总数相对稳定（如表19-1所示）。根据目前以师生比为衡量标准的师资配置方式，乡村学生数量的减少会直接导致教师绝对数量的减少，成为我国乡村教育中多学科教学现象普遍存在的基本条件。

表 19-1　2011~2016 年小学学生数

单位：人

所在地类型	2011 年	2012 年	2013 年	2014 年	2015 年	2016 年
城区	26069589	26884287	27729719	29432481	30708802	32671812
镇区	32542101	33549812	33705362	34579558	36554044	37540969
乡村	40651984	36524886	32170406	30498612	29658985	28917345
总计	99263674	96958985	93605487	94510651	96921831	99130126

资料来源：中华人民共和国教育部，2011~2016 年教育统计数据。

乡村学生数量稳中有减的原因很多，下面主要通过两点进行说明。其一，乡村适龄人口数量的相对稳定。按国家统计局发布的数据来看，2011~2016 年我国城镇人口出生率呈现稳中有增的趋势，出生率相对稳定（如表 19-2 所示）。虽然我国人口政策从 2013 年起进行调整，但适龄人口数量在 2016 年并未出现突增的现象。人口按此情况持续发展，我国乡村适龄人口不会出现显著增加或显著减少的情况，相对稳定的适龄人口数量是在乡村开展多学科教学的基本条件。其二，乡村适龄人口向城流动。全国出生人口数量稳中有增，但出现明显的向城流动的态势，城镇人口比例也呈现逐年增长的情况（如表 19-2 所示）。由此可见，我国乡村学生也会随着城镇化的进程而表现出向城流动的状况，受此影响，乡村学生数量会呈现稳中有减的趋势。

表 19-2　2011~2016 年全国出生率、城镇人口比例

	2011 年	2012 年	2013 年	2014 年	2015 年	2016 年
出生率(‰)	11.93	12.10	12.08	12.37	12.07	12.95
城镇人口比例(%)	51.27	52.57	53.73	54.77	56.10	57.35

资料来源：中华人民共和国国家统计局，2011~2016 年统计年鉴。

基于人口自然增长和乡村人口向城流动的双重作用，目前我国乡村在校学生数量呈现稳中有减的状态，预计我国乡村学生数量也会呈现基本稳定并略有减少的态势。由此，我国乡村学校学生数量较少的情况还会持续。若我国对于师资配备标准还仅限于师生比，那么我国乡村小学教师相对缺乏的情况不会有所改善，小学教师多学科教学的被动行为也不得不长期存在于乡村小学中，在小规模学校中更会长期存在。

（二）教学点数量稳中有增

按国家教育统计口径改变之后的数据来看，2011~2016 年我国小学校数呈现减少的趋势，其中乡村小学校数的减少幅度较大，而城区和镇区小学校数呈现稳中有升的趋势（如图 19-1 所示）。我国小学校数呈现此发展特点，有以下原因。其一，乡村小学生数量减少导致乡村小学校的锐减。城镇化带来人口流动，乡村学生向城流动，乡村适龄学生数量减少，这是乡村学校数量减少的重要原因。其二，乡村小学撤并政策也使乡村小学校数减少。20 世纪 90 年代末，为了通过教育资源的整合来提高中小学

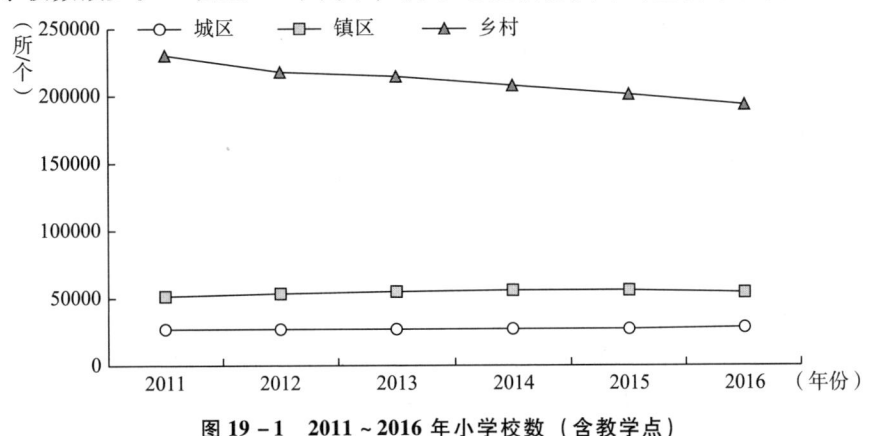

图 19-1　2011~2016 年小学校数（含教学点）

资料来源：中华人民共和国教育部，2011~2016 年教育统计数据。

的办学质量，国家层面和地方层面都出台政策对小规模学校进行撤并，这也是乡村学校数量减少的重要政策动力。

由于师生比的固定配置标准，对于小规模学校来讲，通常其教师的数量相对较少，学校规模较小也是采取多学科教学的重要原因。从2011年起，我国乡村学校（含教学点）数量呈现下降的趋势，由2011年的约23万所减少到2016年的约20万所，学校数量的减少与学生数量的减少有必然联系。但研究发现，虽然乡村小学校数呈减少的趋势，但乡村教学点数不减反增，这就意味着乡村小规模学校保持着持续的存在动力（如表19-3所示）。

表19-3 2011~2016年乡村小学校数、教学点数

单位：所，个

	2011年	2012年	2013年	2014年	2015年	2016年
乡村小学校数	169045	155008	140328	128703	118381	106403
乡村教学点数	60972	62544	73555	78565	81818	86800

资料来源：中华人民共和国教育部，2011~2016年教育统计数据。

20世纪90年代末，为了通过教育资源的整合来提高中小学的办学质量，在"中小学布局调整专项资金"和"农村寄宿制学校建设工程"的支持下，国家在农村地区推行撤点并校的政策。随着学校布局调整带来的校车、寄宿等衍生问题的凸显，2012年国务院办公厅颁发《关于规范农村义务教育学校布局调整的意见》，对于撤并村小学和教学点的程序进行科学规范。以乡村教学点为代表的乡村小规模学校，其存在价值引起了社会各界的重新认识和思考。作为培养社会公民的重要场所，学校的撤留不应仅从效益的角度思考，而应更加关注学生的身心发展特点。当把学生的整体发展作为目标时，小规模学校不仅具有存在的价值，而且应该对其增加倾斜力度，为小规模学校提供更优质的保障条件。教学点数量稳中有增的事实，可以从侧面体现出我国教育发展价值取向中的"以人为本"特点。随着乡村人口数量的相对稳定、乡村人口的向城流动，我国可能会出现更多的小规模学校、超小规模学校，甚至"单师学校"，这就意味着教师需要具有更强的多学科教学能力，甚至是全科教学的能力。

（三）教育发展由"有学上"到"上好学"

教育是为了培养社会公民而开展的活动，为学生提供高质量的教育是各个国家纷纷追求的目标。我国早在 1904 年时就把小学教育规定为义务教育，其发展历史较为久远。1986 年通过的《中华人民共和国义务教育法》明确规定国家实行九年制义务教育。2005 年《关于深化农村义务教育经费保障机制改革的通知》和 2006 年新《义务教育法》中都对义务教育经费等保障机制进行明确陈述，但由于我国农村教师相对数量不足，多学科教学现象较为普遍，在农村小规模学校中多学科教学的现象尤为凸出。

纵观世界教师多学科教学的发展趋势，教师多学科教学的发展趋势表现出以下明显特点。首先，由被动接受向主动选择的价值转向。基于农村教师绝对数量和相对数量的双重充足，教师多学科教学将不再是为弥补教师数量不足而产生的被动接受行为，而是为了追求更高教育质量而产生的主动选择。其次，由部分关注到整体实施的推广价值。处于初级发展阶段的多学科教学多产生于弱势区域，这与其经济发展状况、政治支持力度均处于弱势等各方面有关。从世界经验的视角来看，弱势区域包括城市偏僻地区、农村地区、少数民族聚居地等。随着多学科教学的存在价值摆脱教师数量的限制，多学科教学则不再集中于部分弱势区域，而是实现了范围的扩展。最后，由群体关注到个体聚焦的主体价值。处于初级发展阶段的多学科教学关注课程的开设情况，因此其关注主体是学生，即群体学生接受教育教学的可能路径。而处于高级发展阶段的多学科教学则不受教师数量的限制，多学科教学模式的选择主要基于对学生身心整体发展的关注，学生个体成为关注的焦点。综上所述，多学科教学的阶段不同，产生的作用也不尽相同，从弥补数量到提升质量的转变，体现出多学科教学的存在价值，即多学科教学现象不可能在相对较短时间内消失。

二 农村小学教师多学科教学的政策建议

受乡村小学学生数量减少、乡村教学点数量增加、乡村教育质量愈发得到关注等多方面因素的影响，笔者认为我国乡村小学教师多学科教学的现象不会在短期内消失。基于此基本判断，笔者认为需要给予从事多学科教学的教师更多的关注和支持，为其存在与发展提供系统性保障。

（一）承认多学科教学的合理性

综观欧美等发达国家的教育发展状况，小学多学科教学属于正常的存在样态，而目前我国小学多学科教学尚属非常态的教学形式，其常出现在贫困、边缘、乡村等弱势程度相对较高的地区。相对于单学科教学形式来讲，我国多学科教学形式是一种被动选择的结果，各级教育行政部门、学校等相关组织都尚未对其存在的合理价值进行说明，由此导致我国多学科教学处于弱势地位，表现出以下两个特点。

其一，多学科教学的随意性较强。由于多学科教学是学校为了满足课程开足、开齐的基本要求而选择的临时教学方式，因此教学人员的选择、任教学科的安排、教学年级的组合等多方面都表现出较强的随意性。教师在不同学期任教学科、年级的安排组合都不尽相同，而这种安排通常缺乏科学依据，只是学校领导根据学校实际情况进行的安排，通常缺乏系统的统筹和规划，受主观意愿影响较大。当多学科教学的人员、课程、管理等多方面都处于无计划的随意状态时，其只能作为单学科教学的补充，其弱势地位无法得到改变。

其二，多学科教学的发展路径不清。由于缺乏多学科教学的合理性探讨，作为一种教学形式的多学科教学常处在后备的补充地位，其存在价值直接受到单学科教学存在样态的影响。无论是直接参与多学科教学的教师还是组织多学科教学的学校领导，都无法对多学科教学进行清楚定位，教师多学科教学行为的发展目标、发展动力都表现出模糊性，缺乏明晰指向的发展路径会阻碍多学科教学形式的发展，不利于其长期、科学的发展。

（二）关注职前培养和职后培训，增加教师储备

目前我国乡村教师从事多学科教学表现出零星化、随意性的特点，在师资培养方面也未出现具有针对性的培养和培训体系，进行多学科教学的教师通常是具有单一学科的学习背景，进行多学科教学时，部分学科专业知识的缺乏而导致专业教学效果不佳，直接影响教育教学质量。

第十九章　农村小学教师多学科教学的未来发展与政策建议

教师职前培养能够为教师专业成长提供系统化、科学化的路径，也是推进教师专业发展的重要方式。由于目前我国教师多学科教学的情况多出现在贫困、偏远的乡村地区，师范学生在接受多学科的职前培养后能否回到乡村学校开展多学科教学是一个亟须解决的大问题。为了能够在最大程度上保证接受过职前多学科培养的师范生能够回到最需要的地方开展教育教学活动，通常采取职前定向培养的方式，该方式能够在一定程度上保障师范生的就业地点和就业方向。我们在实际的政策中应重点从以下几个方面进行关注。首先，定向就业区域的细化。定向就业能够在一定程度上对其区域进行定位，过去以省、县为主的定向方式通常不能保障教师到乡村学校工作，若在政策制定时将就业范围直接定位于乡村，能够在职前阶段给师范学生较大的知情权和较大的选择权。其次，定向招生范围的省域定位。定向于乡村学校进行多学科教学的教师，其工作稳定性的主要来源是个体对地域的认可程度。受家庭关系和社会关系的共同影响，教师对所在地域熟悉将在很大程度上提升其认可度。最后，师范生选拔时关注就业意向。定向师范生的就业意向将在很大程度上影响其就业的稳定。为了在最大程度上保障其就业稳定性，招生主体可以在师范生选拔时将能够在偏远、贫困学校工作作为重要的选拔条件进行筛选。职前定向的培养模式，能够提升教师多学科教学的专业能力，为其进行多学科教学提供科学、系统的专业指导。目前，我国部分地区也正在通过定向培养的方式培养能够胜任多学科教学的教师。由于各地区实际情况相差很大，因此培训规模、影响范围等问题还需根据当地实际情况进行科学判断和计划设置，而不能盲目进行推广。

教师职后培训能够为教师多学科教学提供实效性较强的发展路径。教师职后培训是针对在职教师开展的专业提升活动，相对于教师职前培养的受众群体的潜在特性不同，教师职后培训能够使教育资源更加集中在乡村教育领域，能够最大程度避免农村教育资源的流失。目前，我国乡村教师从事的多学科教学并非所有学科的教学，而只是任教多个学科，职前全科培养对于教师的更高要求增加了专业发展的难度，职后培训可针对实际任教科目情况进行有针对性的提升。针对教师的职后培训不仅有利于培训出乡村学校需要的教师，而且也能使专门针对乡村教育投入的有限资源得到更好的利用。

（三）实现课程整合与教材完善

目前，我国乡村教师多学科教学是被动的教学补充，教师进行多学科教学通常采取学科叠加的方式。无论在教育教学实践中还是专业提升过程中，开展多学科教学的教师通常会根据实际需求进行学科的累加，而非学科间的整合，这与目前我国课程和教材的单学科取向有关。当教学实践和培养培训过程中的课程表现出明显的单学科倾向时，对于从事多学科教学活动的教师来讲，其专业成长则需要面对多个学科的压力累加。多学科教学的教师需要同时完成多个单学科教学任务，这与目前我国小学课程的分科现状有关。美国各州教育情况不同，但美国小学教师进行全科教学的现象比较普遍，这与美国小学课程的综合性特点有直接关系。受20世纪80年代教育改革的影响，美国各州在课程组织形式上，表现出综合性的特点。如语言艺术包含阅读、写作、文学、口语等；社会包括历史、地理、政治、法律等；科学包括物理、化学、生物等；艺术包括音乐、体育、保健等。综合性课程不仅包括各类相关知识的共同呈现，而且强调各类知识在综合性课程中的融合。随着课程设置的综合性体现，教材作为教育教学活动的重要载体，才能更好地体现出其综合性，而非简单的知识累加。为了进一步保障多学科教学存在的可行性，教育行政部门应该通过课程的整合体现出其存在价值，对小学教材进行整合与完善，为多学科教学与培训提供基本的可依赖载体。

（四）加强对学生身心发展的研究

在争论单学科教学和多学科教学孰优孰劣时，实际上人们的关注点已经偏离需要讨论的问题。无论是单学科教学还是多学科教学，只是对教育教学的外在表现形式进行呈现，而事实上值得我们关注的不应只是教育教学的外在表现，而更多应该是对其本质的理解与关注。对于小学教育教学活动来讲，学生的身心发展应该是教育教学活动的重点关注对象，而在现实教育教学活动中则出现很多的派别争论，如强调教师重要性的"教师中心论"、强调以课程为主的"课程中心论"，这些派别的争论忽视了教育教学活动中的重要组成部分，即学生的感受。对一个教育教学实践者来讲，只有深入了解学生身心发展的现实状况和基本发展规律,才能开展有目的的教育教学活动,在有限的条件下产生更好的效果。事实上,多学科教学能够在欧美等发达国家长期存在,主要源于其对学生身心发展的综合关注。尤其对于小学生来讲,其认识世界通常没有形成明确的学科视角。例如,小学生对蝴蝶的观察,可以从视觉方面对蝴蝶颜色进行观察,可以从数学角度对蝴蝶斑点进行计数,可以从生物学角度对蝴蝶生理状况进行观察……教育工作者若不考虑学生身心发展的综合特征,而只是根据学科对学生进行特定视域下的认知培养,实际上并不符合学生认知世界的基本规律,所学知识的碎片化形式也同样会造成认知的片面性,对于整体世界的认识缺乏综合性意识和联系能力。因此,无论我们选择何种教育形式,我们都需要从学生身心发展的角度出发,对儿童身心发展特点进行系统化学习和研究,使之成为开展教育教学的依据。

参考文献

著作期刊类

边春丽:《小学教育专业学生专业素质培养探析》,《教育探索》2012年第2期。

杜屏、赵汝英:《美国农村小规模学校政策变化分析》,《教育发展研究》2010年第3期。

范玲:《小学教师多科教学的问题呈现与改进举措》,《教学与管理》2018年第21期。

郭勉成:《英国教育当前要务:激发学生学习热情》,《比较教育研究》2003年第7期。

黄玉楠:《全科型教师培养研究:基于课程的视角》,硕士学位论文,河南大学,2014。

雷万鹏:《义务教育学校布局:影响因素与政策选择》,《华中师范大学学报》(人文社会科学版)2010年第5期。

李海萍:《综合实践活动课程中的教师专业发展与全科教师培养》,《教育理论与实践》2007年第7期。

李介:《小规模学校教师话语权的缺失及构建》,《当代教育科学》2016年第8期。

李强:《美国教师专业发展学校中教育实习的研究及其启示》,硕士学位论文,东北师范大学,2008。

李兴家、温恒福:《教师校本培训需要现代远程教育的支持》,《现代远距离教育》2005 年第 5 期。

李玉峰：《澳大利亚迪肯大学小学教育专业课程设置对全科教师培养的启示》，《教师教育论坛》2015 年第 1 期。

刘宝超：《培养本科层次全科型小学教师的现实难题与策略》，《课程教学研究》2014 年第 8 期。

龙国英、潘惠燕：《完善教师专业标准，推进基础教育高质发展——英国新〈教师专业标准〉探析》，《基础教育研究》2013 年第 19 期。

秦玉友：《农村小规模学校教育质量困境与破解思路》，《中国教育学刊》2010 年第 3 期。

孙颖：《美国小学全科教师现状及存在价值探究》，《比较教育研究》2017 年第 2 期。

唐彩斌：《英国教师的备课与作业批改》，《教学月刊》（小学版 综合）2012 年第 6 期。

汪明：《关于农村中小学合理布局的几点思考》，《教育研究》2012 年第 7 期。

汪霞：《澳大利亚中小学培养目标和课程设置》，《现代中小学教育》1998 年第 1 期。

王晶、梁炜：《教育新政惠农村 乡村教师沐春风》，《中国农村教育》2013 年第 4 期。

王莉、郑国珍：《论本科层次小学全科教师的培养》，《当代教育科学》2016 年第 11 期。

王伟峰：《多学科教学模式在高级英语课程中的应用》，《现代交际》2014 年第 3 期。

王艳玲、苟顺明：《试析英国教师职前教育课程与教学的特征》，《教育科学》2007 年第 1 期。

邬志辉、秦玉友主编《中国农村教育发展报告 2012》，北京师范大学出版社，2014。

吴小庆：《我国多科型小学教师课程方案研究》，硕士学位论文，浙江师范大学，2012。

肖其勇：《农村小学全科教师培养特质与发展模式》，《中国教育学刊》2014 年第 3 期。

谢银迪:《怎么当英国小学教师》,《辽宁教育》2016年第8期。

熊建辉:《教师专业标准研究》,博士学位论文,华东师范大学,2008。

许明:《澳大利亚全国职前教师教育鉴定制度述评》,《福建师范大学学报》(哲学社会科学版)2009年第5期。

杨晓峰:《本科层次全科小学教育专业建设的反思与建议》,《长江师范学院学报》2014年第6期。

叶倩:《美国坚持"能力本位"的教师职前教育研究》,硕士学位论文,陕西师范大学,2015。

于书娟:《小学全科型卓越教师培养的主要国际经验》,《教育科学研究》2015年第12期。

政府文件类

教育部:《关于印发〈基础教育课程改革纲要(试行)〉的通知》(教基〔2001〕17号),2001年6月8日。

教育部教师工作司:《关于印发〈教育部教师工作司2015年工作要点〉的通知》(教师司函〔2015〕6号),2015年3月10日。

外文类

Alice Miel, "The Teacher as Generalist", *Educational Leadership* (1966): 223.

Australian Government Department of Education, "Quality Schools, Quality Outcomes", 2016, retrieved from https://www.education.gov.au/quality-schools-package.

Australian Government Directory Department of Education and Training, "Opportunity through Learning Annual Report", 2014–15.

Australian Institute for Teaching and School Leadership Limited Teacher Education Ministerial Advisory Group, "Action Now: Classroom Ready Teachers", 2014, retrieved from http://education.unimelb.edu.au/study_with_us/become_a_teacher.

Australian Institute for Teaching and School Leadership Limited, "Australian Professional Standards for Teachers", 2015, retrieved from http://www.aitsl. edu. au/australian-professional-standards-for-teachers/standards/overview/career-stages.

Australian Institute for Teaching and School Leadership Limited, "Australian Professional Standards for Teacher", 2017, retrieved from http://www.aitsl. edu. au/australian-professional-standards-for-teachers/standards/list.

Boston University, "Master of Education", 2016, retrieved from http://www. bu. edu/sed/academics/graduate/edm.

Editorial, "A Smart Move: Future Proofing Australia's Workforce by Growing Skills in Science, Technology, Engineering and Maths (STEM)", 2015, Pricewaterhouse Coopers.

Education Government, "Individuals with Disablilities Education Act", 2015, retrieved from https://sites. ed. gov/idea/regs/c/a/303. 24.

Gov. UK Department for Education, "Secondary and primary school applications and offers", 2016, retrieved from https://www. gov. uk/government/statistics/secondary-and-primary-school-applications-and-offers-2016.

Kathleen Cotton, "Affective and Social Benefits of Small-scale Schooling. ERIC Digest", *ERIC Clea-ringhouse on Rural Education and Small Schools Charleston WV* (WV: Appalachia Educational Laboratory Inc, 1996, pp. 148 – 152.

图书在版编目（CIP）数据

农村小规模学校多学科教学：理论与实践/孙颖著.--北京：社会科学文献出版社，2022.6
（多元视野下的农村教育丛书）
ISBN 978-7-5228-0153-7

Ⅰ.①农… Ⅱ.①孙… Ⅲ.①农村学校-小学教师-师资培养-研究-中国 Ⅳ.①G625.1

中国版本图书馆CIP数据核字（2022）第090491号

多元视野下的农村教育丛书
农村小规模学校多学科教学：理论与实践

著　　者 / 孙　颖
出 版 人 / 王利民
责任编辑 / 胡庆英
文稿编辑 / 周浩杰
责任印制 / 王京美

出　　版 / 社会科学文献出版社·群学出版分社（010）59366453
　　　　　 地址：北京市北三环中路甲29号院华龙大厦　邮编：100029
　　　　　 网址：www.ssap.com.cn
发　　行 / 社会科学文献出版社（010）59367028
印　　装 / 三河市尚艺印装有限公司

规　　格 / 开　本：787mm×1092mm　1/16
　　　　　 印　张：21.5　字　数：353千字
版　　次 / 2022年6月第1版　2022年6月第1次印刷
书　　号 / ISBN 978-7-5228-0153-7
定　　价 / 158.00元

读者服务电话：4008918866

版权所有 翻印必究